Beck-Wirtschaftsberater:
Bilanzen richtig lesen

W0233026

Beck-Wirtschaftsberater:
Bilanzen richtig lesen

Von Eberhard Scheffler

Deutscher
Taschenbuch
Verlag

Redaktionelle Verantwortung: Verlag C. H. Beck, München
Umschlaggestaltung: Celestino Piatti
Umschlagbild: Birgit Koch
Gesamtherstellung: C. H. Beck'sche Buchdruckerei Nördlingen
ISBN 3 423 05827 7 (dtv)
ISBN 3 406 37168 X (C. H. Beck)

Vorwort

Nicht nur der bilanzierende Kaufmann oder der Bilanzexperte muß Bilanzen richtig lesen können. Wirtschaftsrecht und Wirtschaftspraxis verlangen dies auch von nicht speziell ausgebildeten Personen. Jeder Unternehmensleiter, jeder Geschäftsführer einer GmbH oder jedes Vorstandsmitglied einer AG ist unabhängig von einer speziellen Verantwortung des Fachkollegen mitverantwortlich für die Bilanz bzw. den Jahresabschluß des Unternehmens. Der Aufsichtsrat einer Kapitalgesellschaft hat die Aufgabe, den Jahresabschluß zu prüfen; das bedeutet, daß sich seine Mitglieder kritisch mit dem Jahresabschluß auseinandersetzen müssen.

Darüber hinaus interessieren sich Kapitalanleger (Aktionäre u. a.), Mitarbeiter, Kreditgeber, Lieferanten sowie weitere Institutionen und Personen für den Jahresabschluß eines Unternehmens. Schließlich gehört die Kenntnis des Inhalts und der Aussagekraft eines Jahresabschlusses zum unabdingbaren Rüstzeug für Studenten der Wirtschaftswissenschaften und für alle Nachwuchs-Führungskräfte in einem Unternehmen.

Das vorliegende Buch will die dafür notwendigen Grundkenntnisse vermitteln. Dazu werden der Inhalt des Jahresabschlusses, die anzuwendenden Grundsätze für die Bilanzierung und Bewertung, die Wahlrechte und die Gliederung des Jahresabschlusses ausführlich erläutert. Auf dieser Grundlage werden dann die Bilanzanalyse und Bilanzpolitik behandelt. Auch der Konzernabschluß wird in knapper Form dargestellt.

Zur Erläuterung der betriebswirtschaftlichen Zusammenhänge dienen einfache Beispiele. Die unvermeidbaren Fachwörter werden erklärt. Ein umfangreiches Stichwortverzeichnis soll bei der Lösung spezieller Fragen helfen. Im Anhang sind die für die Bilanzierung und den Jahresabschluß gültigen Rechtsvorschriften auszugsweise wiedergegeben.

Hamburg, im Dezember 1992   *Eberhard Scheffler*

Inhaltsverzeichnis

Inhaltsverzeichnis

Abkürzungsverzeichnis

Abb.	Abbildung
Abs.	Absatz
AG	Aktiengesellschaft
AktG	Aktiengesetz
AO	Abgabenordnung
EStDV	Einkommensteuer-Durchführungsverordnung
EStG	Einkommensteuergesetz
EStR	Einkommensteuer-Richtlinien
GenG	Genossenschaftsgesetz
GmbH	Gesellschaft mit beschränkter Haftung
GmbHG	GmbH-Gesetz
GoB	Grundsätze ordnungsmäßiger Buchführung
G + V	Gewinn- und Verlustrechnung
HGB	Handelsgesetzbuch
KG	Kommanditgesellschaft
KGaA	Kommanditgesellschaft auf Aktien
KStG	Körperschaftsteuergesetz
KWG	Kreditwesengesetz
Mio	Millionen
oHG	offene Handelsgesellschaft
PublG	Publizitätsgesetz (Gesetz über die Rechnungslegung von bestimmten Unternehmen und Konzernen)
Tab.	Tabelle
TDM	Tausend DM
VAG	Versicherungsaufsichtsgesetz (Gesetz über die Beaufsichtigung der privaten Versicherungsunternehmen)

A. Einführung

I. Informationswert der Bilanz

Der vorstehende Ausspruch wird gern zitiert, wenn die kritische Situation eines Unternehmens aus der vorliegenden Bilanz nicht erkannt wurde. Für diese Täuschung kann es verschiedene Gründe geben:

1. Die Bilanz ist falsch gelesen worden; ihr Zweck, ihre Eigenart und die Grenzen ihrer Aussagekraft wurden unzutreffend gewürdigt.
2. Die kritische Situation ist erst nach dem Bilanzstichtag ausgelöst worden.
3. Die Bilanz ist unvollständig oder unrichtig, weil drohende Verluste oder Wertminderungen nicht oder unvollständig erkannt, falsch eingeschätzt oder erst nach Bilanzaufstellung bekannt wurden.

Durch gesetzlich zugelassene Bilanzierungswahlrechte kann der Kaufmann das Bilanzbild beeinflussen. Ein später erläutertes Beispiel zeigt einen Spielraum auf, der von einem Jahresgewinn von 19 Mio DM bis zu einem Jahresverlust von 10 Mio DM reicht. Allerdings ist der Kaufmann in den Folgejahren weitgehend an die ausgeübten Wahlrechte gebunden, so daß der künftige Spielraum stark eingeschränkt ist.

Bilanzen richtig lesen heißt, daß ihre Aussagen zutreffend interpretiert werden und zusätzliche Informationen oder ergänzende Fragen genutzt werden, um Aufklärung über unklare und kritische Bilanzansätze zu erhalten.

Die Bilanz soll die Vermögens- und Finanzlage des Unternehmens darstellen. Sie bezieht sich auf den Bilanzstichtag; danach eingetretene Ereignisse finden in ihr keinen Niederschlag. Außerdem sind folgende Besonderheiten zu beachten: Die Vermögensgegenstände dürfen höchstens mit den ursprünglichen Anschaffungs- oder Herstellungskosten angesetzt werden. Eingetretene Wertminderungen und drohende Verluste sind in der Bilanz zu berücksichtigen, während nicht realisierte Gewinne, z.B. Wertsteigerungen bei Grundstücken, nicht angesetzt werden dürfen. Darüber hinaus wird eine vorsichtige Bewertung gefordert, weil sich die künftigen, meist unsicheren Markt- und Wertentwicklungen auch bei sorgfältigen Überlegungen nur unvollkommen einschätzen lassen.

Besitzt bei diesen Einschränkungen die Bilanz dennoch einen relevanten **Informationswert**? Die Antwort lautet: Ja, und zwar für einen verständigen Bilanzleser, der die Bilanzierungsregeln kennt und die ergänzenden Informationen des Jahresabschlusses nutzt.

Der Jahreabschluß umfaßt neben der Bilanz auch die Gewinn- und Verlustrechnung für das abgelaufene Geschäftsjahr. Bei Kapitalgesellschaften ist zusätzlich ein sog. Anhang mit Erläuterungen zur Bilanz und zur Gewinn- und Verlustrechnung vorgeschrieben. Die gesetzlichen Vorschriften und die Grundsätze ordnungsmäßiger Buchführung räumen dem Kaufmann zwar einen Bilanzierungsspielraum ein, weil starre Regeln der Vielfalt der wirtschaftlichen Realität und Zweckmäßigkeit nicht gerecht werden können. Sie verknüpfen aber damit eine entsprechende Berichtspflicht und sie verbieten vor allem eine willkürliche Bilanzierung. Von einmal gewählten Bewertungswahlrechten darf nicht ohne Grund abgewichen werden.

II. Die Bilanz

Die Bilanz ist eine wertmäßige Gegenüberstellung des betrieblichen Vermögens und der dafür eingesetzten finanziellen Mittel zu einem bestimmten Stichtag. Der Begriff „Bilanz" leitet sich aus dem lateinischen Begriff „bi-lanx", d.h. „zwei Waagschalen habend", und dem daraus entstandenen italienischen Begriff „bilancio", d.h. „Gleichgewicht der Waage", ab. Die zwei Seiten bezeichnet man mit Aktiva für die Vermögensseite und mit Passiva für die finanziellen Mittel auf der Kapitalseite. Am besten läßt sich die Bilanz in T-Form darstellen.

Aktiva	Passiva

Aktiva oder Aktivposten sind die geschäftlich genutzten Vermögensgegenstände des Kaufmanns wie Gebäude, Maschinen oder Vorräte, aber auch Forderungen und Bankguthaben. Die **Pas-**

siva oder Passivposten betreffen die zur Beschaffung der Vermögenswerte eingesetzten Finanzmittel wie Eigenkapital, Bank- oder Lieferantenkredite.

Zur besseren Einsicht in die Vermögens- und Finanzlage des Unternehmens werden die Aktiva und Passiva in weitere Posten aufgegliedert. In einer ersten groben Gliederung unterscheidet man auf der Aktivseite das zur (längerfristigen) Nutzung bestimmte **Anlagevermögen**, z.B. Gebäude, Maschinen, und das zum Verbrauch oder zum Verkauf bestimmte **Umlaufvermögen**. Zum Umlaufvermögen gehören neben den Vorräten an Einsatzmaterialien, Waren und Verkaufsprodukten auch die kurzfristig fälligen Forderungen und die Geldbestände in Form von Bankguthaben und Bargeld.

Auf der Passivseite trennt man zwischen dem vom Unternehmenseigentümer zur Verfügung gestellten **Eigenkapital** und dem von verschiedenen Kreditgebern gewährten **Fremdkapital**. Zum Eigenkapital rechnen neben den Kapitaleinlagen der Eigentümer auch die vom Unternehmen erwirtschafteten, aber nicht ausgeschütteten Gewinne oder als Abzugsposten etwaige Verluste. Das Fremdkapital stellt die Verbindlichkeiten des Unternehmens dar, die sich im wesentlichen aus verzinslichen Darlehen oder Krediten sowie aus meist unverzinslichen Lieferanten- und sonstigen Schulden zusammensetzen.

Die Bilanz erhält damit folgendes Aussehen:

Aktiva	Passiva
Anlagevermögen	Eigenkapital
Umlaufvermögen	Fremdkapital

Auf die weitere Untergliederung wird später näher eingegangen.

Die erste Bilanz des Kaufmanns bezieht sich auf den Stichtag der Geschäftseröffnung. Man spricht von der Eröffnungsbilanz. Es folgen weitere Bilanzen jeweils zum Schluß jedes Geschäftsjahres.

III. Die Gewinn- und Verlustrechnung

Die Bilanz wird ergänzt durch die Gewinn- und Verlustrechnung für das abgelaufene Geschäftsjahr. Sie enthält die in diesem Zeitraum angefallenen Erträge und Aufwendungen und weist damit das Jahresergebnis aus. Die Gewinn- und Verlustrechnung bezieht sich auf einen Zeitraum, nämlich auf das **Geschäftsjahr**, das höchstens 12 Monate umfaßt. Zur Anpassung auf einen bestimmten Abschlußstichtag kann es kürzere Rumpfgeschäftsjahre geben.

Die Gewinn- und Verlustrechnung zeigt als **Erträge** die mengen- und wertmäßige Vermehrung von Gütern und Diensten, die auf Leistungen des Unternehmens beruhen oder sich durch das Marktgeschehen ergeben, wie z. B. Preissteigerungen oder Wegfall von Risiken. Die erbrachten Leistungen des Unternehmens schlagen sich in dem Wert der verkauften Produkte, Waren oder Dienstleistungen sowie in der Werterhöhung oder -verminderung der Bestände von produzierten, aber noch nicht verkauften Erzeugnissen und Leistungen nieder.

Gegen die Erträge werden die **Aufwendungen** gerechnet. Sie stellen den bewerteten Verbrauch von Gütern und Dienstleistungen in der Abrechnungsperiode dar. Im einzelnen betreffen sie den Werteverzehr, der durch Nutzung oder Verschleiß des Anlagevermögens sowie durch Verbrauch von Roh-, Hilfs- und Betriebsstoffen entstanden ist, und darüber hinaus die Ausgaben für die eingesetzten Arbeitskräfte, die in Form von Löhnen, Gehältern, Sozialabgaben u. ä. anfallen, und für Fremdleistungen (z. B. Reparaturen, Beratungsleistungen) sowie die das Geschäftsjahr betreffenden Steuern und Abgaben.

Die Differenz zwischen Erträgen und Aufwendungen bezeichnet den in der Periode erzielten **Erfolg** des Unternehmens. Übersteigen die Erträge die Aufwendungen, so ergibt sich ein Gewinn; sind die Aufwendungen höher als die Erträge, so hat das Unternehmen einen Verlust erzielt.

Eine Gewinn- und Verlustrechnung sieht in einfacher Form z. B. so aus:

Umsatzerlöse
./. Materialaufwendungen
./. Personalaufwendungen
./. sonstige Aufwendungen

= Gewinn oder Verlust

Beispiel 1:
Der Kaufmann Hase beginnt mit einem Startkapital in Form eines Bankguthabens von 2000 DM einen Eierhandel. Seine Eröffungsbilanz sieht wie folgt aus:

Aktiva	Passiva
Bankguthaben 2 000 DM	Eigenkapital 2 000 DM

Hase mietet einen Verkaufsstand mit einer Monatsmiete von 50 DM und kauft sich eine Registrierkasse zum Preis von 1200 DM.

Da in der Gewinn- und Verlustrechnung nur der Werteverzehr des Geschäftsjahres gezeigt werden soll, werden die Ausgaben für die Registrierkasse entsprechend der voraussichtlichen Nutzungsdauer auf drei Geschäftsjahre verteilt. Mit anderen Worten: Die Registrierkasse wird in drei Jahren abgeschrieben.

Vom Bauer Gockel kauft Hase Eier zum Preis von 0,25 DM pro Stück. Seinen Verkaufspreis hat er mit 0,35 DM je Ei festgesetzt. Kaufmann Hase kauft und verkauft nur gegen bar.

Am Ende des ersten Geschäftsjahres hat er 21 500 Eier verkauft und noch 500 Eier im Bestand. Diesen Bestand bewertet er mit den Anschaffungskosten von 0,25 DM je Stück = 125 DM.

Die Gewinn- und Verlustrechnung für das erste Geschäftsjahr sieht wie folgt aus:

	DM
Verkaufserlös (21 500 x -,35)	7 525
Wareneinsatz (21 500 x -,25)	− 5 375
Mietaufwand (12 x 50,-)	− 600
Abschreibung Registrierkasse (1/3 von 12 00)	− 400
Gewinn	1 150

Die Schlußbilanz ergibt sich wie folgt:

Aktiva	in DM	Passiva	
Registrierkasse	800	Eigenkapital	2 000
Eierbestand	125	Gewinn	1 150
Bankguthaben	2 225		
	3 150		3 150

IV. Der Jahresabschluß

Mit Jahresabschluß bezeichnet man die Abrechnung des Kaufmanns für ein Geschäftsjahr. Der Jahresabschluß setzt sich zusammen aus der **Bilanz** zum Schluß des Geschäftsjahres und der **Gewinn- und Verlustrechnung** für das Geschäftsjahr. Bei Kapitalgesellschaften kommt der sog. **Anhang** hinzu, der zusätzliche Erläuterungen zur Bilanz und zur Gewinn- und Verlustrechnung enthält. Eine Ergänzung zum Jahresabschluß stellt bei Kapitalgesellschaften der sog. **Lagebericht** dar, in dem auf den Geschäftsverlauf des Unternehmens einzugehen ist.

Darüber hinaus veröffentlichen größere Gesellschaften einen **Geschäftsbericht,** der neben Jahresabschluß und Lagebericht weitere, vor allem imagefördernde Angaben zum Unternehmen und seiner Entwicklung enthält.

Der Jahresabschluß dient zur **Ermittlung des Reinvermögens** (= Vermögen abzüglich Schulden) zum Bilanzstichtag sowie zur **Feststellung des Ergebnisses** (= Jahresüberschuß oder Jahresfehlbetrag = Gewinn oder Verlust) des abgelaufenen Geschäftsjahres. Er bildet die Grundlage für die Gewinnverwendung (Ausschüttung oder Einbehalt von Gewinnen) und – u.U. mit Modifikationen – für die Besteuerung des Unternehmens. Darüber hinaus stellt der Jahresabschluß eine entsprechende **Information** für den Kaufmann oder die Unternehmensführung selbst sowie für die Eigentümer (Gesellschafter, Aktionäre), Gläubiger (Kreditgeber wie Banken und Lieferanten) und andere Adressaten (Finanzamt, Mitarbeiter, Kunden, allgemeine Öffentlichkeit) dar.

„Bilanzen richtig lesen" heißt also eigentlich, den Jahresabschluß lesen und verstehen. Dazu sind folgende Fragen zu beantworten. (Die Texthinweise sollen den eiligen Leser zu den einschlägigen Textstellen führen.)

siehe insbesondere:

1. Bilanz: Das Reinvermögen des Kaufmanns

a) Was darf und was muß in die Bilanz aufgenommen werden? (Vollständigkeit der Bilanz)   Kapitel C I 2

b) Welchen Bilanzposten sind die Vermögensgegenstände und Schulden zu zuordnen? (Struktur des Vermögens und des Kapitals)

c) Wie sind die Vermögensgegenstände und Schulden zu bewerten?

d) Wie sind Vermögens- und Kapitalstruktur zu beurteilen?

2. G + V: Das Jahresergebnis der kaufmännischen Tätigkeit

a) Welche Aufwendungen und Erträge sind im Geschäftsjahr angefallen? Wie ist das Jahresergebnis zustande gekommen?

b) Wie ist der Erfolg zu beurteilen?

3. Anhang: Zusätzliche Angaben zur Vermögens-, Finanz- und Ertragslage

a) Welche Bilanzierungs- und Bewertungswahlrechte wurden wie ausgeübt? Gab es Abweichungen gegenüber dem Vorjahr?

b) Wie ist die Entwicklung im Vergleich zum Vorjahr zu beurteilen?

c) Welche finanziellen Verpflichtungen sind nicht bilanziert?

d) Welche wesentlichen Entwicklungen sind nach dem Bilanzstichtag eingetreten?

Das vorliegende **Buch ist wie folgt gegliedert:** Nach Darstellung der gesetzlichen und allgemeinen Grundlagen des Jahresabschlusses (Kapitel B) wird in Kapitel C der Inhalt des Jahresabschlusses im einzelnen beschrieben. Dabei wird dargestellt, was in die Bilanz aufzunehmen ist oder aufgenommen werden darf (Aktivierung, Passivierung), wie die Bilanzposten aufzugliedern und mit welchen Werten sie anzusetzen sind (Bewertungsmethoden und Bewertungswahlrechte). Außerdem werden die Gewinn- und Verlustrechnung und der Anhang erläutert.

Diese Kenntnisse ermöglichen eine Analyse des Jahresabschlusses und das Verständnis der angewandten Bilanzpolitik, auf die in Kapitel D eingegangen wird. Abschließend werden (im Kapitel E) kurz die Besonderheiten des Jahresabschlusses von Konzernen (Konzernabschluß) behandelt.

B. Grundlagen für den Jahresabschluß

- Gesetzliche Vorschriften
- Grundsätze ordnungsmäßiger Buchführung
- Inventur, Bestandsverzeichnis

I. Gesetzliche Vorschriften

1. Buchführung

Die **Pflicht zur Buchführung** und zur Bilanzierung ist im Interesse der Rechtssicherheit, zum Schutz der Gläubiger und der Aktionäre oder Gesellschafter sowie zur Sicherstellung der Gleichmäßigkeit der Besteuerung gesetzlich geregelt. Die wichtigsten Vorschriften enthält das **Handelsgesetzbuch (= HGB)**.

Nach den handelsrechtlichen Vorschriften ist jeder Kaufmann „verpflichtet, Bücher zu führen und in diesen seine Handelsgeschäfte und die Lage seines Vermögens nach den Grundsätzen ordnungsmäßiger Buchführung ersichtlich zu machen" (§ 238 HGB). **Kaufmann** im Sinn dieser Vorschriften ist jede Person oder Personenvereinigung, die selbständig und berufsmäßig in der Absicht dauernder Gewinnerzielung am Markt tätig ist und deren Betrieb nach Art und Umfang eine kaufmännische Organisation erfordert (vgl. §§ 1 bis 7 HGB). Als Kaufmann gelten dementsprechend neben den Einzelkaufleuten die Personenhandelsgesellschaften (offene Handelsgesellschaft – oHG, Kommanditgesellschaft – KG), **die Kapitalgesellschaften** (Aktiengesellschaft – AG, Kommanditgesellschaft auf Aktien – KGaA, Gesellschaft mit beschränkter Haftung – GmbH), die Genossenschaften und die Stiftungen, die kaufmännisch tätig sind.

„Jeder Kaufmann hat zu Beginn seines Handelsgewerbes und für den Schluß jeden Geschäftsjahres einen das Verhältnis seines Vermögens und seiner Schulden darstellenden Abschluß (Eröffnungsbilanz, Bilanz) aufzustellen. Er hat für den Schluß eines jeden Geschäftsjahres eine Gegenüberstellung der Aufwendungen und Erträge (Gewinn- und Verlustrechnung) aufzustellen. Die Bilanz und die Gewinn- und Verlustrechnung bilden den Jahresabschluß." (§ 242 HGB)

Die **steuerrechtliche Buchführungspflicht** ergibt sich aus der Abgabenordnung (AO): Wer nach anderen Gesetzen Bücher zu führen hat, hat diese Verpflichtung auch für die Besteuerung zu erfüllen. Von einer bestimmten Größenordnung ab (Tabelle 1) sind unabhängig von handelsrechtlichen Pflichten aus steuerlichen Gründen Bücher vorgeschrieben (§§ 140, 141 AO). Darüber hinaus enthalten einige spezielle Steuergesetze weitere Aufzeichnungspflichten.

– Gesamtumsatz über	500 000 DM oder
– Betriebsvermögen von mehr als	125 000 DM oder
– Gewinn aus Gewerbebetrieb über	36 000 DM oder
– selbstbewirtschaftete land- und forstwirtschaftliche Flächen mit einem Wirtschaftswert von mehr als	40 000 DM oder
– Gewinn aus Land- und Forstwirtschaft von mehr als	36 000 DM

Tab. 1: Steuerrechtliche Buchführungspflicht

2. Die Rechnungslegung

Als Rechnungslegung bezeichnet man die Aufstellung des Jahresabschlusses, seine Prüfung und seine Veröffentlichung. Sie ist im 3. Buch des HGB geregelt. Dessen einzelne Abschnitte betreffen

- Buchführung, Inventur und Inventar
- Ansätze in der Bilanz (Bilanzierung und Bewertung)
- Gliederung des Jahresabschlusses
- Prüfung und Offenlegung des Jahresabschlusses.

Im **Überblick** finden sich die wichtigsten handelsrechtlichen Rechnungslegungsvorschriften an den in Tabelle 2 ausgewiesenen Fundstellen.

Thema	HGB	Sonstige Vorschriften
Buchführung, Inventar	§§ 238–241	§ 91 AktG, § 33 GenG, § 41 GmbHG
Eröffnungsbilanz, Jahresabschluß	§§ 242–256	§§ 25a - 26b KWG, §§ 1–10 PublG, §§ 55–56a VAG
Aufbewahrung und Vorlage der Rechnungsunterlagen	§§ 257–263	
Ergänzende Vorschriften für Kapitalgesellschaften	§§ 264–289	§§ 150–174 AktG, §§ 42–42a GmbHG
Konzernabschluß	§§ 290–315	§§ 11–15 PublG, § 337 AktG, § 56b VAG
Prüfung des Jahres- und Konzernabschlusses	§§ 316–324	§§ 53–63 GenG, §§ 27–30 KWG, §§ 57–64 VAG
Offenlegung	§§ 325–330	
Strafvorschriften	§§ 331–335	
Ergänzende Vorschriften für Genossenschaften	§§ 336–339	

Tab. 2: Die wichtigsten handelsrechtlichen Rechnungslegungsvorschriften

Neben den für alle Kaufleute geltenden Vorschriften enthält das HGB weitergehende Vorschriften für die Kapitalgesellschaften. Die Rechnungslegung ist wegen der unterschiedlichen wirtschaftlichen Bedeutung für große Kapitalgesellschaften strenger geregelt als für kleine. Darüber hinaus gibt es besondere Rechnungslegungsvorschriften für Konzerne sowie für Unternehmen bestimmter Branchen, z.B. Banken und Versicherungen. Für die Rechnungslegung großer Einzelunternehmen und Personengesellschaften enthält das Publizitätsgesetz (= PublG) besondere Regelungen, die denen der für Kapitalgesellschaften sehr ähnlich sind.

Die **Größenmerkmale der Unternehmen** für den Umfang der Rechnungslegung sind in der Tabelle 3 (S. 12) dargestellt. Es müssen jeweils zwei der aufgeführten Größenmerkmale an zwei aufeinanderfolgenden Bilanzstichtagen vorliegen, um die entsprechenden Rechtsfolgen auszulösen.

Größenklasse	Bilanzsumme (Mio DM)	Umsatzerlöse (Mio DM)	Arbeitnehmer Ø Zahl
Kleine Kapital-gesellschaften (§ 267 Abs1. 1 HGB)	≤ 3,9	≤ 8,0	≤ 50
Mittelgroße Kapital-gesellschaften (§ 267 Abs. 2 HGB)	> 3,9 ≤ 15,5	> 8,0 ≤ 32,0	> 50 ≤ 250
Große Kapital-gesellschaften (§ 267 Abs. 3 HGB)	> 15,5	> 32,0	> 250
Großunternehmen (§§ 1 und 11 PublG)	> 125,0	> 250,0	> 5 000

Tab. 3: Umfang der Rechnungslegung (Größenklasse) in Abhängigkeit von Größenmerkmalen von Unternehmen

    Ergänzend zu den gesetzlichen Vorschriften gelten die Grundsätze ordnungsmäßiger Buchführung, auf die im nächsten Abschnitt näher eingegangen wird. Die Bilanzpolitik des Kaufmanns kann nur im Rahmen der vorhergehenden Vorschriften entfaltet werden. Es gilt die in Tabelle 4 wiedergegebene Rangfolge.

---

(1) Spezifische Rechnungslegungsvorschriften, (z.B. für Banken)
(2) Allgemeine Rechnungslegungsvorschriften (vor allem 3. Buch des HGB)
(3) Grundsätze ordnungsmäßiger Buchführung
(4) Bilanzpolitik des Unternehmens (oder Konzerns)

Tab. 4: Rangfolge der Rechnungslegungsvorschriften

    Für die **Steuerbilanz**, die der Ermittlung des steuerpflichtigen Gewinns dient, sind insbesondere die §§ 4 bis 10 Einkommensteuergesetz (EStG) und die ergänzenden Abschnitte der Einkommensteuer-Richtlinien (EStR) von Bedeutung. Sie regeln insbesondere die steuerlich zulässigen Wertansätze für die Vermögensgegenstände und Schulden. Die Steuerbilanz ist grundsätzlich aus der Handelsbilanz abzuleiten; sie weicht von dieser nur ab, soweit dies spezielle steuerliche Vorschriften vorsehen. Letztere engen im Interesse einer gleichmäßigen Besteuerung oder aus fiskalischen Gründen den Bilanzierungsspielraum ein.

II. Die Grundsätze ordnungsmäßiger Buchführung

„Der Jahresabschluß ist nach Grundsätzen ordnungsmäßiger Buchführung aufzustellen" (§ 243 HGB). Er soll im Rahmen dieser Grundsätze (im folgenden **GoB** genannt) ein zutreffendes Bild der Vermögens-, Finanz- und Ertragslage des Unternehmens vermitteln (§ 264 HGB). Die Forderung nach der Bilanzwahrheit ist dann erfüllt, wenn bei der Bilanzierung und Bewertung die gesetzlichen Vorschriften und die GoB beachtet worden sind.

Die GoB sind – soweit nicht gesetzlich fixiert – ungeschriebene, allgemein gültige Rechtsnormen, die im Einzelfall näher definiert werden müssen. Sie dienen zur Auslegung und Ergänzung der Gesetzesnormen, um zu einer sachgerechten Bilanzierung und Bewertung zu gelangen. Als Erkenntnisquellen kommen neben dem Wortlaut und dem Sinn der handels- und steuerrechtlichen Gesetze die Rechtsprechung, die betriebswirtschaftliche Forschung, fachliche Stellungnahmen der Wirtschaftsprüfer, Gutachten der Industrie- und Handelskammern u. ä. sowie nachgeordnet die Gepflogenheiten ordentlicher und ehrenwerter Kaufleute in Betracht.

Nachfolgend sollen die wichtigsten GoB dargestellt werden, die zum Verständnis des Jahresabschlusses bedeutsam sind.

1. Bilanzwahrheit, Vollständigkeit

Die Aufzeichnungen in den Büchern und der Ausweis im Jahresabschluß müssen richtig vorgenommen werden, d. h. sie dürfen keine unwahren Angaben enthalten (Grundsatz der **Bilanzwahrheit**). So darf z. B. die Bilanz keine Vermögensgegenstände ausweisen, die tatsächlich nicht vorhanden oder die nicht dem betrieblichen Vermögen des Kaufmanns zuzurechnen sind. Die Vermögensgegenstände sind außerdem unter der für sie zutreffenden Bilanzposition (d. h. Bezeichnung der Bilanzposten) auszuweisen.

Die Aufzeichnungen in den Büchern und der Ausweis im Jahresabschluß haben in klarer und übersichtlicher Form zu erfolgen, so daß sich ein Sachverständiger in angemessener Zeit über die Geschäftsvorfälle und die Lage des Unternehmens informieren kann. In der Bilanz sind Vermögens- und Schuldposten hinreichend aufzugliedern. Posten der Aktivseite dürfen nicht mit Posten der Passivseite und in der Gewinn- und Verlustrechnung dürfen Aufwendungen nicht mit Erträgen verrechnet werden. Zur **Klarheit** und **Übersichtlichkeit** gehört auch die zeitgerechte Erfassung der Geschäftsvorfälle. Der Jahresabschluß ist innerhalb der einem ordnungsmäßigen Geschäftsgang entsprechenden Zeit aufzustellen. In der Regel liegen die Jahresabschlüsse drei bis sechs Monate nach Ablauf des Geschäftsjahres vor.

Die Eintragungen in den Büchern müssen durch Belege wie Rechnungen, Quittungen, Schriftwechsel und Bankauszüge unterlegt sein. Ihr Inhalt und der Zeitpunkt des Geschäftsvorfalls müssen nachprüfbar sein (Grundsatz der **Belegbarkeit**).

Der Grundsatz der **Vollständigkeit** fordert, daß die Geschäftsvorfälle in der Buchhaltung lückenlos erfaßt werden und daß im Jahresabschluß sämtliche Vermögensgegenstände, Schulden, Aufwendungen und Erträge enthalten sind.

2. Wirtschaftlichkeit

Die Anforderungen an die Buchführung dürfen andererseits nicht überspannt werden. Nach dem Grundsatz der **Wirtschaftlichkeit** soll der Aufwand in einem angemessenen Verhältnis zum angestrebten Erfolg (Genauigkeit, Übersichtlichkeit usw.) stehen. Das hat z.B. zu gewissen Vereinfachungen bei der Erfassung und der Bewertung von Vermögensgegenständen geführt.

In diesem Zusammenhang sei auch der für den Jahresabschluß geltende Grundsatz der **Wesentlichkeit** erwähnt. Sachverhalte von untergeordneter Bedeutung, die nach den Verhältnissen des Einzelfalles keinen nennenswerten Einfluß auf das Ergebnis und die Rechnungslegung haben, können pauschal behandelt oder sogar vernachlässigt werden.

3. Willkürfreiheit, Stichtagsprinzip, Bilanzkontinuität

Der Grundsatz der **Willkürfreiheit** bezieht sich sowohl auf die systematische und logische Erfassung der Geschäftsvorfälle als auch auf den Ausweis und die Bewertung im Jahresabschluß. Zulässige Wahlrechte dürfen nicht willkürlich, d. h. vor allem nicht sachwidrig ausgeübt werden. Verbunden hiermit ist der Grundsatz der **Stetigkeit**, der Veränderungen in der Systematik der Buchhaltung, beim Ausweis im Jahresabschluß sowie vor allem in der Bewertung nicht ohne sachliche Begründung erlaubt.

Die Aufwendungen und Erträge sind unabhängig vom jeweiligen Zeitpunkt der Zahlung bzw. der Ausgabe oder Einnahme periodengerecht im Jahresabschluß zu erfassen (Grundsatz der **Periodenabgrenzung**). Sie werden jeweils der Abrechnungsperiode zugerechnet, in der sie wirtschaftlich verursacht worden sind.

Für die Bilanzierung und Bewertung der Vermögensgegenstände und Schulden sind die Verhältnisse am Abschlußstichtag maßgeblich (**Stichtagsprinzip**). Bessere Erkenntnisse über die Verhältnisse am Stichtag, die bis zur Bilanzaufstellung gewonnen werden, sind zu berücksichtigen. Nach dem Stichtag eingetretene Veränderungen bleiben dagegen außer Ansatz.

Die Wertansätze in der Anfangsbilanz des Geschäftsjahres müssen mit denen der Schlußbilanz des vorhergehenden Geschäftsjahres übereinstimmen. Mit diesem Grundsatz der formellen **Bilanzkontinuität** wird erreicht, daß die Summe der Ergebnisse der Einzelperioden (in der Regel des Geschäftsjahres) dem Ergebnis der Totalperiode (Gesamtlebenszeit des Unternehmens) entspricht. Höhere oder niedrigere Wertansätze für Bilanzposten wirken im folgenden oder in den folgenden Geschäftsjahren fort.

4. Einzelbewertung, Unternehmensfortführung

Vermögensgegenstände und Schulden sind einzeln zu bewerten. Wertminderungen eines Vermögensgegenstandes dürfen nicht mit Werterhöhungen eines anderen verrechnet werden (Grundsatz der **Einzelbewertung**). So dürfen z. B. Kursverluste beim Wertpapier X nicht mit Kurssteigerungen beim Wertpapier Y aufgerechnet werden.

Es kann manchmal zweifelhaft sein, ob ein selbständiger Vermögensgegenstand gegeben ist oder ob er mit anderen eine größere Bewertungseinheit bildet. Beispiel: Einzelne Motoren können Bestandteile einer größeren Anlageneinheit sein. Es kommt vor allem auf den betrieblichen Nutzungs- und Funktionszusammenhang und auch auf eine branchentypische Beurteilung an.

Bei der Bewertung der Vermögensgegenstände und Schulden ist von der **Fortführung des Unternehmens** auszugehen. Dementsprechend werden beim Anlagevermögen die Anschaffungs- oder Herstellungskosten durch Abschreibungen über die voraussichtliche Nutzungsdauer der Anlagen verteilt. Beim Vorratsvermögen wird unterstellt, daß dieses im Rahmen des normalen Leistungsprozesses verbraucht bzw. Fertigerzeugnisse und Waren im normalen Geschäftsgang verkauft werden. Ausschlaggebend für die Bewertung ist also die zukünftige Nutzung der Vermögensgegenstände im Rahmen der gewöhnlichen Geschäftstätigkeit des Unternehmens. Würde das Unternehmen nicht fortgeführt werden, so wären die Liquidationswerte anzusetzen.

Unternehmen sind in der Regel auf Dauer angelegt, so daß von der Unternehmensfortführung ausgegangen werden kann. Stehen der Unternehmensfortführung aber rechtliche oder tatsächliche Gegebenheiten entgegen, z.B. Liquiditätsschwierigkeiten, Auslaufen der Betriebskonzession oder Erschöpfung von Rohstoffvorräten, so darf der Grundsatz der Unternehmensfortführung nicht angewendet werden. Es sind dann Einzelveräußerungs- oder Liquidationswerte anzusetzen.

5. Vorsichts- und Imparitätsprinzip

Die Bewertung hat unter Anwendung des **Vorsichtsprinzips** zu erfolgen. Der Grundsatz der Vorsicht soll vor allem die Gläubiger des Kaufmanns schützen. Er bedeutet, daß im Zweifel niedrigere Werte anzusetzen sind. Insbesondere sind alle vorhersehbaren Risiken und drohende Verluste in der Bilanz zu berücksichtigen, auch wenn sie erst nach dem Bilanzstichtag bekannt werden. Aktuelle Erkenntnisse von den Verhältnissen am Bilanzstichtag sind bis zum Zeitpunkt der Bilanzaufstellung einzubeziehen.

Gewinne dürfen nur dann ausgewiesen werden, wenn sie am Bilanzstichtag realisiert worden sind. Nach diesem **Realisationsprinzip** entsteht ein Gewinn erst durch einen Umsatzakt, d.h. durch den Verkauf und die Auslieferung der Produkte oder durch den Verkauf und die Erbringung abrechenbarer Dienstleistungen an Dritte. Der Kaufmann muß die geschuldete Leistung erbracht und der Abnehmer muß über die Produkte und Leistungen wirtschaftlich verfügen können, so daß der Kaufmann Anspruch auf die vereinbarte oder gesetzlich festgelegte Gegenleistung hat. Entscheidend ist dabei nicht der rechtliche, sondern der wirtschaftliche Übergang der Verfügungsgewalt und damit auch der Übergang der Gefahr des zufälligen Untergangs oder Verlustes eines Vermögensgegenstandes.

Nicht realisierte Gewinne sind mit Unsicherheiten behaftet; es wäre unvorsichtig, sie auszuweisen. Das Realisationsprinzip verhindert, daß nicht realisierte Gewinne besteuert und ausgeschüttet werden.

Der Vorsichtsgrundsatz verlangt aber andererseits, daß drohende Verluste berücksichtigt werden. Wegen der ungleichen Behandlung von nicht realisierten Gewinnen und nicht realisierten Verlusten spricht man vom **Imparitätspinzip**. Es verlangt den Ausweis nicht realisierter Verluste (z.B. drohende Verluste aus noch nicht abgewickelten Aufträgen) und verbietet den Ausweis von nicht realisierten Gewinnen (z.B. bei zum Verkauf bereitgestellten Produkten, die noch nicht an den Kunden ausgeliefert wurden).

Das Imparitätsprinzip findet auch Ausdruck in dem Grundsatz, daß Vermögensgegenstände höchstens mit den Anschaffungs- oder Herstellungskosten bewertet werden dürfen (**Anschaffungswertprinzip**). Gestiegene Wiederbeschaffungskosten oder höhere Veräußerungswerte dürfen also in der Bilanz nicht berücksichtigt werden. Insofern enthält die Bilanz keine aktuellen Markt- oder Zeitwerte. Diese kommen – als Ausfluß des Vorsichtsprinzips – nur zum Ansatz, wenn sie am Bilanzstichtag niedriger sind als die ursprünglichen Anschaffungs- oder Herstellungskosten (**Niederstwertprinzip**).

6. Bewertungsstetigkeit

Den Wertansätzen der Vermögensgegenstände und Schulden sind bestimmte Bewertungsmethoden zugrunde zu legen. Dieses Prinzip der **Methodenbestimmtheit** ist Ausfluß des Grundsatzes der Willkürfreiheit. Das bedeutet, daß der Bilanzwert nach einer bestimmten Methode zu ermitteln ist; Einzelheiten werden später erläutert.

Soweit verschiedene Bewertungsmethoden in Frage kommen, die der Kaufmann wählen kann, schreibt der Grundsatz der **Bewer-**

tungsstetigkeit vor, daß die für den vorhergehenden Jahresabschluß angewandten Bewertungsmethoden beibehalten werden sollen. Das bedeutet, daß dieselben Vermögensgegenstände von Bilanz zu Bilanz gleichmäßig unter Anwendung derselben Methoden bewertet werden. Diese materielle Bilanzkontinuität soll die Vergleichbarkeit des Jahresabschlusses gewährleisten und seine Aussagekraft verbessern.

In begründeten Ausnahmefällen darf von dem genannten Grundsatz der Stetigkeit abgewichen werden. Veränderte Verhältnisse, z.B. Gesetzesänderungen oder Eigentümerwechsel, können Abweichungen notwendig oder zweckmäßig machen, um so zu einem klaren und übersichtlichen Jahresabschluß zu gelangen. Vergleichbarkeit und Aussagekraft des Jahresabschlusses sind abzuwägen, wobei wesentliche Bewertungsänderungen gegenüber dem vorhergehenden Jahresabschluß offenzulegen sind.

III. Inventur und Inventar

Jeder Kaufmann hat zu Beginn seines Handelsgewerbes (= Anfang seiner geschäftlichen Tätigkeit) und für den Schluß jeden Geschäftsjahres ein Verzeichnis zu erstellen, in dem er seine Grundstücke, Forderungen, Bargeld, sonstige Vermögensgegenstände und Schulden genau aufzuführen und den Wert der einzelnen Vermögensgegenstände und Schulden anzugeben hat (§ 240 HGB).

In dem Bestandsverzeichnis oder **Inventar** sind alle bilanzierungsfähigen Vermögensgegenstände und Schulden zu verzeichnen, unabhängig davon, ob sie tatsächlich bilanziert werden oder nicht und wie sie zu bewerten sind.

Zweck des Inventars ist es, ein genaues Mengengerüst für die Bilanzierung zu haben und für die Bilanzposten zutreffende Werte zu ermitteln. Dazu muß das Inventar alle erforderlichen Angaben wie Art, Menge und Qualität der Vermögensgegenstände und Schulden ausweisen.

Das Inventar setzt eine körperliche oder buchmäßige Erfassung der Bestände (= **Inventur**) voraus. Die körperliche Bestandsaufnahme geschieht durch Zählen, Wiegen und Messen der entsprechenden Sachgüter. Dabei ist auch der Zustand der einzelnen Posten, z.B. verrostet oder beschädigt, zu vermerken, um Hinweise für die Bewertung zu erhalten. Einer körperlichen Bestandsaufnahme bedarf es nicht, wenn der Bestand der Vermögensgegenstände auch ohnedies mit ausreichender Sicherheit festgestellt werden kann. Dies gilt auch für immaterielle Vermögensgegenstände sowie für Forderungen und Verbindlichkeiten, die nur buchmäßig erfaßt werden können. Ihre Existenz ist jedoch nach Möglichkeit durch andere Nachweise, z. B. Patentschriften oder Saldenbestätigungen der Schuldner bzw. Gläubiger zu dokumentieren.

Bei allen Bilanzposten, die körperlich aufgenommen werden können, verlangen die Grundsätze ordnungsmäßiger Buchführung, daß das Inventar die Mengen der aufgenommenen Bestände enthält. Das gilt insbesondere für das **Vorratsvermögen**, für das regelmäßig eine jährliche körperliche Bestandsaufnahme notwendig ist. Dieser Grundsatz findet dort seine Grenze, wo der mit der Durchführung der körperlichen Aufnahme verbundene Aufwand mit dem wirtschaftlichen Zweck nicht mehr zu rechtfertigen ist und die Unterlagen der Buchführung die Wertermittlung mit ausreichender Zuverlässigkeit gestatten.

Beim **Sachanlagevermögen** kann der Bestand durch Fortschreibung ermittelt werden, wenn ein Bestandsverzeichnis (Anlagenkartei) geführt wird, das den Gegenstand, das Datum des Zu- und Abganges, die Anschaffungs- oder Herstellungskosten und den Buchwert am Bilanzstichtag genau bezeichnet. Hier genügt es, wenn der Bestand alle drei Jahre durch eine körperliche Bestandsaufnahme verifiziert wird.

Die Bestandsaufnahme erfolgt im Regelfall zum Bilanzstichtag. Für die Stichtagsinventur genügt es aber, wenn die Bestandsaufnahme zeitnah, d. h. in der Regel innerhalb von zehn Tagen vor oder nach dem Bilanzstichtag durchgeführt wird, vorausgesetzt, daß etwaige Mengenveränderungen genau erfaßt und berücksichtigt werden. Zur Erleichterung der Bestandsaufnahme können u. U. folgende Inventurverfahren angewendet werden: die permanente Inventur, die vor-oder nachverlagerte Stichtagsinventur und die Inventur in Stichproben.

C. Der Jahresabschluß

- ■ Aufstellung des Jahresschlusses
- ■ Bilanz (Gliederung, Bewertung, Wahlrechte)
- ■ Gewinn- und Verlustrechnung
- ■ Anhang und Lagebericht
- ■ Prüfung und Offenlegung

I. Die Bilanz

1. Der Inhalt der Bilanz

Der Inhalt der Bilanz besteht aus den einzelnen Bilanzposten auf der Aktiv- und Passivseite. Als **Bilanzposten** bezeichnet man die in der Bilanz unter einer Bezeichnung zusammengefaßten und mit einer Wertangabe versehenen Vermögensgegenstände, Schulden und sonstige, nachfolgend beschriebenen Sachverhalte. Die Aufnahme eines Vermögensgegenstandes auf der Aktivseite der Bilanz nennt man „aktivieren"; die Einstellung von Schulden auf der Passivseite „passivieren".

In der Einführung wurde die Bilanz als Zusammenstellung der Werte der Vermögensgegenstände (Aktivposten) und des zu ihrer Finanzierung eingesetzten Kapitals (Passivposten) zu einem bestimmten Stichtag charakterisiert. Der Bilanzinhalt ist damit allerdings noch nicht ganz vollständig beschrieben. Die Bilanz kann nämlich daneben auch Posten der Rechnungsabgrenzung, sog. Bilanzierungshilfen, Korrektur- und Sonderposten enthalten.

1.1 Vermögensgegenstände, Schulden, Eigenkapital

Als **Vermögensgegenstände** gelten alle Sachen und Rechte, die einzeln beschaffbar und veräußerbar und damit auch einzeln bewertbar sind. Es handelt sich also um selbständige körperliche Gegenstände sowie um Forderungen oder andere Rechte, die Gegenstand des Rechtsverkehrs sein können. Werden körperliche Gegenstände durch Verbindung oder Verarbeitung Teil einer größeren Funktionseinheit, in der sie die Einzelveräußerbarkeit und –verwertbarkeit verlieren, so bildet das zusammengesetzte Gut den Vermögensgegenstand. Forderungen sind Rechtsansprüche auf Zahlungsleistungen. Zu den übrigen Rechten gehören sowohl geschützte Rechte wie Patente und Lizenzen als auch ungeschützte Erfindungen u. ä., wenn sie einzeln veräußerbar oder verwertbar sind.

Schulden gelten hier als Oberbegriff für Verbindlichkeiten. Sie setzen die rechtliche oder wirtschaftliche Verpflichtung zu einer Leistung voraus, die am Bilanzstichtag eine selbständig bewertbare wirtschaftliche Belastung des Kaufmanns darstellt. Zu ihnen gehören die Verbindlichkeiten gegenüber Lieferanten, Kreditinstituten und sonstigen Gläubigern sowie die Rückstellungen für ungewisse Verbindlichkeiten und für drohende Verluste aus schwebenden Geschäften, aber auch die sog. Aufwandsrückstellungen (siehe dazu Seite 49).

Auf der Passivseite wird neben den Schuldposten auch das **Eigenkapital** ausgewiesen. Es setzt sich zusammen aus den Kapitaleinlagen des oder der Eigentümer (Einzelkaufmann, Gesellschafter oder Aktionäre), den Rücklagen oder Reserven und den nicht ausgeschütteten Gewinnen.

1.2 Rechnungsabgrenzungsposten

Die Posten der Rechnungsabgrenzung enthalten die Ausgaben oder Einnahmen, die nicht dem abgelaufenen Geschäftsjahr, sondern künftigen Rechnungsperioden wirtschaftlich zuzurechnen sind. Sie dienen der periodengerechten Zuordnung von Aufwendungen und Erträgen und damit der Ermittlung des richtigen Periodenerfolgs.

Als Rechnungsabgrenzungsposten sind auf der **Aktivseite** Ausgaben auszuweisen, die vor dem Bilanzstichtag geleistet, aber Aufwand für eine bestimmte Zeit nach diesem Tag darstellen. So werden z.B. am Bilanzstichtag vorausgezahlte Mieten als Rechnungsabgrenzungsposten aktiviert.

Umgekehrt sind auf der **Passivseite** als Rechnungsabgrenzungsposten Einnahmen vor dem Bilanzstichtag zu zeigen, soweit sie Ertrag für eine bestimmte Zeit nach diesem Stichtag darstellen. Beispiel: Vereinnahmte Mietvorauszahlungen für die Zeit nach dem Bilanzstichtag, die Erträge für das neue Geschäftsjahr darstellen. Entscheidend ist in beiden Fällen, daß die Zahlungen für einen **bestimmten** Zeitraum geleistet werden, der ein oder auch mehrere künftige Geschäftsjahre umfassen kann.

1.3 Sonstige Bilanzposten

Um einen Verlustausweis zu vermeiden, gestattet der Gesetzgeber unter besonderen Umständen, daß bestimmte Aufwendungen aktiviert werden dürfen, obwohl sie weder einen Vermögensgegenstand noch einen Rechnungsabgrenzungsposten darstellen. Eine solche **Bilanzierungshilfe** wird z. B. zur Erleichterung der Startphase für die Kosten der Ingangsetzung des Geschäftsbetriebes eingeräumt. Sie dürfen aktiviert werden, gehen also nicht sofort zu Lasten des Ergebnisses (Bilanzierungswahlrecht).

Soweit der Ertrag, der sich durch diese Aktivierung ergibt, zu einem Gewinn führt, darf dieser jedoch nicht zur Gewinnausschüttung verwendet werden. Insofern besteht eine Ausschüttungssperre. Der Aufwand wird durch Abschreibungen des Bilanzpostens höchstens auf die folgenden vier Geschäftsjahre verteilt.

Als Bilanzierungshilfe auf der Passivseite kann man die Nichtpassivierung von Pensionsverpflichtungen, die vor dem 1. 1. 1987 (Inkrafttreten des sog. Bilanzrichtliniengesetzes) eingegangen werden, bezeichnen. Die nicht passivierten Pensionsverpflichtungen sind jedoch im Anhang betragsmäßig anzugeben.

Korrekturposten stehen im Zusammenhang mit Bilanzposten auf der Gegenseite. So stellt z. B. der auf der Aktivseite ausgewiesene Bilanzverlust einen Korrekturposten zum Eigenkapital dar.

Sonderposten ergeben sich aus besonderen steuerrechtlichen Bilanzierungs- oder Bewertungsvorschriften, die zur steuerlichen Anerkennung auch in der Handelsbilanz anzuwenden sind. Man spricht von Maßgeblichkeit der Handelsbilanz für die Steuerbilanz. Zu diesen Sonderposten gehören u. a. die steuerlichen Sonderabschreibungen zur Förderung bestimmter Investitionen, z. B. in den neuen Bundesländern. Derartige Posten werden als „Sonderposten mit Rücklageanteil" bezeichnet, weil sie einen Mischposten aus Eigen- und Fremdkapital insofern darstellen, als ihre spätere Auflösung oder ihr Verbrauch noch der Besteuerung unterliegt (siehe S. 45 ff.).

1.4 Bilanzgliederung

Der Inhalt der Bilanz gliedert sich entsprechend Tabelle 5.

Aktiva	*Passiva*
Vermögensgegenstände	Eigenkapital
Bilanzierungshilfen	Sonderposten mit Rücklageanteil
Aktive Rechnungs-abgrenzungsposten	Rückstellungen/Verbindlichkeiten
Korrekturposten	Passive Rechnungs-abgrenzungsposten

Tab. 5: Aufgliederung in der Bilanz

Die weitere **Untergliederung der Aktiva und Passiva** ist für Kapitalgesellschaften hinsichtlich Reihenfolge und Bezeichnung gesetzlich vorgeschrieben (§ 266 HGB). Diese Bilanzgliederung, die später näher behandelt wird, wird weitgehend auch für andere Unternehmen angewendet. Im übrigen sind diese Unternehmen nach den GoB gehalten, ihre Bilanz so zu gliedern, daß sie einen ausreichenden Einblick in die Vermögens-, Finanz- und Ertragslage des Unternehmens bietet. Dabei dürfen keine irreführenden Postenbezeichnungen gewählt werden.

2. Aktivierung und Passivierung

Als **Bilanzierung** gilt die Aufnahme der Vermögensgegenstände, Schulden und sonstigen Posten in die Bilanz. Dabei kann man zwischen Bilanzierung im engeren Sinn und Bewertung unterscheiden. Die Bilanzierung im engeren Sinn betrifft die Aktivierung oder Passivierung. Aktivierung oder Passivierung (Bilanzierung im engeren Sinn) bedeutet den Ansatz von bilanzierungsfähigen Sachverhalten auf der Aktiv- bzw. Passivseite der Bilanz (s. Tab. 6, S. 24).

Bilanzierung i. w. S.	
Bilanzierung i. e. S. = Bilanzansatz = Aktivierung oder Passivierung	Bewertung = Wertansatz

Tab. 6: Bilanzierung im weiteren Sinne

Bei der Aufstellung der Bilanz ist zunächst zu klären, ob ein Sachverhalt bilanzierungsfähig ist oder nicht. Nur bei Bilanzierungsfähigkeit darf er in die Bilanz überhaupt aufgenommen werden. Danach ist zu fragen, ob die bilanzierungsfähigen Sachverhalte zwingend in die Bilanz aufgenommen werden müssen (Bilanzierungspflicht) oder in Ausübung eines Wahlrechtes aufgenommen werden sollen (s. Tab. 7).

Nach dem Grundsatz der Vollständigkeit ist mit der Bilanzierungsfähigkeit in der Regel auch die Bilanzierungspflicht verbunden. Anschließend stellt sich die Frage nach der Zuordnung zu bestimmten Bilanzposten. Erst wenn in dieser Weise die Bilanzierung geklärt ist, fragt sich, wie der Bilanzposten zu bewerten ist.

Bilanzierung i. e. S.	
Aktivierungs- fähigkeit	Passivierungs- fähigkeit
Aktivierungs- pflicht oder – wahlrecht	Passivierungs- pflicht oder – wahlrecht
Zuordnung zu Aktivposten	Zuordnung zu Passivposten

Tab. 7: Bilanzierung im engeren Sinne

2.1 Bilanzierungsfähigkeit und Bilanzierungspflicht

Bilanzierungsfähigkeit und -pflicht sind gesetzlich nur unvollständig geregelt. Entscheidend sind daher die Grundsätze ordnungsmäßiger Buchführung. Danach gelten zunächst als bilanzierungsfähig alle materiellen und immateriellen Vermögensgegenstände sowie Schulden, die Gegenstand des Rechtsverkehrs sein können und die dem Kaufmann wirtschaftlich zuzurechnen sind.

Bei den **Vermögensgegenständen** handelt es sich, wie schon gesagt, um Sachgegenstände jeder Art, Forderungen, sonstige Rechte und immaterielle Werte, die der Kaufmann durch eindeutig zurechenbare Ausgaben erworben oder als Einlage in seinen Betrieb eingebracht hat und die einen über den Bilanzstichtag hinausgehenden Vorteil oder Nutzen für den Kaufmann besitzen.

Die **Schulden** umfassen alle gegenwärtigen und künftigen Belastungen des Vermögens des Kaufmanns, die am Bilanzstichtag bestehen oder zu erwarten sind und die selbständig bewertet werden können.

Nach § 246 HGB hat der Jahresabschluß sämtliche Vermögensgegenstände, Schulden, Rechnungsabgrenzungsposten, Aufwendungen und Erträge zu enthalten, soweit nichts anderes gesetzlich bestimmt ist. Daraus folgt, daß für alle Vermögensgegenstände und Schulden grundsätzlich eine **Bilanzierungspflicht** besteht. Ein Aktivierungs- oder Passivierungswahlrecht ist nur dann gegeben, wenn es sich ausdrücklich aus besonderen Vorschriften ergibt. Ein solches Wahlrecht wird z.B. beim erworbenen Firmenwert oder hinsichtlich der Bilanzierungshilfen eingeräumt.

Ein Bilanzansatz ist unzulässig, wenn ein gesetzliches **Bilanzierungsverbot** ausgesprochen ist. Dies gilt für Aufwendungen für die Gründung des Unternehmens oder für unentgeltlich erworbene immaterielle Anlagegegenstände (§ 248 HGB), wie z.B. eigene Forschungsaufwendungen. Dieses Bilanzierungsverbot erklärt sich aus dem Grundsatz der Vorsicht: der Wert dieser Sachverhalte läßt sich schwer konkretisieren; er kann sich außerdem sehr schnell verflüchtigen.

Über die Bilanzierung entscheidet weiter die **wirtschaftliche Zugehörigkeit** zum Unternehmen. Diese Zugehörigkeit bedeutet, über einen Vermögensgegenstand (schon oder noch) wirtschaftlich verfügen zu können oder durch eine Verpflichtung (tatsächlich oder voraussichtlich) wirtschaftlich belastet zu sein. Die rechtlichen Gegebenheiten sind demgegenüber unbeachtlich, auch wenn sie in der Regel ein wesentliches Indiz für die wirtschaftliche Zuordnung darstellen.

Der wirtschaftliche Eigentümer zeichnet sich dadurch aus, daß er bei normalem Geschäftsverlauf für die Zeit der betriebsgewöhnlichen Nutzungsdauer des Vermögensgegenstandes die Einwirkung des rechtlichen Eigentümers auf diesen Gegenstand wirtschaftlich ausschließen kann, so daß ein Herausgabeanspruch des Eigentümers keine wirtschaftliche Bedeutung hat.

Unterschiede zwischen rechtlichem Eigentum und wirtschaftlicher Zugehörigkeit treten bei **Sicherungsübereignung** oder beim **Eigentumsvorbehalt**, aber auch bei Kommissionsgeschäften, beim Nießbrauch und bei Leasingverhältnissen auf. So werden z. B. Gegenstände, die zur Sicherheit übereignet oder unter Eigentumsvorbehalt geliefert worden sind, in der Bilanz des Sicherungsgebers bzw. des Vorbehaltskäufers ausgewiesen. Das fremde Eigentum hindert bei der Bilanzierung nicht; ihm steht der noch nicht bezahlte Kaufpreis als Schuld gegenüber.

Bei dieser Bilanzierung wird der normale Geschäftsverlauf unterstellt, d. h. Bezahlung der Kaufpreisschuld und Übergang des Eigentums auf den Käufer. Wenn allerdings durch Geltendmachung des Eigentumsvorbehalts dem Kaufmann die wirtschaftliche Verfügungsmacht über die Gegenstände entzogen wird, sind die Gegenstände nicht dem Kaufmann, sondern dem rechtlichen Eigentümer zuzurechnen.

Für die Bilanzierung von **Leasingverhältnissen** ist entscheidend, ob nach dem Gesamtbild der tatsächlichen Verhältnisse – insbesondere auch nach der normalerweise zu erwartenden Vertragsabwicklung – ein Miet- oder Pachtvertrag vorliegt, ob ein echtes Leasingverhältnis gegeben ist oder ob es sich um einen verdeckten Kreditvertrag oder Teilzahlungskauf handelt.

Kann der Leasingvertrag jederzeit gekündigt werden und ist der Leasingnehmer zur Zahlung des Mietzinses (Leasingrate) sowie nur dazu verpflichtet, den Gegenstand pfleglich zu behandeln, so liegt ein Mietvertrag vor (sog. operating leasing). Der Vermögensgegenstand wird beim Vermieter bilanziert.

Bei einer Anschaffungsfinanzierung wird der Vermögensgegenstand beim Käufer bilanziert.

Ist die Zuordnung zu Miete oder Kauf nicht eindeutig (beim sog. financial leasing), so wird der Leasinggegenstand unter bestimmten Voraussetzungen nicht dem Leasingnehmer, sondern dem Leasinggeber zugerechnet. Es kommt darauf an, wer als wirtschaftlicher Eigentümer anzusehen ist. Wenn ja, hat der Leasingnehmer den Leasinggegenstand zu aktivieren und die Leasingverbindlichkeiten zu passivieren.

Indizien dafür, daß der Leasingnehmer wirtschaftlicher Eigentümer ist und dementsprechend den Leasinggegenstand zu aktivieren und die Leasingverbindlichkeiten zu passivieren hat, sind: Die Anlage entspricht den speziellen Anforderungen des Leasingnehmers; der Leasingnehmer trägt das wirtschaftliche Risiko der Anlagennutzung und -erhaltung; er übernimmt Wartung, Instandhaltung, Versicherung u. ä. auf eigene Rechnung. Die Leasingvereinbarung erstreckt sich über die voraussichtliche Nutzungsdauer oder Amortisationszeit der Anlage und die vereinbarten Leasingraten decken die Anschaffungs- oder Herstellungskosten.

Die Finanzverwaltung erkennt eine **Zurechnung zum Leasinggeber** im allgemeinen nur an, wenn es sich nicht um ganz speziell auf den Leasingnehmer zugeschnittene Vermögensgegenstände handelt (Spezial-Leasing) und wenn die Grundmietzeit zwischen 40 % und 90 % der betriebsgewöhnlichen Nutzungsdauer beträgt. Entscheidend ist auch, ob in den Verträgen eine Kauf- oder Mietverlängerungsoption vorgesehen ist.

Schwebende Geschäfte sind Rechtsgeschäfte, bei denen Leistung und Gegenleistung noch nicht erbracht worden sind. Das sind z. B. Lieferverträge, aber auch Miet- und Pachtverhältnisse sowie andere Dauerschuldverhältnisse. Schwebende Geschäfte werden grundsätzlich nicht bilanziert, weil davon ausgegangen wird, daß vereinbarte Leistung und Gegenleistung sich gleichwertig gegenüberstehen und durch den Schwebezustand bei keinem Partner eine Vermögensmehrung oder -minderung eingetreten ist.

Ist das nicht (mehr) der Fall und ergibt sich für den Kaufmann eine Leistungspflicht, die die zu empfangende Gegenleistung übersteigt (Verpflichtungsüberhang), so ist der daraus resultierende wirtschaftliche Verlust nach dem Imparitätsprinzip bilanzmäßig zu berücksichtigen. Das geschieht durch eine **Rückstellung für drohende Verluste** aus schwebenden Geschäften.

2.2 Zeitpunkt der Bilanzierung

Über den Zeitpunkt der Bilanzierung entscheidet ebenfalls in erster Linie die wirtschaftliche Zugehörigkeit am Bilanzstichtag und nicht der rechtliche Übergang des Eigentums an einem Vermögensgegenstand oder die rechtliche Entstehung einer Forderung oder Verbindlichkeit.

Grundstücke rechnen zum Vermögen des Kaufmanns vom Zeitpunkt der notariellen Beurkundung des vorgesehenen Eigentumübergangs (Auflassung) an, soweit keine Umstände bekannt sind, die einer späteren Eintragung als Eigentümer im Grundbuch entgegenstehen.

Bewegliche Sachen werden in der Regel nach Eingang der Ware bilanziert. Im übrigen richtet sich der Bilanzierungszeitpunkt danach, wann die Gefahr des Unterganges oder Verlustes des Vermögensgegenstandes auf den Kaufmann übergeht. So kann unterwegs befindliche Ware dem Kaufmann zuzurechnen sein. Auf den Erhalt der Rechnung kommt es nicht an.

Forderungen werden gewöhnlich mit der Erstellung der Rechnung gebucht. Voraussetzung ist aber, daß der Käufer seine Leistung im wesentlichen erbracht hat und die Gefahr des zufälligen Untergangs auf den Käufer übergegangen ist.

2.3 Betriebs- und Privatvermögen

Das Handelsrecht schreibt im § 242 HGB vor, daß der Kaufmann sein Vermögen und seine Schulden in die Bilanz aufzunehmen hat. Daher ist umstritten, ob Einzelkaufleute auch ihr **Privatvermögen** zu bilanzieren haben. Dafür würde sprechen, daß der **Einzelkaufmann** auch mit seinem Privatvermögen für betriebliche Schulden haftet.

Nach allgemeiner Ansicht sind jedoch die privaten Vermögensgegenstände und Schulden nicht in die Geschäftsbilanz aufzunehmen. Das Publizitätsgesetz, das die Rechnungslegung für große Unternehmen in der Form des Einzelkaufmannes, der Personengesellschaften, Stiftungen oder wirtschaftlich tätiger Vereine regelt, verbietet ausdrücklich die Aufnahme des Privatvermögens in den Jahresabschluß.

Dem Grundsatz der Vollständigkeit ist daher Genüge getan, wenn in der Bilanz die dem Betrieb wirtschaftlich zuzurechnenden Vermögensgegenstände und Schulden erfaßt werden. Maßgeblich ist jeweils die tatsächliche Zweckbestimmung des Vermögensgegenstandes oder der Schuld am Bilanzstichtag.

Die offenen Handelsgesellschaften und die Kommanditgesellschaften haben in der Handelsbilanz das Gesellschaftsvermögen auszuweisen, das den Gesellschaftern „zur gesamten Hand", d. h. gemeinsam gehört. Vermögensgegenstände, die im Eigentum eines einzelnen Gesellschafters stehen, dürfen in der Bilanz der **Personengesellschaft** nicht ausgewiesen werden.

Bei den **juristischen Personen** (AG, GmbH, Stiftung usw.) ist grundsätzlich das gesamte Vermögen bilanzierungspflichtig. Sie besitzen kein Privatvermögen.

Für den Bilanzleser ist wichtig, daß bei Einzelkaufleuten und Personengesellschaften das private Vermögen und die privaten Schulden nicht in der Bilanz enthalten sind. Er kann daher anhand der Geschäftsbilanz nicht beurteilen, welches Privatvermögen als Haftungsgrundlage zur Verfügung steht oder ob private Schulden den Bestand des Unternehmens gefährden können.

Auch in der **Steuerbilanz** wird zwischen Betriebs- und Privatvermögen unterschieden. Nur das Betriebsvermögen ist in die Steuerbilanz des Gewerbebetriebes oder der beruflichen Tätigkeit aufzunehmen. Betrieblich genutzte Vermögensgegenstände gehören zwingend zum Betriebsvermögen. In Einzelfällen kann der Kaufmann bestimmen, ob er einen Vermögensgegenstand (das Steuerrecht spricht von „Wirtschaftsgut") betrieblich nutzen will oder nicht. Das kann z. B. für Wertpapiere gelten, die er als Kreditunterlage betrieblich nutzen möchte. In diesem Fall muß er die Zweckbestimmung durch entsprechende Buchung eindeutig dokumentieren.

3. Bilanzierungswahlrechte

Bilanzierungswahlrechte gibt es nur insoweit, als sie gesetzlich ausdrücklich zugelassen sind. Man unterscheidet Aktivierungs- und Passivierungswahlrechte.

3.1 Aktivierungswahlrechte

Ein Aktivierungswahlrecht hat der Gesetzgeber eingeräumt für
– einen erworbenen Geschäfts- oder Firmenwert als immaterieller Vermögensgegenstand des Anlagevermögens,

– das Disagio bei einer Kreditaufnahme als aktiver Rechnungsabgrenzungsposten,
– die Aufwendungen für die Ingangsetzung und Erweiterung des
Geschäftsbetriebes als Bilanzierungshilfe und
– die sog. aktiven latenten Steuern als aktive Rechnungsabgrenzungsposten.

Das Wahlrecht für die Aktivierung des entgeltlich erworbenen
Geschäfts- oder Firmenwertes erklärt sich aus dem Prinzip der
Vorsicht. Solche Geschäftswerte sind schwer zu quantifizieren
und verflüchtigen sich u.U. rasch. Für den selbstgeschaffenen Fir-
men- oder Geschäftswert besteht daher wie für andere selbstge-
schaffene immaterielle Werte sogar ein Bilanzierungsverbot.

Wird bei einer Kreditaufnahme ein **Disagio** einbehalten, so
kann dieses als Rechnungsabgrenzungsposten aktiviert und über
die Laufzeit des Kredites abgeschrieben werden. Das Disagio wird
wie ein zusätzlicher Zinsaufwand behandelt, der über die Laufzeit
des Kredits periodengerecht verteilt wird.

Aufwendungen für die **Ingangsetzung oder Erweiterung des
Geschäftsbetriebes** können das Ergebnis erheblich belasten, weil
die Erträge aus dem Geschäftsbetrieb erst später anfallen. Sie stellen Investitionen in die Zukunft des Unternehmens dar und dürfen daher als Bilanzierungshilfe aktiviert werden. Sie sind in den
folgenden Geschäftsjahren mit mindestens einem Viertel abzuschreiben.

Sog. aktive **latente Steuern** entstehen dann, wenn das steuerpflichtige Ergebnis höher ist als das Handelsbilanzergebnis (z.B.
wegen handelsrechtlicher Abschreibungen, die steuerlich nicht
anerkannt sind) und damit höhere Steuern anfallen, als sie dem
Handelsbilanzergebnis entsprechen. Hier kann als Bilanzierungshilfe und zur periodengerechten Ergebniszuordnung für die Mehr-
steuern ein Rechnungsabgrenzungsposten gebildet werden.

3.2 Passivierungswahlrechte

Die Passivierungswahlrechte betreffen
– Sonderposten mit Rücklageanteil, die im Zusammenhang mit
steuerlich zulässigen Wertberichtigungen oder Rücklagen gebildet werden dürfen,
– bestimmte Aufwandsrückstellungen,
– Pensionsverpflichtungen, die vor dem 1. 1. 1987 entstanden sind.

Diese einzelnen Posten werden im Kapitel 4.4.2 und 4.4.3 näher erläutert werden.

3.3 Ausübung von Wahlrechten

Durch die Ausübung von Bilanzierungswahlrechten kann der Kaufmann seinen Bilanzausweis gestalten. Er kann über die Bilanzierungswahlrechte an jedem Bilanzstichtag neu entscheiden. Der Stetigkeitsgrundsatz gilt nicht für die Bilanzierungswahlrechte, sondern nur für die Bewertungswahlrechte. Die Grenze der Wahlfreiheit ist aber durch das Gebot der Willkürfreiheit sowie der Klarheit und Übersichtlichkeit des Jahresabschlusses gezogen. Kapitalgesellschaften haben Änderungen bei der Ausübung von Wahlrechten im Anhang offenzulegen.

Für die **Steuerbilanz** gilt – vereinfachend gesagt – für die handelsrechtlichen Aktivierungswahlrechte ein Aktivierungsgebot und für die Passivierungswahlrechte ein Passivierungsverbot. Hier ist im Interesse einer Gleichmäßigkeit der Besteuerung der Gestaltungsspielraum des bilanzierenden Kaufmanns stärker eingeschränkt.

4. Gliederung der Bilanz

4.1 Allgemeine Grundsätze

§ 266 HGB schreibt für große und mittelgroße Kapitalgesellschaften (s. Tab. 3, S. 12) die in Tabelle 8 (S. 32 f.) wiedergegebene Gliederung für die Bilanz vor. Die Bilanz ist in Kontoform = T-Form aufzustellen. Die aufgeführten Postenbezeichnungen und ihre Reihenfolge sind für Kapitalgesellschaften verbindlich. Dem Grundsatz der Klarheit und Übersichtlichkeit folgend, sollten der Aufbau und die Bezeichnungen des § 266 HGB prinzipiell auch für die Bilanzen anderer Unternehmen verwendet werden.

Die **Gliederung und Bezeichnung** der in Tabelle 8 mit arabischen Zahlen versehenen Posten sind zu ändern, wenn dies wegen der Besonderheiten der Kapitalgesellschaft erforderlich ist, um einen klaren und übersichtlichen Jahresabschluß aufzustellen. Diese Posten dürfen in der Bilanz zusammengefaßt werden, wenn sie unerheblich sind oder wenn dadurch die Darstellung der Bilanz klarer wird; die Aufgliederung hat dann im Anhang zu erfolgen.

Aktivseite

A. Anlagevermögen:
  I. Immaterielle Vermögensgegenstände:
     1. Konzessionen, gewerbliche Schutzrechte und ähnliche Rechte und Werte sowie Lizenzen an solchen Rechten und Werten;
     2. Geschäfts- oder Firmenwert;
     3. geleistete Anzahlungen;
  II. Sachanlagen:
     1. Grundstücke, grundstücksgleiche Rechte und Bauten einschließlich der Bauten auf fremden Grundstücken;
     2. technische Anlagen und Maschinen;
     3. andere Anlagen, Betriebs- und Geschäftsausstattung;
     4. geleistete Anzahlungen und Anlagen im Bau;
  III. Finanzanlagen:
     1. Anteile an verbundenen Unternehmen;
     2. Ausleihungen an verbundenen Unternehmen;
     3. Beteiligungen;
     4. Ausleihungen an Unternehmen, mit denen ein Beteiligungsverhältnis besteht;
     5. Wertpapiere des Anlagevermögens;
     6. sonstige Ausleihungen.
B. Umlaufvermögen
  I. Vorräte:
     1. Roh-, Hilfs- und Betriebsstoffe;
     2. unfertige Erzeugnisse, unfertige Leistungen;
     3. fertige Erzeugnisse und Waren;
     4. geleistete Anzahlungen;
  II. Forderungen und sonstige Vermögensgegenstände:
     1. Forderungen aus Lieferungen und Leistungen;
     2. Forderungen gegen verbundene Unternehmen;
     3. Forderungen gegen Unternehmen, mit denen ein Beteiligungsverhältnis besteht;
     4. sonstige Vermögensgegenstände;
  III. Wertpapiere:
     1. Anteile an verbundenen Unternehmen;
     2. eigenen Anteile;
     3. sonstige Wertpapiere;
  IV. Schecks, Kassenbestand, Bundesbank- und Postgiroguthaben, Guthaben bei Kreditinstituten.
C. Rechnungsabgrenzungsposten

Passivseite

A. Eigenkapital
  I. Gezeichnetes Kapital;
  II. Kapitalrücklage;
  III. Gewinnrücklagen:
    1. gesetzliche Rücklage;
    2. Rücklage für eigene Anteile;
    3. satzungsmäßige Rücklagen;
    4. andere Gewinnrücklagen;
  IV. Gewinnvortrag/Verlustvortrag;
  V. Jahresüberschuß/Jahresfehlbetrag.
B. Rückstellungen:
  1. Rückstellungen für Pensionen und ähnliche Verpflichtungen;
  2. Steuerrückstellungen;
  3. sonstige Rückstellungen.
C. Verbindlichkeiten
  1. Anleihen,
     davon konvertibel;
  2. Verbindlichkeiten gegenüber Kreditinstituten;
  3. erhaltene Anzahlungen auf Bestellungen;
  4. Verbindlichkeiten aus Lieferungen und Leistungen;
  5. Verbindlichkeiten aus der Annahme gezogener Wechsel und der Ausstellung eigener Wechsel;
  6. Verbindlichkeiten gegenüber verbundenen Unternehmen,
  7. Verbindlichkeiten gegenüber Unternehmen, mit denen ein Beteiligungsverhältnis besteht;
  8. sonstige Verbindlichkeiten,
     davon aus Steuern,
     davon im Rahmen der sozialen Sicherheit.
D. Rechnungsabgrenzungsposten.

Tab. 8: Gliederung der Bilanz

Kleine Kapitalgesellschaften (s. Tab. 3, S. 12) brauchen nur die mit Buchstaben und römischen Zahlen bezeichneten Posten gesondert auszuweisen.

Die Aussagekraft einer Bilanz lebt besonders von dem Vergleich mit der vorhergehenden Bilanz. Daher ist zu jedem Posten der entsprechende Betrag des vorhergehenden Geschäftsjahres anzuge-

ben. Sind die **Vorjahreszahlen** nicht vergleichbar oder werden sie
angepaßt, so ist dies im Anhang anzugeben und zu erläutern.

Fällt ein Vermögensgegenstand oder eine Schuld unter mehrere
Bilanzposten, so ist bei dem gewählten Postenausweis die **Mitzugehörigkeit zu anderenPosten** zu vermerken oder im Anhang zu
nennen, wenn dies aus Gründen der Klarheit und Übersichtlichkeit des Jahresabschlusses notwendig ist. Eigene Anteile dürfen
nur unter den dafür vorgesehenen Posten ausgewiesen werden.

Die Posten können weiter untergliedert werden, wenn dadurch
die Klarheit und Übersichtlichkeit der Bilanz nicht leiden. **Neue
Posten** dürfen hinzugefügt werden, wenn ihr Inhalt nicht von einem vorgeschriebenen Posten gedeckt wird.

Der Grundaufbau und die Hauptposten der Bilanz, die in gro-
ber Betrachtung auf der Aktivseite durch eine zunehmende Geld-
nähe oder Liquidierbarkeit (von Konzessionen bis zum Bargeldbe-
stand) und auf der Passivseite durch abnehmende Verfügungsdau-
er des Kapitals gekennzeichnet sind, dürfen nicht verändert werden.

Die Zuordnung der Vermögensgegenstände zu den einzelnen Bilanzposten richtet sich nach der **Zweckbestimmung am Bilanzstichtag** in dem bilanzierenden Unternehmen. Die Zuordnung ist
für die Bewertung wichtig. Der unterschiedliche Charakter der Bilanzposten, z. B. zum Gebrauch bestimmte Maschinen und zum
Verkauf bestimmte Maschinen, führt zu unterschiedlichen Wertansätzen. Je nach Zweckbestimmung können also gleichartige Vermögensgegenstände bei verschiedenen Unternehmen unterschiedlich ausgewiesen und bewertet werden. Ändert sich die Zweckbestimmung, so ist eine Umgliederung erforderlich.

4.2 Gliederung des Anlagevermögens

4.2.1 Gegenstände des Anlagevermögens

Zum Anlagevermögen gehören alle Vermögensgegenstände, die
dazu bestimmt sind, durch **Gebrauch oder wiederholte Nutzung**
dem Geschäftsbetrieb des Unternehmens zu dienen. Der Gesetzgeber spricht davon, daß die Gegenstände des Anlagevermögens
„dauernd dem Geschäftsbetrieb dienen". Betriebswirtschaftlich
ausgedrückt heißt das, daß diese Gegenstände den ihnen innewoh-
nenden Nutzenvorrat (z. B. die Leistung einer Maschine) nicht auf
einmal, sondern über einen längeren Zeitraum abgeben.

Im Gegensatz dazu dient das Umlaufvermögen zur Verarbeitung (z.B. Rohstoffe), zum Verbrauch (z.B. Brennstoffe), zur Veräußerung (z.B. Fertigerzeugnisse, Handelswaren) oder zur kurzfristigen Liquidisierung (z.B. Forderungen). Die Unterteilung in
Anlage- und Umlaufvermögen ist wichtig für die Bewertung der
Vermögensgegenstände, weil insbesondere Wertschwankungen jeweils ein unterschiedliches Gewicht haben.

Die Nutzungsmöglichkeit der Anlagegegenstände kann zeitlich
unbegrenzt sein, z.B. Fabrikgrundstücke. Ihre **Nutzungsdauer**
kann aber auch befristet sein, weil die Anlagen dem Verschleiß
oder der Abnutzung unterliegen, z.B. Maschinen oder Betriebsvorrichtungen. Man spricht auch von nicht abnutzbaren und von
abnutzbaren Anlagegegenständen. Die Abnutzung ist wesentli-
cher Maßstab für die später zu erläuternden Abschreibungen der
Anlagegüter.

Das Anlagevermögen gliedert sich grob in immaterielle Vermögensgegenstände, Sachanlagen und Finanzanlagen. Soweit notwendig, werden die Posten des Gliederungsschemas (vgl. Tab. 8,
S. 32f.) nachstehend näher erläutert.

4.2.2 Immaterielle Vermögensgegenstände (A.I.)

*1. Konzessionen, gewerbliche Schutzrechte und ähnliche Rechte
und Werte sowie Lizenzen an solchen Rechten und Werten;*
2. Geschäfts- oder Firmenwert;
3. geleistete Anzahlungen.
Zu den immateriellen Vermögensgegenständen rechnen u.a. Soft-
ware (Datenverarbeitungsprogramme), Patente, Nutzungs- und
Lieferungsrechte. Ein Geschäfts- oder Firmenwert darf nur aktiviert werden, wenn er von einem Dritten entgeltlich erworben
wurde. Geleistete Anzahlungen für immaterielle Vermögensgegenstände sind unter dem Posten I.3. auszuweisen.

4.2.3 Sachanlagen (A.II.):

*1. Grundstücke, grundstücksgleiche Rechte und Bauten einschließ-
lich der Bauten auf fremden Grundstücken;*
2. technische Anlagen und Maschinen;
3. andere Anlagen, Betriebs- und Geschäftsausstattung;
4. geleistete Anzahlungen und Anlagen im Bau.
Bei der Aufgliederung der Sachanlagen ist erwähnenswert, daß in
einem Gebäude eingebaute Betriebsvorrichtungen, die eine be-

stimmte abgrenzbare Funktion und eine wesentlich kürzere Nutzungsdauer aufweisen, als solche unabhängig vom Gebäude bilanziert und bewertet werden, z. B. Rolltreppen in einem Warenhaus.

4.2.4 Finanzanlagen (A. III.)

1. *Anteile an verbundenen Unternehmen;*
2. *Ausleihungen an verbundenen Unternehmen;*
3. *Beteiligungen;*
4. *Ausleihungen an Unternehmen, mit denen ein Beteiligungsverhältnis besteht;*
5. *Wertpapiere des Anlagevermögens;*
6. *sonstige Ausleihungen.*

Finanzanlagen betreffen langfristige Kapitalüberlassungen an andere Unternehmen oder sonstige Dritte. Sie dienen – im Gegensatz z. B. zu den Sachanlagen – nicht unmittelbar der unternehmenseigenen Produktion von Gütern und Dienstleistungen. Die Aufgliederung der Finanzanlagen soll die finanzielle Verflechtung mit anderen Unternehmen aufzeigen.

Anteile an anderen Unternehmen betreffen Anteile am Eigenkapital dieser Unternehmen und gewähren entsprechende Beteiligungs- oder Mitgliedsrechte, d. h. Vermögens- und Verwaltungsrechte als Gesellschafter wie Anspruch auf Gewinn oder Informationsrechte. Die Anteile können in Wertpapieren verbrieft sein, wie z. B. Aktien, oder unverbriefte Anteile darstellen, wie z. B. GmbH-Anteile oder Anteile an Personengesellschaften. Sie können bei auf Dauer angelegtem Besitz entsprechend ihrem Charakter als Anteile an verbundenen Unternehmen, als Beteiligung oder als Wertpapiere des Anlagevermögens auszuweisen sein. Eigene Anteile des Unternehmens sind gesondert unter den Posten B.III.2. auszuweisen.

Ausleihungen sind langfristige Kapitalüberlassungen an Dritte in Form von Darlehen oder Krediten, die in der Regel zu verzinsen und nach Ablauf einer vereinbarten Zeit zurückzuzahlen sind. Das bilanzierende Unternehmen ist also Gläubiger einer Finanzforderung im Gegensatz zu Forderungen aus Warenlieferungen und Leistungen, und zwar einer Finanzforderung, die langfristigen Charakter hat und dementsprechend eine Mindestlaufzeit von mehr als einem Jahr aufweist.

Anteile an anderen Unternehmen und Ausleihungen sind – wie das Gliederungsschema zeigt – in dreifacher Untergliederung (verbundene Unternehmen, Beteiligungen und sonstige) auszuweisen.

Eine GmbH hat Ausleihungen an ihre Gesellschafter gesondert zu zeigen.

Verbundene Unternehmen sind
– Mutterunternehmen, die als Konzernspitze zwei oder mehr Unternehmen einheitlich leiten und alle von ihr geleiteten Tochterunternehmen oder
– Unternehmen, denen bei anderen Unternehmen die Mehrheit der Stimmrechte oder das Recht zur Bestimmung des Geschäftsführungs- oder Aufsichtsorgans zusteht und diese anderen Unternehmen (§ 271 Abs. 2 i.V. § 290 HGB).

Vereinfacht ausgedrückt handelt es sich um solche Unternehmen, die durch mehrheitliche Kontrollrechte eines Unternehmens verbunden und als Mutter-, Tochter-, Schwester- oder Enkelgesellschaft gewissermaßen miteinander „verwandt" sind.

Beteiligungen im Sinne der Bilanzgliederung sind Anteile an anderen Unternehmen, die dazu bestimmt sind, dem eigenen Geschäftsbetrieb durch Herstellung einer dauerhaften Verbindung zu dienen und die nicht Anteile an verbundenen Unternehmen darstellen (§ 271 Abs. 1 HGB). Der Gesetzgeber hat dabei die widerlegbare Vermutung aufgestellt, daß Anteile an Kapitalgesellschaften von mehr als 20% des Nennkapitals Beteiligungen darstellen. Bei der Berechnung der Beteiligungshöhe werden auch indirekt gehaltene Anteile, z.B. über ein Tochterunternehmen, zugerechnet.

Beispiel 2:

M hält 75% an T und 10% an B. T hält 20% an B. Dann werden M 75% x 20% = 15%, die indirekt über T gehalten werden, zugerechnet. Beteiligung also insgesamt 10 + 15 = 25%.

Wertpapiere des Anlagevermögens sind Wertpapiere, die dauernd dem Geschäftsbetrieb zu dienen bestimmt sind und weder Anteile an verbundenen oder Beteiligungsunternehmen noch Ausleihungen an diese Unternehmen darstellen. Kurzfristig gehaltene Wertpapiere sind im Umlaufvermögen auszuweisen (Posten B.III.).

Die Wertpapiere können Mitgliedschafts- oder Gläubigerrechte verbriefen. Im ersten Fall handelt es sich um Aktien und andere Wertpapiere mit Eigentumsrechten und Gewinnansprüchen. Als

Wertpapiere mit Gläubigerrechten sind vor allem Obligationen, Pfandbriefe, Bundesschatzbriefe u. ä. zu nennen.

4.2.5 Entwicklung des Anlagevermögens

In der Bilanz oder im Anhang ist die Entwicklung der einzelnen Posten des Anlagevermögens im Geschäftsjahr in einem sog. Anlagespiegel oder Anlagengitter offenzulegen (siehe Beispiel 3). Dabei sind ausgehend von den Anschaffungs- oder Herstellungskosten die Zugänge, Abgänge, Umbuchungen und Zuschreibungen während des Geschäftsjahres sowie die gesamten Abschreibungen und die Abschreibungen des Geschäftsjahres anzugeben.

Als **Zu- oder Abgänge** gelten mengenmäßige Veränderungen des Anlagevermögens, also z. B. der Neubau eines Gebäudes oder die Anschaffung einer Maschine bzw. die Veräußerung oder Verschrottung einer Anlage.

Zuschreibungen, die relativ selten vorkommen, machen frühere Abschreibungen rückgängig, deren Grund weggefallen ist. Sie sind reine Wertveränderungen und erhöhen die Wertansätze für Anlagengegenstände, die bereits am vergangenen Bilanzstichtag zum Anlagevermögen gehört haben. Ihre Obergrenze sind die ursprünglichen Anschaffungs- oder Herstellungskosten.

Umbuchungen bedeuten lediglich Umgliederung zwischen verschiedenen Bilanzposten, z. B. von „Anlagen im Bau" auf „technische Anlagen und Maschinen". Sie stellen weder eine mengen- noch eine wertmäßige Veränderung dar.

Abschreibungen sind Wertminderungen bei vorhandenen Anlagegegenständen. Sie berücksichtigen vor allem die eingetretene Abnutzung durch den Gebrauch der Gegenstände oder sonstige Wertminderungen, z. B. durch Witterungseinflüsse oder technisch-wirtschaftliche Veralterung.

Im **Anlagengitter** sind sowohl die aufgelaufenen Abschreibungen seit Zugang der Gegenstände als auch die auf das Geschäftsjahr entfallenen Abschreibungen anzugeben. Die Anschaffungs- oder Herstellungskosten zuzüglich Zugänge und Zuschreibungen sowie abzüglich Abgängen und kumulierten Abschreibungen ergeben unter Berücksichtigung etwaiger Umbuchungen die Restbuchwerte der einzelnen Anlageposten.

Beispiel 3:

	Anfangs-bestand	Zu-gänge	Ab-gänge	Umbu-chungen	Abschrei-bungen kumuliert	Zu-schrei-bungen	Endbe-stand	Endbe-stand Vorjahr	Abschrei-bung Ge-schäftsjahr
Grund-stücke	100	0	0	0	0	0	100	100	0
Maschi-nen	200	120	10	+5	110	0	205	200	30

4.3 Gliederung des Umlaufvermögens

Das Umlaufvermögen gliedert sich in die zum Verbrauch oder zum Verkauf bestimmten Vorräte, in Forderungen und sonstige Vermögensgegenstände sowie in Wertpapiere und flüssige Mittel.

4.3.1 Vorräte (B.I.)

1. Roh-, Hilfs- und Betriebsstoffe;
2. unfertige Erzeugnisse, unfertige Leistungen;
3. fertige Erzeugnisse und Waren;
4. geleistete Anzahlungen.

Als **Rohstoffe** gelten alle Stoffe, Materialien und zugekaufte Teile, die durch Be- oder Verarbeitung unmittelbar und als prägende Bestandteile in das Produkt des Unternehmens eingehen. **Hilfsstoffe** sind untergeordnete Bestandteile der Produkte, wie z.B. Lacke, Schrauben. **Betriebsstoffe** gehen nicht in das Erzeugnis ein, sondern werden bei der Produktion verbraucht, z.B. Brenn- und Schmierstoffe.

Unfertige Erzeugnisse sind zum Teil hergestellte, noch nicht verkaufsfähige Produkte. **Unfertige Leistungen** betreffen in Arbeit befindliche Bauaufträge und andere Dienstleistungen. **Fertigerzeugnisse** sind selbst hergestellte, versandfertige Produkte, die zum Verkauf bestimmt sind. **Waren** sind von Dritten bezogene Güter, die ohne wesentliche Bearbeitung zur weiteren Veräußerung bestimmt sind.

Als **geleistete Anzahlungen** sind hier diejenigen auszuweisen, die für bestellte Roh-, Hilfs- und Betriebsstoffe oder Waren geleistet wurden.

4.3.2 Forderungen und sonstige Vermögensgegenstände (B.II.)

1. Forderungen aus Lieferungen und Leistungen;
2. Forderungen gegen verbundene Unternehmen;
3. Forderungen gegen Unternehmen, mit denen ein Beteiligungsverhältnis besteht;
4. sonstige Vermögensgegenstände.

Forderungen aus Lieferungen und Leistungen sind Ansprüche aus Umsatzgeschäften des bilanzierenden Unternehmens. Bestehen derartige Forderungen gegenüber verbundenen oder Beteiligungsunternehmen, so sollten sie nicht hier, sondern mit unter den Forderungen gegen verbundene Unternehmen (B.II.2.) bzw. gegen Unternehmen, mit denen ein Beteiligungsverhältnis besteht (B.II.3.), ausgewiesen werden. Dieser Ausweis sollte den Vorrang haben, sonst wäre bei einem Ausweis unter den Liefer- und Leistungsforderungen die Zugehörigkeit zu den anderen Forderungen zu vermerken.

Die Forderungen gegen verbundene und Beteiligungsunternehmen können neben Ansprüchen aus dem Liefer- und Leistungsverkehr auch Forderungen aus dem Finanzverkehr, aus Beteiligungen (Gewinnansprüche) oder aus Unternehmensverträgen enthalten.

Sonstige Vermögensgegenstände stellen einen Sammelposten für alle Vermögensgegenstände des Umlaufvermögens dar, die nicht gesondert auszuweisen sind. Hierzu gehören hauptsächlich sonstige Forderungen, z.B. aus Versicherungsverträgen, Steuerüberzahlungen u.ä.

Für jeden Posten der Forderungen ist der Betrag mit einer **Restlaufzeit** von mehr als einem Jahr anzugeben, der Forderungsbetrag also, der erst nach mehr als einem Jahr fällig wird.

4.3.3 Wertpapiere (B.III.):
1. Anteile an verbundenen Unternehmen;
2. eigene Anteile;
3. sonstige Wertpapiere.

Unter den Wertpapieren des Umlaufvermögens sind u.a. **eigene Anteile** gesondert auszuweisen. Es handelt sich um Anteile am Kapital des bilanzierenden Unternehmens (Aktien- oder GmbH-Anteile). Ihr Erwerb ist gesetzlich beschränkt (vgl. § 71 ff. AktG, § 33 GmbHG). Die Rechte aus eigenen Anteilen ruhen grundsätzlich. Daher sind sie auch stets unter diesem Posten auszuweisen. Ihre Bewertung kann problematisch sein, weil sie u.U. schwer handelbar und im Konkursfall wertlos sind. In Höhe der aktivierten eigenen Anteile ist eine Rücklage zu bilden (Passiva A.III.2). Mit der Rücklagenbildung wird der Wertansatz für eigene Anteile neutralisiert. Das bedeutet, daß ein entgeltlicher Erwerb eigener Anteile das Ergebnis in voller Höhe belastet.

4.3.4 Flüssige Mittel (B.IV.)

Die flüssigen Mittel enthalten: Schecks, Kassenbestand, Bundesbank- und Postgiroguthaben, Guthaben bei Kreditinstituten.

4.3.5 Rechnungsabgrenzungsposten (C.)

Rechnungsabgrenzungsposten dienen der periodengerechten Erfolgsermittlung. Als aktiver Rechnungsabgrenzungsposten dürfen nur vor dem Bilanzstichtag geleistete Ausgaben ausgewiesen werden, die Aufwand für eine bestimmte Zeit nach diesem Stichtag darstellen. Dazu gehören z. B. vorausbezahlte Mieten, Versicherungsprämien oder Beiträge für einen bestimmten Zeitraum. Außerdem sind als Rechnungsabgrenzungsposten in Ausübung eines Aktivierungswahlrechtes zugelassen das Disagio, latente Steuern sowie die als Aufwand berücksichtigten Zölle und Verbrauchssteuern, soweit sie auf das Vorratsvermögen am Bilanzstichtag entfallen, und als Aufwand verrechnete Umsatzsteuer auf erhaltene Anzahlungen.

4.4 Gliederung der Passivposten

4.4.1 Eigenkapital (A.)

I. Gezeichnetes Kapital;

II. Kapitalrücklage;

III. Gewinnrücklagen:

    1. Gesetzliche Rücklage;

    2. Rücklage für eigene Anteile;

    3. satzungsmäßige Rücklagen;

    4. andere Gewinnrücklagen;

IV. Gewinnvortrag/Verlustvortrag;

V. Jahresüberschuß/Jahresfehlbetrag.

Das **gezeichnete Kapital** ist das Kapital, auf das die Haftung der Gesellschafter für die Verbindlichkeiten der Kapitalgesellschaft beschränkt ist. Es entspricht dem Grundkapital bei der AG bzw. dem Stammkapital bei der GmbH.

Von den Gesellschaftern noch nicht geleistete Kapitaleinlagen sind als „**ausstehende Einlagen**" auf der Aktivseite vor dem Anlagevermögen auszuweisen. Dabei sind Einlagen, die eingefordert, aber noch nicht geleistet worden sind, gesondert zu vermerken. Es ist allerdings auch zulässig, die nicht eingeforderten Einlagen offen von dem gezeichneten Kapital abzusetzen.

Beispiel 4:

a)

Ausstehende Einlagen 20 (davon eingefordert 10)	Gezeichnetes Kapital 100

b)

Eingeforderte Einlagen 10	Gezeichnetes Kapital 100
	Noch nicht einge-forderte Einlagen 10
	Eingefordertes Kapital 90

Rücklagen stellen Eigenkapital dar. Man bezeichnet sie auch als offene Reserven im Gegensatz zu den stillen Reserven, die vor allem als Folge des Anschaffungswertprinzips und der Buchwertfortführung in den Wertansätzen der Bilanzposten verborgen sein können (siehe Kapitel D 3.2.2).

Als **Kapitalrücklagen** werden Zuzahlungen der Gesellschafter in das Eigenkapital ausgewiesen, die über die eingeforderten Einlagen auf das gezeichnete Kapital hinausgehen. Sie werden geleistet

– wenn Aktien (Anteile) zu einem höheren Wert als dem Nennwert ausgegeben werden (Aufgeld oder Agio),

– als Gegenleistung für Vorzüge, die Gesellschaftern für ihre Anteile gewährt werden oder

– als Zuschüsse und andere Zuzahlungen an die Gesellschaft.

Außerdem werden in die Kapitalrücklage die Beträge eingestellt, die bei der Ausgabe von Schuldverschreibungen für Wandelrechte oder Optionsrechte zum Erwerb von Anteilen gezahlt werden.

Gewinnrücklagen stammen aus den erzielten, nicht ausgeschütteten Gewinnen der Gesellschaft. Die Einstellungen in die Gewinnrücklagen oder die Entnahmen daraus können bereits in der Bilanz berücksichtigt werden, obwohl der Gewinnverwendungsbeschluß erst aufgrund des festgestellten Jahresabschlusses gefaßt wird.

Da bei der **Aktiengesellschaft** im Gegensatz zu Personenunternehmen und zur GmbH nicht die Unternehmenseigner, sondern in der Regel Vorstand und Aufsichtsrat den Jahresabschluß feststellen und da sich der Gewinnverwendungsbeschluß der Hauptversammlung allein auf den Bilanzgewinn bezieht (zur Überleitung vom Jahresüberschuß siehe Beispiel 5), ist bei der AG die Rücklagendotierung im Rahmen der Bilanzfeststellung beschränkt worden (§ 58 AktG). Vorstand und Aufsichtsrat dürfen höchstens die Hälfte des Jahresüberschusses in die Gewinnrücklage einstellen, soweit nicht die Satzung eine höhere Dotierung zuläßt. Solche höheren Dotierungen sind aber nur statthaft, soweit die Gewinnrücklagen nicht 50% des Grundkapitals übersteigen.

Stellt (ausnahmsweise) die Hauptversammlung den Jahresabschluß der AG fest und sieht die Satzung dabei die Dotierung von Gewinnrücklagen vor, so dürfen in diesem Verfahren höchstens 50% des Jahresüberschusses nach Abzug eines Verlustvortrages und der Dotierung der gesetzlichen Rücklage in die Gewinnrücklagen eingestellt werden, jedoch ohne Beschränkung für die Gesamthöhe der Gewinnrücklage. Die Hauptversammlung kann in beiden Fällen im Beschluß über die Verwendung des Bilanzgewinns weitere Beträge in Gewinnrücklagen einstellen oder als Gewinn vortragen.

Beispiel 5:

	Vorstand und Aufsichtsrat	Hauptversammlung
(1) Verlustvortrag	-10,0	-10,0
(2) Jahresüberschuß	100,0	-100,0
(3) Einstellung in die gesetzliche Rücklage (5% von 2 – 1)	-4,5	-4,5
(4) Einstellung in Gewinnrücklagen (maximal 50% von 2 bzw. von 2 –1 –3)	-50,0	-44,7
(5) Bilanzgewinn	35,5	40,8

Gesetzliche Rücklagen sind, wie der Name besagt, gesetzlich vorgeschrieben. In die gesetzlichen Rücklagen sind bei der Aktiengesellschaft 5% des Jahresüberschusses einzustellen, bis diese zusammen mit etwaigen Kapitalrücklagen 10% des Grundkapitals ausmachen. Die Satzung kann einen höheren Betrag festlegen. Freiwillig können weitere Beträge der gesetzlichen Rücklage zugeführt werden.

Die gesetzlichen Rücklagen dürfen nur zum Ausgleich von Verlusten verwendet werden, soweit sie nicht durch einen Gewinnvortrag oder durch andere Gewinnrücklagen gedeckt sind. Übersteigt die gesetzliche Rücklage den Mindestbetrag (10% des Grundkapitals oder einen satzungsmäßig bestimmten, höheren Prozentsatz), so brauchen für den Verlustausgleich andere Gewinnrücklagen nicht herangezogen werden. Der den Mindestbetrag überschießende Rücklagenbetrag kann außerdem zur Kapitalerhöhung aus Gesellschaftsmitteln verwendet werden.

Eine **Rücklage für eigene Anteile** ist in der Höhe zu bilden, der dem Wertansatz für diese Anteile auf der Aktivseite entspricht. Diese Rücklage darf auch aus einer frei verfügbaren Gewinnrücklage gebildet werden. Sie darf nur aufgelöst werden, wenn die Anteile ausgegeben, veräußert oder eingezogen werden.

Eine gleiche Rücklage ist für aktivierte Anteile an einem herrschenden oder mit Mehrheit beteiligten Unternehmen zu bilden. Herrschende Unternehmen sind solche, die auf das bilanzierende Unternehmen unmittelbar oder mittelbar einen beherrschenden Einfluß ausüben können, also die Konzernobergesellschaft oder ein Mutterunternehmen. Der Wertansatz auch dieser Anteile wird im Hinblick auf die Bewertungsproblematik und auf Manipulationsmöglichkeiten durch die Rücklagenbildung neutralisiert.

Satzungsmäßige Rücklagen sind solche, die aufgrund entsprechender Bestimmungen der Satzung oder des Gesellschaftsvertrages zu bilden sind. Sie können einem bestimmten Zweck gewidmet sein und sind dann anderweitig nicht frei verfügbar.

Abschließend sei erwähnt, daß eine **Auflösung von Gewinnrücklagen** zur Gewinnausschüttung sehr unterschiedliche Ertragsteuern auslösen kann, denn die Gewinnrücklagen können aus unterschiedlich besteuerten Gewinnen stammen, z.B. aus normal mit 50% besteuerten einbehaltenen Gewinnen oder aus steuerfreien Auslandseinkünften. Dabei sieht das Körperschaftsteuergesetz im Prinzip vor, daß zuerst die höher besteuerten Rücklagen aufzu-

lösen sind, bevor niedrigere oder unversteuerte Rücklagen aufgelöst werden können.

4.4.2 Sonderposten mit Rücklageanteil

Das Steuerrecht macht die Anerkennung von steuerlichen Sonderabschreibungen und von steuerlich neutralen Rücklagen davon
abhängig, daß diese auch in der Handelsbilanz vorgenommen werden. Man spricht vom Grundsatz der **Maßgeblichkeit der Handelsbilanz** für die Steuerbilanz. Die Sonderabschreibungen, die
rein steuerpolitisch begründet sind, sollen aus Gründen der Klarheit nicht die Wertansätze der Aktivposten mindern. Sie sind vielmehr in der Bilanz dadurch zu berücksichtigen, daß sie in einen
sog. Sonderposten mit Rücklageanteil eingestellt werden, der vor
den Rückstellungen in das Gliederungsschema (Tab. 8) aufzunehmen ist.

Die Einstellung in den Sonderposten ist ein „sonstiger betrieblicher Aufwand", die spätere Auflösung ein „sonstiger betrieblicher
Ertrag" (siehe Kapitel II 3). Da die Erträge aus der Auflösung zu
versteuern sind, stellt der Sonderposten entsprechend seiner Bezeichnung „mit Rücklageanteil" einen Mischposten von Eigen-
und Fremdkapital dar.

Wichtige **Beispiele** für die Bildung des Sonderpostens sind:
– Rücklage nach § 6b EStG (Übertragung stiller Reserven bei
  Ausscheiden von Wirtschaftsgütern auf bestimmte Ersatzwirt-
  schaftsgüter)
– Rücklage für Ersatzbeschaffung (Abschnitt 35 EStR)
– Rücklagen und Wertberichtigungen nach Berlinförderungsge-
  setz, Zonenrandförderungsgesetz und Förderungsgebietsgesetz
– Pensionsrücklage gemäß § 52 Abs. 8 EStG
– Preissteigerungsrücklage (§ 74 EStDV)
– Importwarenabschlag (§ 80 EStDV).
In der Bilanz oder im Anhang sind die steuerrechtlichen Vor-
schriften, nach denen der Sonderposten gebildet worden ist, sowie
die im abgelaufenen Geschäftsjahr erfolgten Einstellungen und
Auflösungen anzugeben.

Die **Auflösung** des Sonderpostens richtet sich nach den steuerrechtlichen Vorschriften. So ist z.B. eine Auflösung der Pensionsrücklage gemäß § 52 Abs. 8 EStG über zwölf Jahr vorgeschrieben.
Sonst erfolgt die Auflösung bei Ausscheiden des Vermögensgegenstandes, auf den die Sonderabschreibung erfolgt ist, oder in dem

Umfang, in dem die steuerrechtliche Wertberichtigung durch handelsrechtliche Abschreibungen ersetzt wird (vgl. Beispiel 6).

Beispiel 6:
Entwicklung des Sonderpostens

– Mio DM –	Stand 1. 1	Ein-stellung	Auf-lösung	Stand 31. 12.
Pensionsrücklage (§ 52 EStG)	12	0	2	10
Abschreibungen (§ 14 BerlinFG	28	10	8	30
(§ 7d EStG)	10	15	1	24
Importwarenabschlag (§ 80 EStDV)	24	0	24	0
	74	25	35	64

Auflösung des Sonderpostens

50% Sonderabschreibung nach § 4 Fördergebietsgesetz für eine Anlage mit Anschaffungskosten von 10 TDM und einer Nutzungsdauer von 5 Jahren.

Jahr	Handels-rechtliche Abschreibung	Einstellung (+) Entnahme (–) Sonderposten	Sonderposten
1	2 000	+ 3 000	3 000
2	2 000	– 750	2 250
3	2 000	– 750	1 500
4	2 000	– 750	750
5	2 000	– 750	0
Kumuliert	10 000	0	

4.4.3 Rückstellungen (B.)
1. Rückstellungen für Pensionen und ähnliche Verpflichtungen;
2. Steuerrückstellungen;
3. sonstige Rückstellungen.

Rückstellungen haben im Gegensatz zu den Rücklagen **Schuld-charakter**. Sie dürfen nur für die nachstehend bezeichneten Zwekke gebildet werden.

Zwingend zu bilden sind (= **Passivierungspflicht**) Rückstellungen für

(a) ungewisse Verbindlichkeiten,

(b) drohende Verluste aus schwebenden Geschäften,

(c) im abgelaufenen Geschäftsjahr unterlassene Aufwendungen für Instandhaltung, die im folgenden Geschäftsjahr innerhalb von drei Monaten nachgeholt werden,

(d) im abgelaufenen Geschäftsjahr unterlassene Aufwendungen für Abraumbeseitigung, die innerhalb des folgenden Geschäftsjahres nachgeholt werden,

(e) Gewährleistungen, die ohne rechtliche Verpflichtung erbracht werden (sog. Kulanzleistungen).

Ungewisse Verbindlichkeiten sind solche, deren Bestehen oder Höhe am Bilanzstichtag noch nicht eindeutig feststehen, die aber nach Grund und Art konkretisiert sind. Auch Gewährleistungsverpflichtungen aus Kulanzgründen sind dem Charakter nach (ungewisse) Verbindlichkeiten.

Zu den Rückstellungen für ungewisse Verbindlichkeiten gehören auch die Pensionsverpflichtungen. **Pensionsrückstellungen** unterliegen daher ebenfalls einer Passivierungspflicht. Die Passivierungspflicht ist erst 1987 eingeführt worden.

Für Pensionszusagen, die vor dem 1. 1. 1987 erfolgt sind, ist es bei dem bisherigen, aber schon lange umstrittenen Passivierungswahlrecht geblieben. Der Betrag der in Ausübung dieses Wahlrechts nicht gebildeten Pensionsrückstellungen, der bei manchen Unternehmen einen erheblichen Umfang hat, ist jedoch im Anhang zu nennen. Die Fehlbeträge werden sich wegen der Langfristigkeit der Pensionsverpflichtungen nur über einen längeren Zeitraum abbauen. Wegen dieser Angabepflicht haben viele Unternehmen die Passivierung nachgeholt.

Ein besonderes Problem liegt darin, daß unterlassene Pensionsrückstellungen nicht mit steuerlicher Wirkung nachgeholt werden können; eine Aufstockung geht also zu Lasten der versteuerten Gewinne.

Steuerrückstellungen betreffen die vom Unternehmen geschuldeten Steuern, insbesondere also die Gewerbesteuer, Umsatzsteuer, Lohnsteuer und Grundsteuer; bei Kapitalgesellschaften auch

die Körperschaftsteuer und die Vermögensteuer. Die Steuerrückstellungen gehören ebenfalls zu den Rückstellungen für ungewisse
Verbindlichkeiten.

Um den Ertragsteueraufwand periodengerecht zu erfassen, ist
für Kapitalgesellschaften die Bilanzierung sog. **latenter Steuern**
vorgesehen, wenn das handelsrechtliche und das steuerpflichtige
Ergebnis voneinander abweichen. Ist der „normale" Steueraufwand im Verhältnis zum handelsrechtlichen Jahresüberschuß vor
Ertragsteuern zu niedrig, weil der steuerpflichtige Gewinn niedriger ist, so ist für die Differenz zwingend eine Rückstellung für latente Steuern zu bilden. (Beispiel: Handelsbilanzgewinn 200
TDM, Steuerbilanzgewinn 150 TDM. Steueraufwand laut Steuerbilanz 75 TDM; latenter Steueraufwand 25 TDM.) Im umgekehrten Fall bestehen latente Steuererstattungsansprüche. Sie dürfen
(Wahlrecht) als aktiver Rechnungsabgrenzungsposten aktiviert
werden.

Der Katalog der **Rückstellungen für ungewisse Verbindlichkeiten** ist sehr umfangreich. Er enthält z. B. Personal- und Sozial-
aufwendungen (Berufsgenossenschaftsbeiträge, Urlaubsgelder,
Gratifikationen, Sozialplankosten und anderes), Verpflichtungen
im Zusammenhang mit Lieferung und Leistung (ausstehende
Rechnungen, Boni, Rabatte, Gewährleistungsverpflichtungen,
Kurssicherungskosten), Verpflichtungen aus Dauerschuldverhält-
nissen (z. B. Miet-und Pachtverpflichtungen), ferner mögliche Verpflichtungen aus Bürgschaftsübernahmen, Patentrechtsverletzun-
gen, Haftung für Umweltschäden und anderes mehr.

Drohende Verluste aus schwebenden Geschäften stellen eine besondere Art ungewisser Verbindlichkeiten dar. **Rückstellungen
für drohende Verluste** aus schwebenden Geschäften sind zu bilden, wenn aus zweiseitig verpflichtenden Rechtsgeschäften für das
Unternehmen ein Verlust droht, also für das Unternehmen ein Verpflichtungsüberhang besteht. Als schwebende Geschäfte kommen
die üblichen Liefer- und Leistungsverträge für die Beschaffung
oder für den Absatz von Gütern und Dienstleistungen, aber auch
Kredit und Dienstverträge sowie Ergebnisübernahmeverträge in
Betracht. Drohende Verluste können auch aus Dauerschuldver-
hältnissen, z. B. Miet- und Pachtverträgen, Wartungs- und Lizenz-
verträgen entstehen.

Der Wert der noch zu erbringenden Leistung und derjenige der
Gegenleistung sind einander gegenüberzustellen, um den drohen-

den Verlust zu ermitteln. Bezüglich der Wahrscheinlichkeit des Be-
stehens oder Entstehens einer Verbindlichkeit oder eines drohen-
den Verlustes ist nach dem Prinzip der Vorsicht im Zweifel von einer Passivierungsnotwendigkeit auszugehen.

Ein **Passivierungswahlrecht** wird eingeräumt für Rückstellungen für

(f) im Geschäftsjahr unterlassene Aufwendungen für Instandhaltung, die im folgenden Geschäftsjahr nachgeholt werden, sowie

(g) für ihrer Eigenart nach genau umschriebene Aufwendungen,
die im abgelaufenen oder einem früheren Geschäftsjahr zuzuordnen sind und die am Abschlußstichtag wahrscheinlich oder
sicher, aber hinsichtlich ihrer Höhe und ihres Zeitpunkts unbestimmt sind.

Diese und die oben unter (c) und (d) aufgeführten Rückstellungen bezeichnet man als **Aufwandsrückstellungen**. Sie betreffen
unterlassene Ausgaben (c, d, f) oder künftige Ausgaben, die mit Erträgen des abgelaufenen oder eines früheren Geschäftsjahres zusammenhängen, oder die aus einem anderen Grund dem abgelaufenen oder einem früheren Geschäftsjahr zuzuordnen sind (g).

In die letzte Kategorie fallen stoßweise anfallende Ausgaben,
z. B. für Messen und Ausstellungen, die alle zwei bis drei Jahre
stattfinden. Als weitere Beispiele für Rückstellungen für bestimmte Aufwendungen (g) sind zu nennen: Aufwendungen zur Laden-
modernisierung, für Entwicklung oder Werbefeldzüge, die aus bestimmten Gründen aufgeschoben wurden, Abbruch- oder Abriß-
kosten, Aufwendungen für Sicherheitsinspektionen, Stillegungs-
oder Umstrukturierungsaufwendungen.

Die Besonderheit der Aufwandsrückstellungen liegt darin,
daß es sich nicht um Verpflichtungen gegenüber Dritten handelt.
Sie ergeben sich aus Sachzwängen der Unternehmensfortführung. Die Aufwandsrückstellungen beinhalten aber einen gewissen Ermessensspielraum für das bilanzierende Unternehmen. So
ist z. B. die Nachholfrist von drei Monaten oder einem Jahr für
unterlassene Instandhaltungsaufwendungen, die über Passivierungspflicht oder -wahlrecht entscheidet, in einem gewissen Rahmen gestaltbar. Hier ist dem bilanzierenden Kaufmann ein Spielraum eingeräumt, den er bilanzpolitisch nutzen kann. Der bilanzpolitische Spielraum wird aber dadurch begrenzt, daß nicht
mehr benötigte Rückstellungen in jedem Fall aufgelöst werden
müssen.

In der **Steuerbilanz** werden die unter (f) und (g) aufgeführten Rückstellungen sowie die Rückstellung für latente Steuern nicht anerkannt. Wegen weiterer Besonderheiten siehe Abschnitt 31 c EStR.

4.4.4 Verbindlichkeiten (C.):

1. *Anleihen,*
   davon konvertibel;
2. *Verbindlichkeiten gegenüber Kreditinstituten;*
3. *erhaltene Anzahlungen auf Bestellungen;*
4. *Verbindlichkeiten aus Lieferungen und Leistungen;*
5. *Verbindlichkeiten aus der Annahme gezogener Wechsel und der Ausstellung eigener Wechsel;*
6. *Verbindlichkeiten gegenüber verbundenen Unternehmen,*
7. *Verbindlichkeiten gegenüber Unternehmen, mit denen ein Beteiligungsverhältnis besteht;*
8. *sonstige Verbindlichkeiten,*
   davon aus Steuern,
   davon im Rahmen der sozialen Sicherheit.

Anleihen sind Schuldverschreibungen (meist in Form von Wertpapieren), die am Kapitalmarkt aufgelegt bzw. gehandelt werden. Hierzu zählen Industrieobligationen sowie Wandel- oder Optionsschuldverschreibungen, die nach einer bestimmten Frist das Recht auf Umtausch in Aktien der Gesellschaft gewähren oder eine Option auf den Bezug von Aktien oder Schuldverschreibungen darstellen.

Die erhaltenen **Anzahlungen** auf Bestellungen dürfen auch offen von den Vorräten gekürzt werden.

Verbindlichkeiten im Rahmen der sozialen Sicherheit betreffen noch nicht abgeführte Beiträge zur Sozialversicherung, zur Pensionskasse, zum Pensionssicherungsverein oder etwaige Sozialplankosten.

Verbindlichkeiten gegenüber Gesellschaftern einer GmbH sind gesondert zu zeigen, und zwar in der Bilanz oder im Anhang (§ 43 GmbHG).

Für alle Verbindlichkeitsposten sind in der Bilanz oder im Anhang diejenigen mit einer **Restlaufzeit** bis zu einem Jahr anzugeben. Außerdem sind im Anhang zu nennen die Verbindlichkeiten mit einer Restlaufzeit von mehr als fünf Jahren sowie die Beträge, die durch Pfandrechte oder ähnliche Rechte gesichert sind unter

Angabe von Art und Form der Sicherheiten. Üblicherweise erfolgen die Angaben im Anhang durch einen sog. **Verbindlichkeitenspiegel** (Beispiel 7).

Beispiel 7:

	Insgesamt	Restlaufzeit			Gesicherte Beträge	Art der Sicherheit
		unter 1 Jahr	1–5 Jahre	über 5 Jahre		
	DM	DM	DM	DM	DM	
Anleihen						
Verbindlichkeiten gegenüber Kreditinstituten						
Verbindlichkeiten gegenüber verbundenen Unternehmen						
usw.						

Zusammenfassung: Siehe Abb. 1 auf S. 52

5. Die Bewertung

5.1 Allgemeine Grundsätze

Die Bewertung der Bilanzposten ist in den §§ 252–265 HGB sowie für Kapitalgesellschaften zusätzlich in den §§ 279–283 HGB gesetzlich geregelt. Diese Vorschriften beschreiben neben allgemeinen Bewertungsgrundsätzen die für die einzelnen Bilanzposten in Frage kommenden Wertmaßstäbe sowie die zu ihrer Ermittlung anwendbaren Bewertungsmethoden.

Für die Bewertung in der Bilanz gelten folgende **allgemeine Grundsätze**(§ 252 HGB):

Die Wertansätze in der Eröffnungsbilanz des Geschäftsjahres müssen mit denen der Schlußbilanz des vorhergehenen Geschäftsjahres übereinstimmen (Grundsatz der formellen **Bilanzkontinuität**). Bei der Bewertung ist von der **Fortführung des Unternehmens** auszugehen, sofern dem nicht tatsächliche oder rechtliche

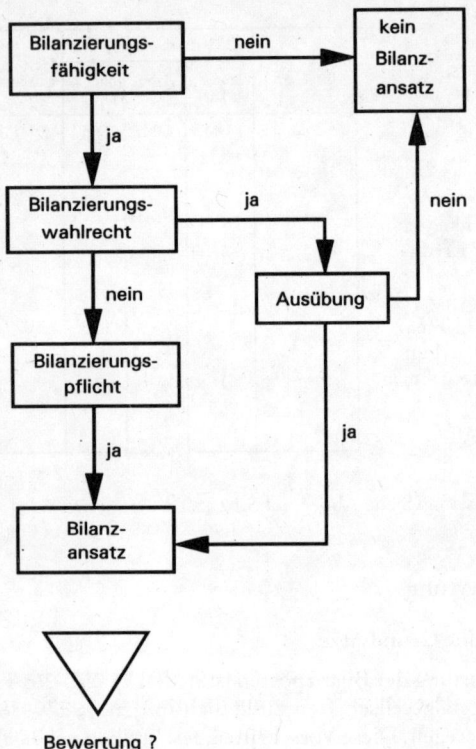

Aktivierung und Passivierung

Bewertung ?

Abb. 1

Hindernisse entgegenstehen. Die Vermögensgegenstände und Schulden sind **einzeln zu bewerten**. Es ist vorsichtig zu bewerten. Insbesondere sind alle vorhersehbaren Risiken und Verluste, die zum Bilanzstichtag entstanden sind, zu berücksichtigen, auch wenn sie erst nach dem Bilanzstichtag bekanntgeworden sind. Gewinne dürfen nur berücksichtigt werden, wenn sie am Bilanzstichtag realisiert sind (**Vorsichts- und Imparitätsprinzip**). Die in dem vorhergehenden Jahresabschluß angewandten Bewertungsmethoden sollen beibehalten werden (Grundsatz der **Bewertungsstetig-keit**).

Folgende **Wertmaßstäbe** kommen in Betracht (§ 253 HGB): Vermögensgegenstände dürfen höchstens zu den **Anschaffungs- oder Herstellungskosten** angesetzt werden (siehe dazu die folgenden Abschnitte 5.2 und 5.3). Bei abnutzbaren Gegenständen des Anlagevermögens sind die Anschaffungs- oder Herstellungskosten um sog. planmäßige Abschreibungen zu vermindern.

Ist der Wert der Vermögensgegenstände am Bilanzstichtag unter die genannten Höchstwerte gesunken, so dürfen Gegenstände des Umlaufvermögens höchstens zu dem niedrigeren Stichtagswert angesetzt werden (strenges **Niederstwertprinzip**). Für das Anlagevermögen besteht dieser Zwang nur dann, wenn die Wertminderung nachhaltig ist (eingeschränktes Niederstwertprinzip). Bei nur vorübergehender Wertminderung besteht für Anlagegegenstände also ein Abwertungswahlrecht.

Steuerrechtliche Vorschriften können darüber hinaus zu niedrigeren Wertansätzen führen, z.B. steuerliche Sonderabschreibungen (§ 254 HGB). Für Nicht-Kapitalgesellschaften sind zusätzliche Abschreibungen „nach vernünftiger kaufmännischer Beurteilung" zulässig (§ 253 Abs. 4 HGB). Näheres findet sich in Kapitel 5.5 (s. 59 f.).

Ein **niedrigerer Buchwert** darf auch nach Fortfall der Wertminderung im allgemeinen fortgeführt werden (§ 253 Abs. 5 HGB). Der Kaufmann kann aber auch einen höheren Stichtagswert ansetzen, so lange dieser nicht die Anschaffungs- oder Herstellungskosten, ggf. abzüglich planmäßiger Abschreibung, überschreitet.

Für Kapitalgesellschaften gilt ein grundsätzliches **Wertaufholungsgebot,** d.h. frühere außerplanmäßige Abschreibungen (siehe Kapitel 6.1.2, S. 70 f.) sind bei Wegfall des Grundes durch Zuschreibungen rückgängig zu machen. Praktisch ist das Gebot dadurch weitgehend aufgehoben, weil ein steuerlich zulässiger niedrigerer Wert fortgeführt werden darf (siehe Kapitel 6.1.3, S. 71 f.).

Der Vollständigkeit halber sei erwähnt, daß das Steuerrecht für den beizulegenden Stichtagswert einen eigenen Begriff verwendet, nämlich den des **Teilwerts**. Dies ist der Wert, den ein gedachter Erwerber des ganzen Betriebes im Rahmen des Gesamtkaufpreises für das einzelne Wirtschaftsgut ansetzen würde; dabei ist davon auszugehen, daß der Erwerber den Betrieb fortführt (§ 6 EStG).

Rückstellungen sind mit dem Betrag anzusetzen, der nach vernünftiger kaufmännischer Beurteilung notwendig ist. Schulden sind mit ihrem **Rückzahlungsbetrag** und Rentenverpflichtungen mit ihrem Barwert zu bewerten (§ 253 Abs. 1 HGB).

Das gezeichnete Kapital ist mit dem **Nennwert** zu bilanzieren.

Die Aussagekraft des Jahresabschlusses wird von den gesetzlich eingeräumten Bewertungswahlrechten beeinflußt. Für Kapitalgesellschaften ist daher vorgeschrieben, daß sie die ausgeübten Wertansatzwahlrechte und die angewandten Bewertungsmethoden im Anhang angeben. Bewertungsänderungen sind nur in begründeten Fällen zulässig und müssen im Anhang genannt werden.

Nachfolgend werden die genannten Wertmaßstäbe und die zu ihrer Ermittlung möglichen Methoden näher beschrieben. Anschließend wird auf die Bewertung der einzelnen Bilanzposten eingegangen.

5.2 Anschaffungskosten

Anschaffungskosten sind die Aufwendungen, die geleistet werden, um einen Vermögensgegenstand zu erwerben und in einen betriebsbereiten Zustand zu versetzen. Es handelt sich also genauer gesagt um **Anschaffungsaufwendungen**, doch hat sich der Begriff Anschaffungskosten eingebürgert und wird auch vom Gesetzgeber verwandt.

Zu den Anschaffungskosten gehören neben dem Anschaffungspreis alle **Nebenaufwendungen** (Anschaffungsnebenkosten), die mit dem Erwerbsvorgang und der Inbetriebnahme oder Betriebsbereitschaft der Vermögensgegenstände zusammenhängen und die dem Vermögensgegenstand einzeln zugerechnet werden können. Dazu rechnen z.B. Zölle, Fracht- u.a. Transportaufwendungen, Provisionen, Gerichts- und Notarkosten, Grunderwerbsteuer, aber auch Montage-, Abbruch- und Fundamentierungskosten, Aufwendungen für die Sicherheitsüberprüfung und Abnahme der Vermögensgegenstände. Zu den Anschaffungskosten gehören auch eigene Aufwendungen des Unternehmens, die die Gegenstände in einen betriebsbereiten Zustand versetzen sollen, wenn sie dem Vermögensgegenstand einzeln zugerechnet werden können.

Finanzierungskosten rechnen nicht zu den Anschaffungskosten. **Zinsen für Fremdkapital**, das zur Finanzierung der Herstellung eines Vermögensgegenstandes verwendet wird, dürfen aktiviert werden, soweit sie auf den Zeitraum der Herstellung entfallen. Zum Beispiel dürfen die während der Bauzeit eines Gebäudes anfallenden Kreditzinsen als Teil der Herstellungskosten aktiviert werden.

Minderungen des Anschaffungspreises, z. B. Rabatte oder Skonti, sind von den Anschaffungskosten abzuziehen. Zuschüsse werden in der Regel von den Anschaffungskosten abgesetzt. Sollen die Zuschüsse nach ihrer Zwecksetzung in erster Linie die laufenden Betriebsaufwendungen senken, so sind sie als Ertrag zu vereinnahmen. Die Zweckbestimmung kann auch eine Verteilung über mehrere Jahre nahelegen; das bedeutet die Bildung eines Rechnungsabgrenzungspostens mit anschließender Auflösung in Raten.

Schließlich gehören zu den Anschaffungskosten auch **nachträgliche Anschaffungsaufwendungen**, die erst nach dem Zeitpunkt der Anschaffung entstehen, aber mit der Erlangung der wirtschaftlichen Verfügbarkeit über die Vermögensgegenstände zusammenhängen. Beispiele: Erschließungsbeiträge bei Grundstücken oder nachträgliche Erhöhungen des Kaufpreises.

Beim Kauf auf Rentenbasis ist als Anschaffungskosten der Barwert der zu erwartenden Renten anzusetzen, d. h. der auf den Bilanzstichtag abgezinste Wert der künftigen Rentenbeträge.

Für unentgeltlich erworbene immaterielle Vermögensgegenstände gilt ein Aktivierungsverbot. Geschenkte Patente beispielsweise dürfen daher nicht bilanziert werden. Dagegen sind andere **unentgeltlich erworbene Vermögensgegenstände** (Sachen, Forderungen) nach dem Grundsatz der Vollständigkeit der Bilanz zwingend zu aktivieren. Zu bewerten sind sie mit dem vorsichtig zu schätzenden Betrag, der normalerweise für einen entgeltlichen Erwerb aufzuwenden wäre (= fiktive Anschaffungskosten).

Bei **Tauschgeschäften** ist umstritten, ob der Buchwert oder der Verkehrswert des hingegebenen Gegenstandes anzusetzen ist. Überzeugend ist der Ansatz des Verkehrswertes, den auch das Steuerrecht vorschreibt.

Unabhängig von der Höhe der Anschaffungskosten stellt sich die anschließende Frage nach dem Wert, der den Gegenständen am Bilanzstichtag beizulegen ist.

5.3 Herstellungskosten

Herstellungskosten sind die Aufwendungen, die durch den Verbrauch von Gütern oder die Inanspruchnahme von Dienstleistungen für die Herstellung eines Vermögensgegenstandes entstehen. Es handelt sich also inhaltlich um **Herstellungsaufwendungen**.

Herstellungskosten fallen in erster Linie an bei der Produktion der zum Verkauf bestimmten Erzeugnisse, aber auch bei der Fertigung selbstgenutzer Anlagen (Gebäude, Vorrichtungen, Maschinen) oder bei der Eigenproduktion von Roh-, Hilfs-und Betriebsstoffen oder von Halbfertigerzeugnissen.

Zu den Herstellungskosten gehören auch jene Aufwendungen, die für die Erweiterung oder eine wesentliche Verbesserung des Vermögensgegenstandes anfallen. Erweiterung bedeutet Vermehrung der Substanz, z.B. Anbau an ein Gebäude. Eine wesentliche Verbesserung liegt vor, wenn die Nutzungsmöglichkeiten eines Gegenstandes erweitert werden, z.B. Umbau eines Lkw zu einem Spezialfahrzeug.

Die Herstellungskosten betreffen insbesondere die Material- und Personalkosten, aber auch den Werteverzehr für die bei der Herstellung eingesetzten Anlagegegenstände. Zwingend vorgeschrieben ist der Ansatz der Aufwendungen, die dem hergestellten Gegenstand verursachungsgemäß direkt zugerechnet werden können. Es handelt sich um die sog. Einzelkosten im Gegensatz zu den allenfalls indirekt zurechenbaren Gemeinkosten. Die Einzelkosten bilden die (handelsrechtliche) **Untergrenze der Herstellungskosten**.

In die Herstellungskosten dürfen angemessene Teile der notwendigen Material- und Fertigungsgemeinkosten eingerechnet werden (Wahlrecht). Angemessen und notwendig sind die Aufwendungen, die weder betriebs- oder periodenfremd noch ungewöhnlich sind. Überhöhte Kosten der Unterbeschäftigung oder Abschreibungen auf nicht mehr verwertbares Material dürfen also nicht in die Herstellungskosten einbezogen werden.

Darüber hinaus dürfen auch Kosten der allgemeinen Verwaltung, Aufwendungen für soziale Leistungen und für Altersversorgung in die Herstellungskosten einbezogen werden. Mit Ausübung dieses weiteren Wahlrechts wird die **Obergrenze der Herstellungskosten** erreicht. Die Gemeinkosten dürfen jedoch nur soweit in die Herstellungskosten eingerechnet werden, als sie auf den Zeitraum der Herstellung entfallen.

Vertriebskosten rechnen nicht zu den Herstellungskosten. Sie dürfen also nicht aktiviert werden und gehen in jedem Jahr voll zu Lasten des Ergebnisses.

Das **Steuerrecht** hat die Untergrenze für die Herstellungskosten höher angesetzt als das Handelsrecht. Danach sind Material- und Fertigungsgemeinkosten zwingend in die Herstellungskosten einzurechnen (Abschnitt 33 EStR).

Der Umfang der aktivierungspflichtigen bzw. aktivierungsfähigen Herstellungskosten ergibt sich im einzelnen aus Tab. 9.

5.4 Der niedrigere Stichtagswert

Der einem Vermögensgegenstand am Stichtag „beizulegende Wert" entspricht seinem Zeit- oder Verkehrswert am Bilanzstichtag. Er leitet sich häufig aus einem **Börsen- oder Marktpreis** am Bilanzstichtag ab. Ist ein Börsen- oder Marktpreis nicht festzustellen, so ist der beizulegende Wert aus der voraussichtlichen künftigen Nutzung (Gebrauch, Verbrauch, Verkauf) des Vermögensgegenstandes abzuleiten.

Je nachdem, welcher Phase des betrieblichen Leistungsprozesses, der von der Beschaffung bis zum Absatz reicht, ein Vermögensgegenstand zuzuordnen ist, enscheidet sich, ob zur Bestimmung des Marktpreises oder Verkehrswertes die Verhältnisse am Beschaffungsmarkt oder diejenigen am Absatzmarkt maßgeblich sind.

Bei Roh-, Hilfs- und Betriebsstoffen werden der Beschaffungsmarkt und die **Wiederbeschaffungswerte** und beim Anlagevermögen die Wiederbeschaffungswerte unter Berücksichtigung der Abnutzung heranzuziehen sein. Bei fertiggestellten Erzeugnissen kommen neben dem **Reproduktionswert** wie bei Waren vor allem die **Veräußerungspreise**, also die Verhältnisse am Absatzmarkt, in Betracht.

Der Zins drückt aus, daß die zeitliche Verfügbarkeit von Zahlungsmitteln wertbeeinflussend ist. Eine Einzahlung heute ist mehr wert als eine Einzahlung in zwei Jahren. Bei Auszahlungen ist es umgekehrt. Daher werden unverzinsliche Forderungen auf den sog. **Barwert** abgezinst. Beispiel: Der Barwert einer unverzinslichen, in einem Jahr fälligen Forderung von 100 TDM beträgt bei einem Jahreszinssatz von 8 % nur 92,6 TDM.

Beim Umlaufvermögen ist zwingend der niedrigere Stichtagswert anzusetzen, beim Anlagevermögen zwingend dann, wenn er eine voraussichtlich dauernde Wertminderung ausdrückt.

In der Bilanz dürfen also keine Stichtagswerte angesetzt werden, die über den Anschaffungs- oder Herstellungskosten (beim Anlagevermögen abzüglich planmäßiger Abschreibungen) liegen.

	Handelsrecht	**Steuerrecht**

1. Einzelkosten

Materialkosten
(verbrauchte Roh-
und Hilfsstoffe)
Fertigungskosten
(Fertigungslöhne
und -gehälter)   Aktivierungs-
Sonderkosten der Fertigung   pflicht
(z. B. Sonderbetriebsmittel,
Lizenzgebühren)

2. Gemeinkosten   Aktivierungs-
                                            pflicht
Materialgemeinkosten
(z. B. Kosten des Einkaufs,
der Lagerverwaltung)
Fertigungsgemeinkosten
(z. B. Arbeitsvorbereitung,
Betriebsleitung, Abschreibungen auf Fertigungsanlagen)

3. Herstellungskosten (=1+2)   Aktivierungs-
                                    wahlrecht

*4. Kosten der allgemeinen
    Verwaltung*   Aktivierungs-
                                      wahlrecht
Personal- und Sachkosten der
Verwaltung einschließlich
sozialer Aufwendungen

5. Herstellungskosten (=3+4)

6. Vertriebskosten   Aktivierungsverbot

7. Selbstkosten (=5+6)

Tab. 9: Umfang der aktivierungspflichtigen und -fähigen Herstellungskosten

Bei einem niedrigeren Buchwert kann jedoch eine Werterhöhung bis zu den ursprünglichen Anschaffungs- oder Herstellungskosten (ggf. abzüglich planmäßiger Abschreibungen) erfolgen.

Beispiel 8:

Für eine maschinelle Anlage, die 1000 TDM gekostet hat und für die im ersten Jahr eine Sonderabschreibung von 50 % vorgenommen wurde, betrage der beizulegende Wert am Ende des dritten Nutzungsjahres 750 TDM. In Ausübung seines Wahlrechts möchte der Kaufmann eine Aufwertung vornehmen, die jedoch durch die Anschaffungskosten abzüglich planmäßiger Abschreibungen, also auf 700 TDM begrenzt ist.

	TDM
Anschaffungskosten	1 000
Sonderabschreibung 50 %	500
Planmäßige Abschreibung über 10 Jahre linear (=500:10)	50
Ende des 1. Jahres	450
Planmäßige Abschreibung	50
Ende des 2. Jahres	400
Planmäßige Abscheibung	50
	350
Zuschreibung bis höchstens 1000 ./. (3 x 10 %) planmäßige Abschreibung = 700	350
Ende des 3. Jahres	700

5.5 Sonstige Wertkategorien

Für die Vermögensgegenstände kommen unter bestimmten Umständen noch **andere niedrigere Wertansätze** in Betracht, nämlich

– ein niedrigerer steuerrechtlich zulässiger Wert,
– ein niedrigerer Wert aufgrund von Abschreibungen im Rahmen vernünftiger kaufmännischer Beurteilung (nicht zulässig für Kapitalgesellschaften) und
– für Gegenstände des Umlaufvermögens der Wert, der in der nächsten Zukunft aufgrund von Wertschwankungen erwartet wird.

Das **Steuerrecht** läßt aus wirtschafts- und steuerpolitischen Gründen zusätzliche Abschreibungen zu, z.B. um Investitionen bestimmter Art oder in bestimmten Regionen anzuregen. Diese Abschreibungen mindern den steuerpflichtigen Gewinn und sparen zeitweise Steuern. Sie mindern damit auch das mit den Investitionen verbundene Risiko. Die steuerliche Anerkennung solcher Sonderabschreibungen wird jedoch davon abhängig gemacht, daß sie auch in der Handelsbilanz vorgenommen werden.

Bei Kapitalgesellschaften sind solche steuerlichen Abwertungen gesondert kenntlich zu machen und in den Sonderposten mit Rücklageanteil einzustellen. Auf Einzelheiten wird bei der Bewertung der einzelnen Vermögensgegenstände eingegangen.

Die nur für Einzelkaufleute und Personengesellschaften zulässigen **Abschreibungen im Rahmen vernünftiger kaufmännischer Beurteilung** haben nur geringe praktische Bedeutung, weil diese Abschreibungen steuerlich nicht anerkannt werden und die begünstigten Kaufleute in der Regel neben der Steuerbilanz keine gesonderte Handelsbilanz erstellen. Derartige Abschreibungen setzen, wenn sie ausnahmsweise vorkommen, eine wirtschaftlich vernünftige Begründung voraus, weil eine willkürliche Bewertung nicht zulässig ist.

Auf den **nahen Zukunftswert** zum Ausgleich von Wertschwankungen wird im Zusammenhang mit der Bewertung des Umlaufvermögens näher eingegangen (siehe Kap. 6.2, S.72ff.).

Die genannten Wertkategorien für die Schuldposten werden im einzelnen bei den entsprechenden Posten erläutert.

5.6 Bewertungsmethoden

Bewertungsmethoden sind bestimmte, in ihrem Ablauf definierte Verfahren zur Wertfindung. Sie dienen der **Ermittlung der Anschaffungs- oder Herstellungskosten** sowie der planmäßigen Abschreibungen. Nachfolgend werden die wichtigsten Verfahren zur Ermittlung der Anschaffungs- oder Herstellungskosten dargestellt. Auf die unterschiedlichen **Abschreibungsmethoden** wird im Zusammenhang mit der Bewertung des Anlagevermögens eingegangen.

Die individuelle Ermittlung der Anschaffungs- oder Herstellungskosten für einzelne Vermögensgegenstände bereitet oft Schwierigkeiten, wenn sehr viele gleichartige Gegenstände zu ver-

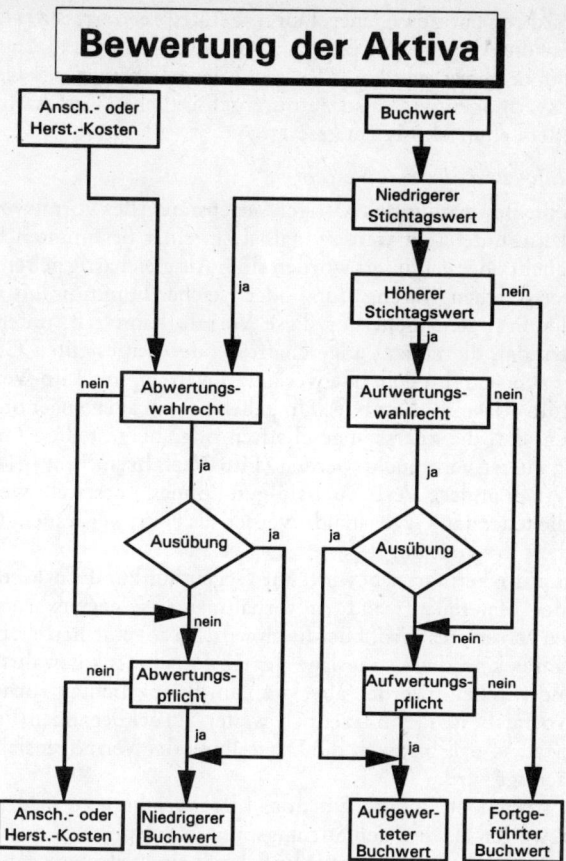

Abb. 2

schiedenen Zeitpunkten mit unterschiedlichen Anschaffungs-
oder Herstellungskosten zugegangen und ihr Bestand zu bewerten ist. In der Praxis haben sich daher namentlich für die Vorrats-
bewertung vereinfachte Ermittlungsverfahren herausgebildet, die gesetzlich sanktioniert worden sind.

Am häufigsten wird die **Durchschnittsmethode** angewandt,
bei der aus dem Wert des Anfangsbestandes und den Anschaf-
fungs- oder Herstellungskosten der Zugänge während des Ge-

schäftsjahres ein gewogener Durchschnittspreis errechnet wird, mit dem die Abgänge (Verbrauch oder Veräußerung) und der Endbestand bewertet werden. Das am Bilanzstichtag ausgewiesene Vorratsvermögen wird also zu durchschnittlichen Anschaffungs- oder Herstellungskosten angesetzt.

5.6.1 Lifo- und ähnliche Verfahren

Für die Bewertung gleichartiger Gegenstände des Vorratsvermögens kann unterstellt werden, daß sie in einer bestimmten Folge verbraucht oder veräußert worden sind. Als gleichartig gelten Vorräte der gleichen Warengattung oder gleicher Funktion mit annähernder Preisgleichheit. Für diese Vorräte kann z.B. unterstellt werden, daß die zuletzt angeschafften oder hergestellten Gegenstände zuerst verbraucht oder veräußert werden; sog. **Lifo-Verfahren** (Lifo = last in – first out). Umgekehrt kann auch angenommen werden, daß die zuerst angeschafften oder hergestellten Gegenstände zuerst verbraucht werden (**Fifo-Verfahren**; first in – first out). Auch **andere Verbrauchsfolgen** können unterstellt werden, z.B. die teuersten Gegenstände werden als erstes verbraucht (Hifo = highest in – first out).

Das Lifo-Verfahren bewirkt im Gegensatz zur Fifo-Methode, daß der Materialaufwand zu verhältnismäßig gegenwartsnahen Werten verrechnet wird. Hierdurch wird im allgemeinen ein besserer Einblick in die Ertragslage des Unternehmens gewährt. Auf der anderen Seite werden aber die zum Bilanzstichtag vorhandenen Vorratsbestände mit zeitlich weiter zurückliegenden Preisen bewertet, so daß insoweit die Darstellung der Vermögenslage beeinträchtigt wird.

Bei steigenden Preisen führt das Lifo-Verfahren zu niedrigeren Bilanzwerten als dies den Stichtagspreisen entspricht. Das bedeutet eine vorsichtige Bewertung und damit ein niedrigeres Jahresergebnis. Bei sinkenden Preisen führt das Lifo-Verfahren dagegen zu Werten, die über den Stichtagspreisen liegen, so daß hier nach dem Niederstwertprinzip entsprechende Abwertungen zwingend notwendig werden. Die Beispiele 9 und 10 veranschaulichen die unterschiedlichen Wirkungen:

Beispiel 9:

Sinkende Preise:

Zugang: 1. 100 Stück zu DM 10,– je Stück
2. 80 Stück zu DM 9,– je Stück
3. 100 Stück zu DM 8,– je Stück

Bestand am Bilanzstichtag: 120 Stück

Stichtagspreis: DM 8,– je Stück
Bewertung: Lifo: 100 x DM 10 + 20 x DM 9 = DM 1 180,–
Durchschnittskosten: 120 x DM 9 = DM 1 080,–
Fifo: 100 x DM 8 + 20 x DM 9 = DM 980,–

Wertansatz in der Bilanz:
Niederstwert: 120 x DM 8 = DM 960,–

Beispiel 10:

Steigende Preise:

Zugang: 1. 100 Stück zu DM 8,– je Stück
2. 80 Stück zu DM 9,– je Stück
3. 100 Stück zu DM 10,– je Stück

Stichtagspreis: DM 9,50 je Stück

Bewertung: Lifo: 100 x DM 8 + 20 x DM 9 = DM 980,–
Durchschnittskosten: 120 x DM 9 = DM 1 080,–
Fifo: 100 x DM 10 + 20 x DM 9 = DM 1 180,–

Wertansatz in der Bilanz:
Lifo: DM 980,–
Durchschnittskosten: DM 1 080,–
Fifo: 100 x DM 9,50 (Niederstwertprinzip!)
+ 20 x DM 9 = DM 1 130,–

Das Lifo-Verfahren ist auch steuerlich zugelassen. Neben der Vereinfachung der Bewertung soll es – bei der allgemeinen Tendenz zu Preissteigerung – dazu beitragen, daß Scheingewinne nicht besteuert werden.

5.6.2 Gruppen- und Festbewertung

Eine weitere Erleichterung stellt als Ausnahme von dem Grundsatz der Einzelbewertung die **Gruppenbewertung** dar. Gleichartige Vermögensgegenstände des Vorratsvermögens sowie andere gleichartige oder annähernd gleichwertige bewegliche Vermögensgegenstände (z. B. Werkzeuge) dürfen zu einer Gruppe zusammengefaßt und mit dem gewogenen Durchschnittswert angesetzt werden.

Schließlich dürfen Vermögensgegenstände des Sachanlagevermögens sowie Roh-, Hilfs- und Betriebsstoffe mit einem **Festwert** angesetzt werden, wenn sie (1) regelmäßig ersetzt werden, (2) ihr Gesamtwert für das Unternehmen von nachrangiger Bedeutung ist und (3) ihr Bestand der Größe, dem Wert und der Zusammensetzung nach nur geringen Veränderungen unterliegt. Vom regelmäßigen Ersatz kann gesprochen werden, wenn sich die Zugänge und Abgänge in jedem Jahr in etwa ausgleichen. Beispielsweise wird der Bestand an Werkzeugen häufig mit einem Festwert angesetzt.

Bei der Festwertrechnung wird der normale oder durchschnittliche Bestand mit einem festen Wert angesetzt. Der Festwert ergibt sich für die Roh–, Hilfs- und Betriebsstoffe aus den Anschaffungs- oder Herstellungskosten. Bei Gegenständen des Sachanlagevermögens, z. B. Ersatzteile, Werkzeuge, wird in der Regel auf die Anschaffungs- oder Herstellungskosten ein Abschlag vorgenommen, um die durchschnittliche Abnutzung zu berücksichtigen. Der tatsächliche Bestand dieser Vermögensgegenstände ist alle drei Jahre durch eine Inventur zu überprüfen. Zeigt er wesentliche Abweichungen, z. B. mehr als +/- 10 %, so ist eine entsprechende Anpassung des Festwertes vorzunehmen.

6. Die Bewertung der einzelnen Bilanzposten

6.1 Die Bewertung des Anlagevermögens

Gegenstände des Anlagevermögens sind beim Zugang mit den **Anschaffungs- oder Herstellungskosten** anzusetzen. Bei Anlagegegenständen, deren Nutzung zeitlich begrenzt ist, z. B. Patentrechte oder Betriebsgebäude, Maschinen und Geschäftsausstattung, sind die Anschaffungs- oder Herstellungskosten um **planmäßige Abschreibungen** zu vermindern. Planmäßig heißt, daß die Abschreibungen im Zugangsjahr durch einen „Abschreibungs-

plan" fixiert werden, der die Anschaffungs- oder Herstellungskosten auf die voraussichtliche Nutzungsdauer des einzelnen Anlagegegenstandes verteilt. Diese Verteilung dient einer periodengerechten Zuordnung des Nutzenverzehrs, der durch die Inanspruchnahme oder den Verschleiß der Anlagegegenstände entsteht.

6.1.1 Planmäßige Abschreibungen

Bei Beginn der Abschreibung ist der „Abschreibungsplan" in
der Weise festzulegen, daß die voraussichtliche Nutzungsdauer zu
schätzen und die Abschreibungsmethode zu bestimmen ist, so daß
die pro Jahr zu verrechnenden „planmäßigen" Abschreibungsbe-
träge fixiert sind.

Maßgebend ist die voraussichtliche betriebsindividuelle **Nutzungsdauer des einzelnen Anlagegegenstandes**. Diese wird
hauptsächlich von folgenden Faktoren bestimmt:
- Verschleiß durch Gebrauch, der von unterschiedlicher Intensität sein kann, z.B. Mehrschichtbetrieb,
- Verschleiß durch physikalisch-chemische Reaktionen (Rost,
  Verwitterung u.a.),
- Substanzverminderung (Abbau von Rohstoffvorkommen u.ä.),
- Fristablauf,
- technisch-wirtschaftlicher Fortschritt (Veralterung der Anlage),
- konjunkturelle Entwicklungen und Markteinflüsse (Mode-
  trends, Substitutionsprodukte),
- Katastrophenfälle (Zerstörung durch Brand u.ä.).

Soweit diese Bestimmungsfaktoren objektbezogen und für den
normalen Betriebsablauf voraussehbar sind, sind sie bei der Schätzung der voraussichtlichen Nutzungsdauer zu berücksichtigen.
Dabei zwingt der Grundsatz der Vorsicht bei Unsicherheit zu einer stärkeren Berücksichtigung ungünstiger Einflußgrößen und
damit zur Schätzung einer kürzeren Nutzungsdauer. Etwaigen Risiken kann aber auch durch die Wahl der Abschreibungsmethode
Rechnung getragen werden (siehe unten).

Besteht eine Anlageneinheit aus Teilen mit unterschiedlicher
Nutzungsdauer, so kommt es für die Bemessung des Abschrei-
bungszeitraumes auf den oder die Teile an, die nach der Verkehrs-
auffassung der Anlage ihr Gepräge geben. Im übrigen bieten betriebliche Erfahrungen sowie die von Verbänden und von der Finanzverwaltung veröffentlichten Abschreibungstabellen Anhalts-
punkte für die anzusetzende Nutzungsdauer.

Als **Abschreibungsmethode** kommen folgende Verfahren in Betracht:
- lineare Abschreibungen (Abschreibungen mit jährlich gleichbleibenden Beträgen),
- degressive Abschreibungen (Abschreibungen mit jährlich fallenden Beträgen),
- leistungsbedingte Abschreibungen (z. B. Abschreibung eines Pkw nach der Kilometerleistung),
- in Ausnahmefällen (Vorsichtsprinzip!) progressive Abschreibungen (Abschreibungen mit jährlich steigenden Beträgen),
- Kombinationsformen (insbesondere degressive Abschreibung mit späterem Übergang zur linearen Abschreibung).

Die planmäßigen Abschreibungen sollen in etwa dem zu erwartenden normalen Entwertungsverlauf entsprechen. Ausgeschlossen sind daher solche Abschreibungsmethoden, die einer periodengerechten Aufwandserfassung offenbar nachhaltig widersprechen. Die gewählte Methode darf nicht dazu führen, daß die Gegenstände des Anlagevermögens für einen längeren Teil ihrer Nutzungsdauer mit einem zu hohen Wert in der Bilanz ausgewiesen werden. Ist dies aufgrund einer unerwarteten Entwicklung der Fall, so ist eine außerplanmäßige Abschreibung vorzunehmen. Die Abschreibungsmethode darf auch nicht auf sachfremden Überlegungen beruhen und willkürlich sein, z. B. Abschreibung nach Maßgabe des Gewinns.

Die **lineare Abschreibungsmethode** verteilt die Anschaffungs- oder Herstellungskosten gleichmäßig auf die betriebsgewöhnliche Nutzungsdauer der Anlage.

Bei der **degressiven Abschreibungsmethode** werden anfangs höhere Abschreibungen verrechnet als in den späteren Perioden. Sie trägt damit einer vorsichtigeren Bewertung Rechnung. Üblich ist die sog. geometrisch-degressive Abschreibung. Hier wird der gleiche Abschreibungssatz, z. B. 30 %, jeweils auf den Buchwert zu Beginn des Geschäftsjahres bezogen (s. Beispiel 11).

Die degressive Abschreibungsmethode entlastet aufwandsmäßig die späteren Nutzungsperioden, die oft mit zusätzlichen Instandhaltungs- und Reparaturaufwendungen belastet sind. Da bei vielen Anlagegütern, z. B. Pkws, die Entwertung in den ersten Nutzungsjahren relativ hoch ist, vermeidet die degressive Abschreibungsmethode, daß außerplanmäßige Abschreibungen erforderlich werden.

Die Abschreibungspraxis richtet sich weitgehend nach den steuerlichen Regelungen für Abschreibungen gemäß §§ 6 und 7 EStG, die hier mit **„Absetzung für Abnutzungen"** (AfA) bezeichnet werden. Danach sind die Anschaffungs- oder Herstellungskosten im Regelfall gleichmäßig auf die Nutzungsdauer der Anlagegüter zu verteilen. Bewegliche Wirtschaftsgüter des Anlagevermögens dürfen aber auch degressiv abgeschrieben werden, doch darf der Abschreibungssatz nicht mehr als 30 % und nicht mehr als das Dreifache des linearen Abschreibungssatzes betragen.

Die Finanzverwaltung hat sog. AfA-Tabellen veröffentlicht, in denen für die wichtigsten Anlagegegenstände und Branchen die gewöhnliche Nutzungsdauer angegeben ist.

Häufig werden **degressive und lineare Abschreibungen** derart **kombiniert,** daß von der degressiven Abschreibung planmäßig auf die lineare Abschreibungsmethode übergegangen wird, wenn diese zu höheren Abschreibungsbeträgen führt. Dies ist der Fall, wenn die gleichmäßige Verteilung des Restbuchwertes auf die Restnutzungsdauer zu höheren Abschreibungsbeträgen führt als die fortgeführte degressive Abschreibung. Diese steuerlich anerkannte Kombination ist auch handelsrechtlich als eine eigene Abschreibungsmethode anzusehen, so daß der Übergang von der degressiven zur linearen Abschreibung keine berichtspflichtige Planänderung bedeutet.

Beispiel 11:

Eine Anlage mit einem Anschaffungswert von 100 TDM soll auf 10 Jahre abgeschrieben werden. Bei der linearen Abschreibungsmethode beträgt die jährliche Abschreibung 10 % der Anschaffungskosten.

Die degressive Abschreibung wird, wie üblich, mit 30 % vom jeweiligen Buchwert bestimmt. Diese Abschreibungsmethode führt dazu, daß mathematisch nie voll auf 0 DM abgeschrieben werden kann. Dementsprechend ist im letzten Nutzungsjahr die Abschreibung in Höhe des (relativ hohen) Restbuchwertes angegeben.

Bei der Kombinationsform wird schließlich von der degressiven auf die lineare Abschreibung übergegangen, wenn diese zu höheren Abschreibungswerten führt. Dies ist in dem Beispiel im 8. Nutzungsjahr der Fall.

C. Der Jahresabschluß

Buchwert	Lineare Abschreibung (10 % p.a.)	Degressive Abschreibung (30%)	Kombination linear/ degressiv
Anschaffungskosten	100000 − 10000	100000 − 30000	100000 − 30000
Ende des 1. Jahres	90000 − 10000	70000 − 21000	70000 − 21000
Ende des 2. Jahres	80000 − 10000	49000 − 14700	49000 − 14700
Ende des 3. Jahres	70000 − 10000	34300 − 10290	34300 − 10290
Ende des 4. Jahres	60000 − 10000	24010 − 7203	24010 − 7203
Ende des 5. Jahres	50000 − 10000	16807 − 5042	16807 − 5042
Ende des 6. Jahres	40000 − 10000	11765 − 3530	11765 − 3530
Ende des 7. Jahres	30000 − 10000	8235 − 2470	8235 − 2745*
Ende des 8. Jahres	20000 − 10000	5765 − 1730	5490 − 2745
Ende des 9. Jahres	10000 − 10000	4035 − 4035	2745 − 2745
Ende des 10. Jahres	0	0	0

* Übergang auf die lineare Methode

Durch die planmäßigen Abschreibungen sollen die Anschaffungs- oder Herstellungskosten auf den Zeitraum der Anlagennutzung verteilt werden, so daß grundsätzlich auf 0 DM abzuschreiben ist. Es ist jedoch auch zulässig, lediglich auf den mit ausreichender Sicherheit anzusetzenden voraussichtlichen

Veräußerungswert oder nennenswerten Schrottwert abzuschreiben.

Die Abschreibungsmethoden und die gewöhnliche Nutzungsdauer stellen auf eine normale Nutzung der Anlagegegenstände ab. Werden die Anlagen in mehreren Schichten genutzt, so ist dies entweder bei der Schätzung der Nutzungsdauer oder durch einen Zuschlag zum normalen Abschreibungssatz zu berücksichtigen.

Die Abschreibungen beginnen im Regelfall mit der Inbetriebnahme der Anlage. Im **Zugangsjahr** ist grundsätzlich ein dem Zeitpunkt der Inbetriebnahme entsprechender Teil der planmäßigen Jahresabschreibung zu verrechnen. Aus Vereinfachungsgründen besteht jedoch die kaufmännische Übung, die auch steuerlich akzeptiert wird, daß bei Zugängen von beweglichen Anlagegegenständen in der ersten Hälfte des Geschäftsjahres die volle Jahresabschreibung und bei Zugängen in der zweiten Hälfte des Geschäftsjahres die halbe Jahresabschreibung angesetzt wird.

Sog. **geringwertige Wirtschaftsgüter** des Anlagevermögens im Anschaffungswert bis zu 800 DM können im Jahr ihres Zugangs sofort voll abgeschrieben werden. Dieses aus dem Steuerrecht übernommene Wahlrecht soll der Vereinfachung dienen und gilt für selbständig bewertbare bewegliche Gegenstände des Anlagevermögens.

Auch **immaterielle Anlagegegenstände** sind planmäßig abzuschreiben, soweit ihre Nutzung zeitlich begrenzt ist. Dabei ist dem Umstand Rechnung zu tragen, daß immaterielle Werte schwer abschätzbar sind und sich wirtschaftlich oft sehr schnell abnutzen. So sind zwar Patente zehn Jahre geschützt, doch kann die wirtschaftliche Nutzungsdauer wesentlich kürzer anzusetzen sein.

Ein erworbener Geschäfts- oder **Firmenwert** ist mit jährlich 25 % abzuschreiben, soweit nicht eine kürzere oder eine (vorsichtig zu schätzende) längere Nutzungsdauer in Betracht kommt. Etwa aktivierte **Aufwendungen für die Ingangsetzung** und Erweiterung des Geschäftsbetriebes sind ebenfalls mit mindestens 25 %, d. h. innerhalb der nächsten vier Geschäftsjahre, abzuschreiben.

Der ursprüngliche **Abschreibungsplan** darf **geändert** werden, wenn dafür vernünftige kaufmännische Gründe vorliegen. Solche Gründe können z. B. sein: die Anpassung an die Ergebnisse einer steuerlichen Betriebsprüfung, die Anpassung an konzerneinheitliche Bilanzierungsrichtlinien oder ein Gesellschafterwechsel. Der

Abschreibungsplan muß zwingend berichtigt werden, wenn die Nutzungsdauer zu lang angesetzt worden ist, die Abschreibungsmethode die ersten Nutzungsjahre mit zu geringer Abschreibung belastet, wenn eine außerplanmäßige Abschreibung oder wenn eine Zuschreibung erfolgt ist.

Änderungen des Abschreibungsplans sind im Anhang anzugeben.

6.1.2 Außerplanmäßige Abschreibungen

Außerplanmäßige Abschreibungen können sowohl bei Anlagegegenständen mit zeitlich begrenzter Nutzungsdauer anfallen als auch bei solchen, deren Nutzung zeitlich nicht begrenzt ist. Sie sind zwingend, um die Gegenstände des Anlagevermögens mit einem **nachhaltig niedrigeren Stichtagswert** anzusetzen. Freiwillige außerplanmäßige Abschreibungen können auf den **vorübergehend niedrigeren Stichtagswert** oder auf den **niedrigeren steuerrechtlich zulässigen Wert** (steuerliche Sonderabschreibungen) vorgenommen werden.

Der **niedrigere Stichtagswert** wird am Buchwert und an den Anschaffungs- oder Herstellungskosten, ggf. vermindert um planmäßige Abschreibungen, gemessen. Er leitet sich im Regelfall aus den Wiederbeschaffungskosten, in Einzelfällen aus dem Veräußerungswert (abzüglich noch anfallender Kosten) oder dem Ertragswert ab.

Dem Ansatz eines gesunkenen **Wiederbeschaffungswertes** liegt die Überlegung zugrunde, daß Konkurrenzunternehmen mit neuen, billigeren Anlagen geringere Abschreibungen zu verrechnen haben und daß dadurch die wirtschaftliche Nutzungsdauer der vorhandenen, teureren Anlagen verkürzt werden kann. Solange die Anlage noch wirtschaftlich im Unternehmen eingesetzt werden kann, ist eine außerplanmäßige Abschreibung nicht zwingend notwendig, sie kann aber durch den Grundsatz vorsichtiger Bilanzierung geboten sein.

Da das Anlagevermögen dazu bestimmt ist, dauernd dem Geschäftsbetrieb zu dienen, kommt der **Einzelveräußerungswert** nur ausnahmsweise in Betracht.

Bei Patenten und Lizenzen sowie bei Beteiligungen spielt insbesondere der **Ertragswert** eine Rolle. Der künftige Nutzen von Lizenzen kann z.B. aufgrund einer Marktentwicklung gegen Null tendieren. Eine nachhaltige Verschlechterung der Ertragssituation kann den Wert von Beteiligungen erheblich vermindern. Fehlende Rentabilität des Unternehmens selbst ist nur dann Grund für eine außerplanmäßige Abschreibung, wenn die Nutzungsdauer eines Anlagegegenstandes als solche davon berührt wird.

Bei nur **vorübergehender Wertminderung** besteht für die außerplanmäßigen Abschreibungen auf den niedrigeren Stichtagswert ein Wahlrecht. Dieses **eingeschränkte Niederstwertprinzip** ist aus der Zweckbestimmung des Anlagevermögens verständlich, „auf Dauer" dem Unternehmen zu dienen. Dementsprechend müssen auch die planmäßigen Abschreibungen nicht exakt den stichtagsbedingten Wertschwankungen, sondern vielmehr dem Entwertungstrend während der voraussichtlichen Nutzungsdauer folgen. Andererseits ist nach dem Prinzip der Vorsicht im Zweifel eine dauernde Wertminderung anzunehmen. Sie liegt vor, wenn die sich planmäßig ergebenden künftigen Bilanzwerte der Anlagen voraussichtlich nachhaltig unter den Stichtagswerten liegen.

Bei **dauernden Wertminderungen** sind außerplanmäßige Abschreibungen zwingend vorgeschrieben.

Die **steuerrechtlich zulässigen Abschreibungen** betreffen u. a.:
- Sonderabschreibungen für Investitionen in bestimmten Förderungsgebieten (neue Bundesländer; früher Berlin und Zonenrandgebiet),
- Investitionen für Forschung und Entwicklung, Umweltschutz u. ä.,
- Übertragung stiller Reserven auf neuerworbene Anlagegegenstände, die bei der Veräußerung oder sonstigem Abgang von Anlagegegenständen aufgedeckt wurden (§ 6 b EStG).

Voraussetzung für ihre steuerliche Anerkennung ist, daß die Sonderabschreibungen auch in der Handelsbilanz vorgenommen werden (Maßgeblichkeit der Handelsbilanz für die Steuerbilanz).

6.1.3 Buchwertfortführung, Wertaufholung

Gegenüber dem Stichtagswert **niedrigere Buchwerte** aufgrund außerplanmäßiger Abschreibungen dürfen grundsätzlich beibehalten werden, auch wenn die Gründe für die außerplanmäßige Abschreibung entfallen sind.

Dies gilt im Prinzip nicht für **Kapitalgesellschaften.** Sie müssen im Umfang der Werterhöhung eine Zuschreibung bis zu den Anschaffungs- oder Herstellungskosten, ggf. vermindert um planmäßige Abschreibungen, vornehmen.

Dieses sog. **Wertaufholungsgebot** hat jedoch insofern geringe praktische Bedeutung, als eine Zuschreibung nicht erfolgen muß, wenn ein niedrigerer Wertansatz aus steuerlichen Gründen beibehalten werden kann und Voraussetzung für die steuerliche Anerkennung ist, daß in der Handelsbilanz entsprechend verfahren wird. Dies ist in aller Regel der Fall. Allerdings ist dann im Anhang der Betrag der im Geschäftsjahr aus steuerrechtlichen Gründen unterlassenen Zuschreibungen anzugeben und hinreichend zu begründen.

6.1.4 Zusammenfassung

Zusammenfassend läßt sich die Bewertung des Anlagevermögens wie folgt würdigen: Durch das Anschaffungswertprinzip werden etwaige Wertsteigerungen, die insbesondere bei Grundstücken einen erheblichen Umfang haben können, in der Bilanz nicht ausgewiesen. Der Abnutzung der Anlagen durch den Gebrauch oder durch sonstige Einflüsse wird durch planmäßige Abschreibungen Rechnung getragen. Anders bedingte Wertminderungen werden durch außerplanmäßige Abschreibungen berücksichtigt.

Durch steuerlich zulässige Sonderabschreibungen kann der Bilanzwert des Anlagevermögens erheblich beeinflußt sein. Diese Sonderabschreibungen werden aber nicht auf der Aktivseite verrechnet, sondern vielmehr auf der Passivseite in dem Sonderposten mit Rücklageanteil ausgewiesen.

Durch die Fortführung der niedrigen Buchwerte auch bei Fortfall von Abschreibungsgründen kann der Bilanzwert stille Reserven enthalten. Zuschreibungen, z. B. zur Wertaufholung, haben außergewöhnlichen Charakter und sollten, wie auf der anderen Seite auch steuerliche Sonderabschreibungen, bei der Beurteilung der Ertragslage des Unternehmens kritisch gewürdigt werden. Wichtig ist in diesem Zusammenhang die Begründung für derartige Bewertungsmaßnahmen.

6.2 Die Bewertung des Umlaufvermögens

Ausgangspunkt für die Bewertung des Umlaufvermögens sind ebenfalls die **Anschaffungs- oder Herstellungskosten**. Für die Gegenstände des Umlaufvermögens gilt jedoch das **strenge Niederstwertprinzip**. Das bedeutet, daß sie zwingend auf den niedrigeren Stichtagswert abgeschrieben werden müssen, auch wenn es sich nur um eine vorübergehende Wertminderung handelt.

Obwohl dieselben Bewertungsgrundsätze anzuwenden sind, ist es zweckmäßig, die Bewertung des Vorratsvermögens und die des übrigen Umlaufvermögens getrennt zu behandeln.

6.2.1 Die Bewertung des Vorratsvermögens

Die Vorräte sind mit den Anschaffungs- oder Herstellungskosten (siehe dazu insbesondere Kapitel 5.2 und 5.3, S. 54 ff.) zu bewerten, wenn nicht wegen des Niederstwertprinzips eine Abwertung auf den **niedrigeren Stichtagswert** zu erfolgen hat.

Der niedrigere Stichtagswert leitet sich aus dem Börsen- oder Marktpreis ab, indem die üblichen Anschaffungsnebenkosten hinzugerechnet und etwaige Anschaffungskostenminderungen wie Rabatte und dergleichen abgesetzt werden. Ist ein Börsen- oder Marktpreis nicht feststellbar, bestimmt sich der Stichtagswert nach dem Wiederbeschaffungs- oder Reproduktionswert oder nach dem um noch anfallende Aufwendungen geminderten Verkaufswert. Das Ziel ist eine **verlustfreie Bewertung**, d. h. die künftige Verwertung des Vorratsvermögens soll nicht zu Verlusten führen.

Mit dieser Abwertung sollen zum Bilanzstichtag eingetretene, noch nicht realisierte Verluste Berücksichtigung finden. Derartige Verluste können sowohl durch gesunkene Wiederbeschaffungskosten als auch dadurch entstehen, daß die Anschaffungs- oder Herstellungskosten zuzüglich noch anfallender Kosten am Absatzmarkt nicht realisiert werden können.

Dabei sind für die Roh-, Hilfs-und Betriebsstoffe sowie für solche unfertigen und fertigen Erzeugnisse, die auch von Dritten bezogen werden können, hauptsächlich die Verhältnisse am **Beschaffungsmarkt** maßgeblich, während für die unfertigen und fertigen Erzeugnisse sowie für etwaige Überbestände an Roh-, Hilfs- und Betriebsstoffen die Einflüsse des **Absatzmarktes** wertbestimmend sind. Der Stichtagswert der Handelswaren wird sowohl von der Beschaffungs- als auch von der Absatzseite beeinflußt.

Zusätzlich ist zu prüfen, ob wegen eventueller **Mängel der Vorräte**, z. B. Beschädigung oder Veralterung, weitere Abwertungen erforderlich sind. Bei umfangreichen Lagerbeständen ist es üblich, für ungängiges und mangelhaftes Material pauschale Abschläge von den Anschaffungs- oder Herstellungskosten vorzunehmen.

Das gleiche gilt für überhöhte, d. h. bei normalem Geschäftsverlauf nur mit unüblicher Verzögerung absetzbare Erzeugnisse oder Waren. Solche Lagerhüter werden häufig modisch oder technisch veraltet und nur mit Preisabschlägen verkaufbar sein.

Bei den unfertigen Erzeugnissen und den noch nicht vollendeten Dienstleistungen führt das Prinzip der verlustfreien Bewertung dazu, daß nicht durch den Erlös gedeckte künftige Herstellungskosten durch eine **Rückstellung für drohende Verluste** berücksichtigt werden.

Abschreibungen dürfen außerdem vorgenommen werden, um zu verhindern, daß in der nächsten Zukunft der Wertansatz aufgrund von **Wertschwankungen** geändert werden muß. Mit diesem Abwertungswahlrecht soll ein ständiges Auf und Ab in den Wertansätzen der Vorräte vermieden werden. Neben laufenden Preisschwankungen sind auch zu erwartende einmalige und nachhaltige Preisrückgänge berücksichtigungsfähig. Es darf auf den Wert zurückgegangen werden, der nach vernünftiger kaufmännischer Beurteilung künftige Abwertungen überflüssig macht. Damit eine unstatthafte willkürliche Bewertung ausgeschlossen ist, müssen die zu erwartenden Wertminderungen objektiv begründet sein. Es ist vor allem auf die Wahrscheinlichkeit künftiger Preisschwankungen abzustellen. Als nächste Zukunft wird im allgemeinen ein Zeitraum von zwei Jahren angesehen.

Um von steuerlichen Bewertungserleichterungen Gebrauch machen zu können, darf schließlich auch ein **niedrigerer steuerrechtlicher Wert** angesetzt werden. Für das Vorratsvermögen kommt hier insbesondere der sog. Importwarenabschlag auf die Bestände bestimmter Rohstoffe in Betracht.

Ein gegenüber den Anschaffungs- oder Herstellungskosten **niedrigerer Buchwert** darf auch dann fortgeführt werden, wenn die Gründe für die Abwertung fortgefallen sind (Beibehaltungswahlrecht). Im übrigen können die Vorratsbestände bis auf den Stichtagswert, höchstens jedoch bis zu den Anschaffungs- oder Herstellungskosten aufgewertet werden.

6.2.2 Die Bewertung des sonstigen Umlaufvermögens

Bei **Forderungen** entspricht der Nennbetrag den Anschaffungskosten. Unverzinsliche oder besonders niedrig verzinsliche Forderungen sind auf den Barwert abzuzinsen. Zweifelhafte Forderungen sind mit ihrem wahrscheinlichen Wert zu bilanzieren; uneinbringliche Forderungen sind abzuschreiben. Forderungen, die auf Fremdwährungen lauten, sind mit dem Umrechnungskurs zum Zeitpunkt ihrer Entstehung oder mit dem niedrigeren Kurs zum Bilanzstichtag umzurechnen.

Wechsel und Schecks werden wie Forderungen bewertet. **Flüssige Mittel** (Kassenbestand und Guthaben bei Kreditinstituten) sind mit dem Nominalbetrag anzusetzen; Fremdwährungsbestände sind mit dem Stichtagskurs in DM umzurechnen.

Bei den **Wertpapieren** des Umlaufvermögens ist ebenfalls von den Anschaffungskosten auszugehen, wobei das Lifo- oder ähnliche Verfahren angewandt werden können. Bei gesunkenem Börsenkurs ist entsprechend dem Niederstwertprinzip eine Abwertung erforderlich. Schließlich kann hier ebenfalls ein niedrigerer Wert zum Ausgleich von künftigen Wertschwankungen als Abwertungswahlrecht in Betracht kommen. Eine Wertaufholung bei gestiegenen Börsenkursen ist höchstens bis zu den ursprünglichen Anschaffungskosten zulässig.

6.2.3 Zusammenfassung

Die Bewertung des Umlaufvermögens wird von dem strengen Niederstwertprinzip beherrscht. Die Bilanzwerte werden also wesentlich von den aktuellen Wertverhältnissen des Bilanzstichtages bestimmt. Bei einer späteren Wertsteigerung kann von einem niedrigeren Buchwert auf den höheren Stichtagswert übergegangen werden, was aber aus steuerlichen Gründen in der Regel unterbleibt. Dabei darf jedoch nicht über die ursprünglichen Anschaffungs- oder Herstellungskosten hinausgegangen werden, so daß höhere Zeit- oder Verkehrswerte nicht gezeigt werden.

Das Lifo-Verfahren und die Fortführung der Buchwerte können namentlich bei Rohstoffen, die erhebliche Preissteigerungen zu verzeichnen haben, zu nennenswerten stillen Reserven führen. Andererseits besteht bei Erzeugnissen und Waren die Gefahr, daß sie nur mit erheblichen Verzögerungen oder u.U. nur mit weiteren Preisabschlägen verkauft werden können.

6.3 Die Bewertung der Passivposten

Das **gezeichnete Kapital** ist mit dem Nennbetrag zu bilanzieren. Rücklagen werden ebenfalls mit ihren Nominalbeträgen angesetzt.

6.3.1 Verbindlichkeiten

Verbindlichkeiten sind mit dem **Rückzahlungsbetrag** zu bewerten, also mit dem Betrag, mit dem die Schuld zu erfüllen ist. Dies gilt auch für ungewisse Verbindlichkeiten (Rückstellungen). Eine Abzinsung ist auch bei längerfristig fälligen Verbindlichkeiten nicht zulässig.

Sind die Verbindlichkeiten höher als der Auszahlungsbetrag, z.B. bei Anleihen oder langfristigen Krediten, so darf der Unterschied, das sog. Disagio, in einen aktiven Rechnungsabgrenzungsposten eingestellt werden.

> **Beispiel 12:**
> Der mit 100 TDM gewährte Kredit wird zu 95 % ausgezahlt, also mit einem Disagio von 5 %. Der Kredit ist mit 100 TDM zu passivieren. Das Disagio von 5 TDM darf als Rechnungsabgrenzungsposten aktiviert werden und ist über die Kreditlaufzeit abzuschreiben, bei 10 Jahren Laufzeit also mit jährlich 500 DM.

Rentenverpflichtungen sind mit dem Barwert zu passivieren, d.h. mit dem auf den Bilanzstichtag abgezinsten Betrag der voraussichtlich zu erwartenden künftigen Rentenzahlungen. Bei Renten handelt es sich um periodisch wiederkehrende Leistungen, die aufgrund eines sog. Rentenstammrechts für eine bestimmte Dauer geleistet werden.

6.3.2 Rückstellungen

Rückstellungen sind in Höhe des Betrages anzusetzen, der nach vernünftiger kaufmännischer Beurteilung notwendig ist, um die voraussichtliche Inanspruchnahme oder Belastung des Kaufmanns abzudecken. Der Wertansatz ist vorsichtig zu schätzen; insbesondere sind alle vorhersehbaren Risiken und Verluste, die bis zum Bilanzstichtag entstanden sind, zu berücksichtigen. Erwartete Preis- und Kostensteigerungen sind einzubeziehen.

Bei **Aufwandsrückstellungen** ist der Betrag zurückzustellen, der nach vernünftiger kaufmännischer Beurteilung dem Geschäftsjahr oder früheren Perioden zuzurechnen ist. Die vernünftige kaufmännische Beurteilung erfordert, daß die Schätzung wirtschaftlich schlüssig begründet ist und aus objektiven Umständen logisch abgeleitet werden kann.

Einen wichtigen Sonderfall stellen die **Pensionsrückstellungen** dar. Die Höhe der Pensionsverpflichtungen hängt von mehreren

Faktoren ab, insbesondere vom Umfang der Pensionsleistung (Altersruhegeld, Hinterbliebenenversorgung, Invaliditätsversorgung), von der Bemessungsgrundlage für die Pensionen (z.B. letztes Gehalt oder Durchschnittsgehalt der letzten 12 Monate sowie Dauer der Betriebszugehörigkeit), dem Alter der Berechtigten und der daraus abgeleiteten Lebenserwartung sowie der Altersgrenze für die Pensionierung. Pensionsrückstellungen sind mit dem Barwert der künftigen Pensionszahlungen anzusetzen, die nach versicherungsmathematischen Grundsätzen ermittelt werden. Ein wichtiger Bewertungsfaktor ist dabei der Zinsfuß, mit dem die künftig fällig werdenden Verpflichtungen abgezinst werden.

Im allgemeinen werden für den (handelsrechtlichen) Ansatz der Pensionsrückstellungen die steuerlichen Grundsätze des § 6a EStG zugrunde gelegt, die einen Abzinsungszinsfuß von 6 % vorschreiben.

Nach den steuerlichen Vorschriften bleiben künftige Erhöhungen der Pensionsanwartschaften, z.B. aufgrund von Tariferhöhungen, und der Pensionen, z.B. Anpassung an gestiegene Lebenshaltungskosten, unberücksichtigt, obwohl die Dynamisierung der Renten zwingend vorgeschrieben ist und mit jährlicher Tarifanhebung in der Regel gerechnet werden muß. Insofern zeigen die Pensionsrückstellungen nicht den vollen Umfang der Verpflichtung. Ein gewisser Ausgleich wird insoweit erreicht, als der Abzinsungszinsfuß von 6 % unter dem Kapitalmarktzins liegt.

II. Die Gewinn- und Verlustrechnung

1. Inhalt und Aufbau der Gewinn- und Verlustrechnung

Während die Bilanz als Zeitpunkt- oder Stichtagsrechnung die Vermögens- und Kapitalposten zum Bilanzstichtag zeigt, enthält die Gewinn- und Verlustrechnung (nachfolgend auch kurz G + V genannt) als Zeitraum- oder Periodenrechnung die Aufwendungen und Erträge sowie das Ergebnis des abgelaufenen Geschäftsjahres. Der **Zweck** der G + V ist die Ermittlung des Jahresergebnisses und die Darstellung seiner Komponenten in Form von Erträgen und Aufwendungen. Die G + V wird daher auch als Erfolgsrechnung oder als Aufwands- und Ertragsrechnung bezeichnet.

Es leuchtet ein, daß nur eine hinreichend aufgegliederte Erfolgsrechnung einen ausreichenden Einblick in die Ertragslage des Unternehmens zu geben vermag. Daher ist das wesentliche Problem der G + V ihre **Gliederung**, für die unterschiedliche, sich teilweise überschneidende Gesichtspunkte denkbar sind. So kann z. B. nach Aufwands- und Ertragsarten, nach Unternehmensbereichen oder Produktgruppen, nach betrieblichen und finanziellen Erfolgsfaktoren oder nach ordentlichen und außerordentlichen Erfolgsgrößen gegliedert werden.

Die Gliederung der Erfolgsrechnung nach Unternehmensbereichen oder Produktgruppen wird vor allem für unternehmensinterne Zwecke, also für die Unternehmensplanung und die kurzfristige Erfolgsrechnung als Bestandteil der Management-Rechnung angewandt. Für die G + V, die sich vor allem an externe Adressaten wendet, ist es üblich, die Aufwendungen und Erträge nach betrieblichen, finanzwirtschaftlichen und außerordentlichen Posten zu gliedern.

In der in Deutschland vorherrschenden Form der G + V werden als betriebliche Aufwendungen sämtliche Aufwendungen gezeigt, die im abgelaufenen Geschäftsjahr für die Unternehmensleistung (Produktion und andere Leistungen) angefallen sind, und zwar unabhängig davon, ob diese Leistungen im gleichen Geschäftsjahr zu Umsatz geführt haben oder nicht. Die Aufwendungen beziehen sich auf die Gesamtleistung, die neben den Umsatzerlösen nicht verkaufte aktivierte Eigenleistungen, nämlich Bestände an unfertigen und fertigen Erzeugnissen oder an selbsterstellten Anlagen, einschließt. Werden im Vorjahr gefertigte Produkte verkauft, so kommt es zu einem Bestandsabbau und einer entsprechenden Verringerung der Gesamtleistung.

Eine direkte Beziehung der Aufwendungen zum Umsatz des Geschäftsjahres besteht also nicht. So kann der Umsatzerlös auch im Vorjahr produzierte Erzeugnisse betreffen, während andererseits nicht alle im Laufe des Geschäftsjahres hergestellten Produkte sämtlich im Geschäftsjahr abgesetzt wurden und zu Umsatzerlösen geführt haben.

Der Vorteil dieses sog. **Gesamtkostenverfahren** (siehe Beispiel 22 b, S. 126) liegt vor allem darin, daß die Werte unmittelbar aus der Finanzbuchhaltung entnommen werden können. Notwendig zur Erfolgsermittlung ist allerdings eine Bestandsaufnahme der unfertigen und fertigen Erzeugnisse sowie der anderen aktivierten Eigenleistungen (z. B. selbsterstellte Anlagen) des Unternehmens zum Bilanzstichtag.

Im Gegensatz zur Gesamtkostenrechnung werden beim sog. **Umsatzkostenverfahren**, das insbesondere in den anglo-amerikanischen Ländern angewendet wird und international stark verbreitet ist, nur die durch den Umsatz bedingten betrieblichen Aufwendungen gezeigt (siehe Beispiel 22 a, s. 125). Die Erträge und Aufwendungen für Eigenleistungen werden gegeneinander saldiert und nicht ausgewiesen, so daß Gesamtkosten- und Umsatzkostenverfahren zum gleichen Endergebnis führen. Allerdings ist beim Umsatzkostenverfahren bei von Jahr zu Jahr stark schwankenden Beständen an unfertigen und fertigen Erzeugnissen der Einblick in die Ertragslage des Unternehmens erschwert.

In Deutschland sind seit 1987 beide Verfahren zulässig.

Nach dem äußeren Aufbau kann die G + V in **Kontenform** oder als Staffelrechnung aufgestellt werden. Bei der Kontenform werden die Aufwendungen und Erträge jeweils getrennt in zwei Spalten dargestellt. Bei der **Staffelrechnung** wird von den Umsatzerlösen ausgehend auf das Jahresergebnis „heruntergerechnet". Für Kapitalgesellschaften und publizitätspflichtige Großunternehmen ist die Staffelform vorgeschrieben.

Beispiel 13:

Kontoform:

G+V

Aufwendungen	Erträge
Jahresüberschuß	Jahresfehlbetrag

Staffelform:

Umsatzerlös:
./. Materialaufwendungen
./. Personalaufwendungen
usw.

= Jahresüberschuß/Jahresfehlbetrag

2. Die Gliederung der G + V

2.1 Gliederungsschema

Für Kapitalgesellschaften schreibt § 275 HGB die Gliederung der G + V im einzelnen vor. Sie ist in Staffelform aufzustellen; es kann jedoch zwischen dem Gesamtkosten- oder dem Umsatzkostenverfahren gewählt werden (s. Tab. 10 und 11, S. 80 f.).

1. Umsatzerlöse
2. Erhöhung oder Verminderung des Bestands an fertigen und unfertigen Erzeugnissen
3. andere aktivierte Eigenleistungen
4. sonstige betriebliche Erträge
5. Materialaufwand:
   a) Aufwendungen für Roh-, Hilfs- und Betriebsstoffe und für bezogene Waren
   b) Aufwendungen für bezogene Leistungen
6. Personalaufwand:
   a) Löhne und Gehälter
   b) soziale Abgaben und Aufwendungen für Altersversorgung und für Unterstützung, davon für Altersversorgung
7. Abschreibungen:
   a) auf immaterielle Vermögensgegenstände des Anlagevermögens und Sachanlagen sowie auf aktivierte Aufwendungen für die Ingangsetzung und Erweiterung des Geschäftsbetriebs
   b) auf Vermögensgegenstände des Umlaufvermögens, soweit diese die in der Kapitalgesellschaft üblichen Abschreibungen überschreiten
8. sonstige betriebliche Aufwendungen
9. Erträge aus Beteiligungen davon aus verbundenen Unternehmen
10. Erträge aus anderen Wertpapieren und Ausleihungen des Finanzanlagevermögens, davon aus verbundenen Unternehmen
11. sonstige Zinsen und ähnliche Erträge, davon aus verbundenen Unternehmen
12. Abschreibungen auf Finanzanlagen und auf Wertpapiere des Umlaufvermögens
13. Zinsen und ähnliche Aufwendungen, davon an verbundenen Unternehmen
14. Ergebnis der gewöhnlichen Geschäftstätigkeit
15. außerordentliche Erträge
16. außerordentliche Aufwendungen
17. außerordentliches Ergebnis
18. Steuern vom Einkommen und vom Ertrag
19. sonstige Steuern
20. Jahresüberschuß/Jahresfehlbetrag

Tab. 10: Gesamtkostenverfahren

1. Umsatzerlöse
2. Herstellungskosten der zur Erzielung der Umsatzerlöse erbrachten Leistungen
3. Bruttoergebnis vom Umsatz
4. Vertriebskosten
5. allgemeine Verwaltungskosten
6. sonstige betriebliche Erträge
7. sonstige betriebliche Aufwendungen
8. Erträge aus Beteiligungen, davon aus verbundenen Unternehmen
9. Erträge aus anderen Wertpapieren und Ausleihungen des Finanzanlagevermögens, davon aus verbundenen Unternehmen
10. sonstige Zinsen und ähnliche Erträge, davon aus verbundenen Unternehmen
11. Abschreibungen auf Finanzanlagen und auf Wertpapiere des Umlaufvermögens
12. Zinsen und ähnliche Aufwendungen davon an verbundene Unternehmen
13. Ergebnis der gewöhnlichen Geschäftstätigkeit
14. außerordentliche Erträge
15. außerordentliche Aufwendungen
16. außerordentliches Ergebnis
17. teuern vom Einkommen und vom Ertrag
18. sonstige Steuern
19. Jahresüberschuß/Jahresfehlbetrag

Tab. 11: Umsatzkostenverfahren

Kleine und mittelgroße Kapitalgesellschaften (vgl. Tab. 3, S. 12) dürfen beim Gesamtkostenverfahren die Posten 1 bis 5 oder beim Umsatzkostenverfahren die Posten 1 bis 3 und 6 zu einem Posten unter der Bezeichnung **„Rohergebnis"** zusammenfassen.

Nicht publizitätspflichtige Personenunternehmen sind im Rahmen der Grundsätze ordnungsmäßiger Buchführung in der Gliederung der G + V frei. Neben dem Verbot, Aufwendungen und Erträge zu saldieren, richtet sich die **Mindestgliederung** danach, daß sie einem sachverständigen Bilanzleser einen zutreffenden Einblick in die Ertragslage des Unternehmens bietet. Als Richtschnur kann das gesetzliche Gliederungsschema für Kapitalgesellschaften angesehen werden, wobei allerdings Posten weiter zusammengefaßt werden dürfen und auch die Kontoform für die G + V gewählt werden darf.

Die gesetzlich vorgeschriebene **Reihenfolge des Gliederungs-schemas** darf nicht geändert werden. Abweichungen sind jedoch zulässig, wenn die Besonderheiten des Unternehmens dies erfordern, um einen besseren Einblick in die Ertragslage zu bekommen. So stellen z.B. bei Holding-Gesellschaften die Ergebnisse aus Beteiligungen den wesentlichen Ertrag dar und sollten in der Staffelrechnung vorangestellt werden.

Die Posten der G + V können zusammengefaßt werden, wenn es sich um unerhebliche Einzelbeträge handelt, deren Kenntnis für die Beurteilung der Ertragslage nicht erforderlich ist. Eine Zusammenfassung ist aber auch möglich, um eine größere Übersichtlichkeit der G + V zu erreichen. In diesem Fall ist die weitergehende gesetzliche Untergliederung im Anhang zu nennen.

Andere Postenbezeichnungen dürfen, u.U. müssen gewählt werden, wenn dadurch die Darstellung klarer und übersichtlicher wird. Dies ist der Fall, wenn damit den Besonderheiten des Unternehmens besser Rechnung getragen wird.

Für jeden Posten der G + V sind die **Vorjahreszahlen** anzugeben. Aus dem Vergleich der Ergebniszahlen des Berichtsjahres mit denen des Vorjahres läßt sich die Ertragslage des Unternehmens besser beurteilen.

2.2 Sonderposten

Die gesetzliche Mindestgliederung kann erweitert werden, soweit dadurch nicht die Übersichtlichkeit der G + V empfindlich beeinträchtigt wird. Das Gesetz selbst sieht folgende **Ergänzungsposten** vor:

(1) Erträge aus Gewinngemeinschaften, Gewinnabführungs- und Teilgewinnabführungsverträgen,
(2) Erträge aus Verlustübernahmen,
(3) Aufwendungen aus Verlustübernahme,
(4) aufgrund einer Gewinngemeinschaft, eines Gewinnabführungs- oder Teilgewinnabführungsvertrags abgeführte Gewinne.

Entsprechend ihrem Charakter sollten die Erträge aus Gewinnabführungsverträgen u.ä. (1) nach den „Erträgen aus Beteiligungen", die Aufwendungen aus Verlustübernahme (2) nach (1) oder nach den „sonstigen Zinserträgen", sowie die Erträge aus Verlustübernahmen (2) und die Gewinnabführungen (4) nach „sonstigen Steuern" eingeordnet werden.

Die **Gewinngemeinschaft** zweier oder mehrerer Unternehmen ist dadurch gekennzeichnet, daß die von den beteiligten Unternehmen erwirtschafteten Gesamtgewinne oder auch nur Gewinne aus Teilbereichen (z. B. aus dem Exportgeschäft) in eine gemeinsame Kasse fließen und nach einem bestimmten Schlüssel, z. B. Umsatzanteil, auf die beteiligten Unternehmen aufgeteilt werden (Gewinnpoolung).

Durch einen **Gewinn- oder Teilgewinnabführungsvertrag** verpflichtet sich ein Unternehmen, seinen Gewinn oder Teile davon an ein anderes Unternehmen abzuführen. Derartige Verträge schließen, zumindest bei Kapitalgesellschaften, die Verpflichtung des gewinnberechtigten Unternehmens ein, etwaige Verluste des zur Gewinnabführung verpflichteten Unternehmens zu übernehmen.

Bei den Sonderposten (1) und (3) ist das bilanzierende Unternehmen Nutznießer der Gewinnabführung eines anderen Unternehmens bzw. verpflichtet, die Verluste eines anderen Unternehmens auszugleichen. Die Erträge laut (2) stammen aus der Verlustübernahmeverpflichtung eines anderen Unternehmens (meist Mutterunternehmen); hier wird das bilanzierende Unternehmen entlastet. Der Aufwand laut (4) ergibt sich aus der Verpflichtung des bilanzierenden Unternehmens, seine Gewinne an einen Dritten abzuführen. In den Fällen (2) und (4) weist also das Unternehmen bei voller Ergebnisabführung keinen Jahresfehlbetrag bzw. Jahresüberschuß aus.

In der G + V oder im Anhang sind ferner die unterschiedlichen **Sonderabschreibungen** gesondert auszuweisen, nämlich
- die außerplanmäßigen Abschreibungen auf das Anlagevermögen,
- die Abschreibungen auf den niedrigeren Zukunftswert bei Umlaufvermögen,
- die allein nach steuerrechtlichen Vorschriften vorgenommenen Abschreibungen,
- die Einstellungen in und die Erträge aus der Auflösung von Sonderposten mit Rücklageanteil.

Im Regelfall werden diese Angaben im Anhang gemacht, und zwar im Zusammenhang mit der Erläuterung der angewandten Bewertungsgrundsätze und bei der Aufgliederung des Sonderpostens mit Rücklageanteil (siehe Beispiel 6, S. 46).

3. Erläuterung wichtiger Einzelposten

3.1 Gesamtkostenverfahren

3.1.1 Betriebliche Erträge

Als **Umsatzerlöse** (Posten Nr. 1) werden nur die Erlöse aus der für das Unternehmen typischen Leistung ausgewiesen. Bei Unternehmen, deren Gegenstand die Produktion und der Vertrieb von Erzeugnissen und Waren ist, sind als Umsatzerlöse die Erlöse aus dem Verkauf dieser Produkte oder Waren auszuweisen. Zu den Umsatzerlösen rechnen auch Lizenzeinnahmen, wenn sie einem Dritten die Produktion der vom Unternehmen hergestellten Erzeugnisse ermöglichen und die Einnahmen insoweit anstelle der Umsätze aus eigenen Produkten treten. Erlöse aus Dienstleistungen rechnen nur bei Dienstleistungsunternehmen zu den Umsatzerlösen. Die Umsatzerlöse betreffen also die branchentypischen Leistungen des Unternehmens für den Markt.

Sämtliche Erlöse aus Nebenleistungen, die also nicht als normale Hauptleistung für den Geschäftszweig des Unternehmens kennzeichnend sind, sind unter den sonstigen betrieblichen Erträgen auszuweisen, wie z.B. Kantinenumsätze. Versicherungsentschädigungen für bereits verkaufte Produkte und Waren sind den Umsatzerlösen gleichzusetzen, während Entschädigungen für andere Vermögensgegenstände, z.B. Rohstoffe oder Fertigerzeugnisse, ebenfalls als sonstige betriebliche Erträge auszuweisen sind.

Als Umsatzerlös ist der volle Rechnungsbetrag für die betrieblichen Leistungen, d.h. ggf. einschließlich Fracht und Verpackung, auszuweisen. Die Erlöse sind um die Umsatzsteuer (Mehrwertsteuer) sowie um Erlösschmälerungen (Rabatte, Skonti u.ä.) zu kürzen.

Eine **Bestandserhöhung** tritt ein, wenn der Wert der hergestellten, für den Absatz bestimmten, aber noch nicht verkauften Erzeugnisse oder sonstigen Leistungen am Bilanzstichtag höher ist als zum vorhergehenden Bilanzstichtag. Da beim Gesamtkostenverfahren die dafür angefallenen Aufwendungen in der G + V gezeigt werden, ist zum Ausgleich ein entsprechender Betrag zu zeigen. Wurde in der Periode mehr verkauft als hergestellt, so ist eine **Bestandsminderung** eingetreten, die wie ein Aufwand wirkt. Der Gegenposten sind die Umsatzerlöse für die verkauften Bestände aus dem Vorjahr.

Als Bestandsveränderungen (Nr. 2) sind neben Änderungen der Menge als auch solche des Wertes zu berücksichtigen. Wertänderungen beruhen vor allem auf Abschreibungen auf den niedrigeren Stichtagswert, z.B. wegen gesunkener Marktpreise oder wegen Ungängigkeit (Nicht-Verkäuflichkeit) von Beständen.

Der Gesetzgeber sieht vor, daß Kapitalgesellschaften **unübliche Abschreibungen auf Bestände** gesondert ausweisen, läßt aber offen, was damit gemeint ist. Abschreibungen auf den Niederstwert sind zwingend und üblich. Üblich sind aber auch Abschreibungen auf einen niedrigeren steuerlich zulässigen Wert oder auf den Zukunftswert, wenn dies den gewöhnlichen Bewertungsgrundsätzen des Unternehmens entspricht. Abschreibungen, die außerhalb der gewöhnlichen Geschäftstätigkeit veranlaßt sind, z.B. im Fall von Enteignungen oder Sanierungen, sind als außerordentliche Aufwendungen (s. dazu unten) auszuweisen.

Bei den **anderen aktivierten Eigenleistungen** (Nr. 3) handelt es sich hauptsächlich um aktivierte Personal- und Sachaufwendungen für selbst erstellte Anlagen, z.B. selbst hergestellte Maschinen, Werkzeuge und Modelle.

Die **sonstigen betrieblichen Erträge** (Nr. 4) sind ein Sammelposten. Sie enthalten Erträge aus Hilfsumsätzen, aus Auflösungen von Rückstellungen, aus Entnahmen aus dem Sonderposten mit Rücklageanteil und aus Zuschreibungen.

3.1.2 Betriebliche Aufwendungen

Der **Materialaufwand** (Nr. 5) umfaßt den Materialverbrauch für die eigentliche betriebliche Leistung, bei Industriebetrieben also die für die Produktion eingesetzten Roh-, Hilfs- und Betriebsstoffe einschließlich zugekaufter Bauteile und andere Halbzeuge. Zum Materialverbrauch rechnen auch die Inventurdifferenzen (Mehr- oder Mindermengen der Inventur gegenüber den Buchwerten) und die Wertberichtigungen (Abschreibungen) der Materialbestände aufgrund von Qualitätsminderungen, gesunkener Marktpreise usw.

Der Materialaufwand ist getrennt nach Aufwendungen für Roh-, Hilfs- und Betriebsstoffe und für bezogene Waren einerseits sowie nach Aufwendungen für bezogene Leistungen andererseits aufzuteilen. Die Aufwendungen für bezogene Leistungen betreffen alle Leistungen Dritter, die der betrieblichen Leistungserstellung dienen. Dazu gehören z.B. die Lohnbearbeitung in fremden

Unternehmen oder andere Lohn- und Fremdarbeiten, z.B. für Reparaturarbeiten, Produktentwicklung oder Werbung.

Die Abgrenzung zu den sonstigen betrieblichen Aufwendungen ist nicht ganz eindeutig. Alle Fremdleistungen, die unmittelbar den Produkten der Unternehmung zugerechnet werden können, sollten als Materialaufwand ausgewiesen werden.

Der **Personalaufwand** (Nr. 6) wird in zwei Unterpositionen, nämlich Löhne und Gehälter einerseits und soziale Abgaben und Aufwendungen für Altersversorgung und Unterstützung andererseits unterteilt.

Die Position „Löhne und Gehälter" enthält den Bruttobetrag der **Löhne und Gehälter** für alle Arbeiter und Angestellten des Unternehmens einschließlich Trennungs- und Aufwandsentschädigungen, Vergütungen für Verbesserungsvorschläge, Gewinnbeteiligungen und Sachleistungen (z.B. Deputate, mietfreie Dienstwohnungen) u.ä.

Bei den **sozialen Abgaben** handelt es sich um die gesetzlich vorgeschriebenen Arbeitgeberbeiträge zur Kranken-, Renten- und Arbeitslosenversicherung, zur Berufsgenossenschaft (Unfallversicherung) und die Beiträge an den Pensionssicherungsverein.

Die **Aufwendungen für Altersversorgung** umfassen die Pensionszahlungen, die Zuführung zu den Pensionsrückstellungen, Zuweisungen an Pensions- und Unterstützungskassen und Versicherungsprämien zur Alterssicherung der Beschäftigten, soweit diese einen unmittelbaren Anspruch haben. Diese Aufwendungen sind gesondert in der G + V oder im Anhang zu vermerken.

Aufwendungen für Unterstützung sind freiwillige soziale Aufwendungen für tätige oder pensionierte Arbeitnehmer. Hierbei kann es sich um Krankheitszuschüsse, Heirats- und Geburtsbeihilfen u.ä. handeln.

Als **Abschreibungen** (Nr. 7) werden die Abschreibungen auf immaterielle Anlagengüter, aktivierte Ingangsetzungskosten und Sachanlagen sowie ggf. „unübliche" Abschreibungen auf das Umlaufvermögen (s. oben) ausgewiesen. Der Posten umfaßt planmäßige und außerplanmäßige Abschreibungen, wobei außerplanmäßige Abschreibungen gesondert anzugeben sind.

Die Abschreibungen auf die nicht genannten Vermögensposten werden an anderer Stelle ausgewiesen. Abschreibungen auf unfertige und fertige Erzeugnisse und unfertige Leistungen sind, soweit sie nicht unüblich sind, Bestandteil der Bestandsveränderung. Abschreibungen auf Roh-, Hilfs- und Betriebsstoffe sowie Waren sind im Materialaufwand enthalten. Abschreibungen auf Finanzanlagen und auf Wertpapiere des Umlaufvermögens sind in einem eigenen Posten auszuweisen (Nr. 12 bzw. 11 des Gliederungsschemas).

Die **sonstigen betrieblichen Aufwendungen** (Nr. 8) stellen einen Sammelposten dar, der alle Aufwendungen des gewöhnlichen Geschäftsbetriebs enthält, für die kein gesonderter Ausweis vorgesehen ist. Sie betreffen vor allem Mieten und Pachten, Leasingraten, Versicherungsprämien, Beratungs- und Prüfungshonorare, Postgebühren, Spenden, aber auch Verluste aus dem Abgang von Sachanlagen, Wertberichtigungen von Forderungen und die Dotierung von Aufwandsrückstellungen.

3.1.3 Finanzergebnis

Die Posten Nr. 9 bis Nr. 13 enthalten das sog. Finanzergebnis. Es setzt sich zusammen aus den Erträgen und Aufwendungen für Finanzanlagen, Wertpapiere des Umlaufvermögens und verzinsliche kurzfristige Forderungen sowie für aufgenommene Kredite. Bei allen Posten sind die Beträge gesondert zu vermerken, die von verbundenen Unternehmen stammen bzw. an verbundene Unternehmen geleistet wurden.

Die **Erträge aus Beteiligungen** (Nr. 9) betreffen die Erträge aus Anteilen an verbundenen Unternehmen und sonstigen Beteiligungen. Nach diesem Posten sind ggf. Erträge aus Gewinnabführungsverträgen als Sonderposten einzufügen.

Es folgen dann die **Erträge aus anderen Wertpapieren** (Nr. 10), die nicht Beteiligungsrechte verkörpern, und aus Ausleihungen.

Die **sonstigen Zinsen und ähnliche Erträge** (Nr. 11) betreffen die Finanzerträge aus dem Umlaufvermögen z. B. Zinsen auf Bankguthaben, Termingeldern oder aus Forderungen an Kunden. Als zinsähnliche Erträge gelten z. B. Kreditprovisionen.

Abschreibungen auf Finanzanlagen (Beteiligungen, Wertpapiere des Anlagevermögens und Ausleihungen) und auf Wertpapiere des Umlaufvermögens (Nr. 12) ergeben sich u. a. durch einen gesunkenen Börsenkurs, anhaltende Verluste von Beteiligungsunternehmen oder aus der Abzinsung unverzinslicher Ausleihungen.

Als **Zinsaufwendungen** (Nr. 13) sind die Vergütungen für die Überlassung von Fremdkapital, z. B. für Bankkredite, Schuldscheindarlehen, Hypotheken sowie Diskontaufwendungen für

Wechsel. Zu den zinsähnlichen Aufwendungen rechnen Kreditprovisionen, Bereitstellungsgebühren, Avalprovisionen sowie die
Abschreibung auf ein aktiviertes Disagio.

3.1.4 Ergebnis der gewöhnlichen Geschäftstätigkeit

Das Ergebnis der gewöhnlichen Geschäftstätigkeit (Nr. 14) ergibt sich als Überschuß oder Unterdeckung der betrieblichen Erträge gegenüber den betrieblichen Aufwendungen und nach Verrechnung des Finanzergebnisses.

Die Aussagekraft dieses Zwischenergebnisses ist insofern begrenzt, als in ihm auch periodenfremde, einmalige oder rein steuerlich bedingte Beträge verrechnet werden. Kapitalgesellschaften
müssen allerdings periodenfremde Erträge und Aufwendungen
im Anhang erläutern, soweit sie nicht von untergeordneter Bedeutung sind.

Unter Einbeziehung der Erläuterungen im Anhang, insbesondere hinsichtlich etwaiger Bewertungsänderungen sowie weiterer
Aufgliederung der G + V-Posten, lassen sich im Mehrjahresvergleich fundierte Aussagen zur Ergebnisentwicklung und zur Ertragslage des Unternehmens machen.

3.1.5 Außerordentliche Posten

Als **außerordentliche Erträge und Aufwendungen** (Nr. 15
und 16) sind nur die Erträge und Aufwendungen auszuweisen, die
außerhalb der gewöhnlichen Geschäftstätigkeit der Kapitalgesellschaft anfallen. Es handelt sich dabei um Aufwendungen und Erträge, die im normalen Geschäftsablauf nicht vorkommen, also
um außergewöhnliche Beträge, die im Leben des Unternehmens
selten auftreten und nicht regelmäßig wiederkehren.

Beispiele außerordentlicher Erträge sind: Forderungsverzichte
von Gläubigern (z. B. zur Sanierung), Erträge aus einer Kapitalher-
absetzung, Gewinne aus dem Verkauf von Betriebsstätten oder
von bedeutenden Beteiligungen u. ä. Außerordentliche Aufwendungen ergeben sich beispielsweise aus Verlusten aus dem Verkauf
oder der Stillegung von Betriebsstätten oder Aufwendungen für
Sozialpläne.

Die **Außergewöhnlichkeit** richtet sich nach den Umständen
des jeweiligen Unternehmens. In einem großen Warenhausunter-
nehmen gehört z. B. die Schließung und Eröffnung von einzelnen
Warenhäusern zur gewöhnlichen Geschäftstätigkeit. Wird jedoch

wegen einer neuartigen Warenhauskonzeption ein großer Teil der
vorhandenen Warenhäuser stillgelegt, verkauft oder umstruktu-
riert, so sind die daraus entstehenden Aufwendungen und Erträge
als außerordentlich einzustufen.

Im Anhang sind die wesentlichen Posten des außerordentlichen
Ergebnisses zu erläutern.

3.1.6 Steuern

Zu den **Steuern vom Einkommen und vom Ertrag** (Nr. 18) gehören die Körperschaft- und die Gewerbeertragsteuer sowie ihnen entsprechende ausländische Steuern. Die Steuern auf den Gewinn von Personenunternehmen werden im allgemeinen außerhalb der kaufmännischen G + V erfaßt, da sie Bestandteil der Steuern auf das Einkommen natürlicher Personen sind.

Die Körperschaftsteuer bezieht sich – vereinfacht gesagt – auf
den Jahresgewinn; die Gewerbeertragsteuer auf das Jahresergebnis zuzüglich der Zinsaufwendungen für langfristiges Fremdkapital. (Im Einzelfall können abweichende steuerliche Wertansätze sowie besondere Hinzu- und Abrechnungen dazu führen, daß das
handelsrechtliche und das steuerpflichtige Ergebnis von einander
abweichen; siehe latente Steuern als Rückstellung oder Rechnungsabgrenzungsposten.)

Die **Körperschaftsteuer** wird nur von juristischen Personen,
vornehmlich Kapitalgesellschaften, erhoben. Die Körperschaftsteuer bezieht sich auf den steuerpflichtigen Gewinn der Kapitalgesellschaft. Soweit der Gewinn an die Gesellschafter ausgeschüttet
wird, beträgt sie 36 %, sonst 50 %. Im Jahresabschluß der Kapitalgesellschaften werden die Steuern vom Einkommen und Ertrag so
berechnet, wie sie sich nach der vorgesehenen Gewinnverwendung ergeben. Weicht der spätere Beschluß über die Gewinnverwendung von dem ursprünglichen Vorschlag ab, so braucht der
Jahresabschluß nicht geändert zu werden.

Zum Steueraufwand gehören neben den Aufwendungen für das
Geschäftsjahr, einschließlich der Zuführung zu den Rückstellungen, auch etwaige Steuernachzahlungen. Etwaige Steuererstattun-
gen sind vom Steueraufwand zu kürzen. Wesentliche periodenfremde Steuerbeträge sind im Anhang zu erläutern.

Bei steuerlich anerkannten Gewinnabführungsverträgen, denen
ein sog. **Organschaftsverhältnis** zugrunde liegt, ist die Obergesellschaft Steuerschuldner. Das steuerpflichtige Ergebnis der Toch-

tergesellschaft („Organ" genannt) wird der Obergesellschaft („Organträger" genannt) zugerechnet.

Im Interesse einer besseren Ergebnisdarstellung ist es vielfach üblich, daß der Organträger die auf das Einkommen des Organs entfallende Steuer an das Tochterunternehmen weiterbelastet. Eine solche **Steuerumlage** wird bei dem Tochterunternehmen als solche unter den Steuern von Einkommen und Ertrag ausgewiesen. Bei der Organträgerin ist der Ertrag aus der Weiterbelastung Bestandteil der Erträge aus Beteiligungen; er kann dort oder bei den Steueraufwendungen gesondert vermerkt werden.

Die **sonstigen Steuern** (Nr. 19) enthalten alle Steueraufwendungen, die nicht gewinnabhängig sind. Dazu gehören die Substanzsteuern (Vermögen-, Gewerbekapital-und Grundsteuer), die Verkehrssteuern (z.B. Grunderwerb-, Gesellschaft- oder Versicherungsteuer), Verbrauchsteuern (z.B. Mineralöl-, Tabak- und Biersteuern) sowie übrige Steuern wie z.B. Getränke- und Kfz-Steuern.

Bei erheblichem Verbrauchsteueranteil, z.B. bei der Mineralöl- oder Tabaksteuer, ist es üblich, diese Steuern nicht hier auszuweisen, sondern statt dessen Bruttoumsatzerlöse einschließlich Verbrauchsteuern zu zeigen, von denen dann offen die Verbrauchsteuern abgesetzt werden. Der Vorteil einer solchen Gliederung liegt darin, daß das Ergebnis der gewöhnlichen Geschäftstätigkeit nicht durch die Verbrauchsteuern aufgebläht ist.

3.1.7 Jahresüberschuß/Bilanzgewinn

Der Gewinn oder Verlust des Geschäftsjahres wird als **Jahresüberschuß** oder Jahresfehlbetrag bezeichnet.

Da die Bilanz auch unter Berücksichtigung der vollständigen oder teilweisen Verwendung des Jahresergebnisses aufgestellt werden kann, findet sich in vielen Gewinn- und Verlustrechnungen nach der Zeile Jahresüberschuß/Jahresfehlbetrag die Fortrechnung auf den Bilanzgewinn. Unter Berücksichtigung der weitgehenden aktienrechtlichen Vorschriften sieht eine vollständige **Gliederung der Ergebnisverwendung** wie folgt aus:

1. Jahresüberschuß/Jahresfehlbetrag   +/-
2. Gewinnvortrag/Verlustvortrag aus dem Vorjahr   +/-
3. Entnahmen aus der Kapitalrücklage   +
4. Entnahmen aus Gewinnrücklagen   +
   a) aus der gesetzlichen Rücklage
   b) aus der Rücklage für eigene Aktien

  c) aus satzungsmäßigen Rücklagen
  d) aus anderen Gewinnrücklagen
5. Einstellungen in Gewinnrücklagen   -
  a) in die gesetzliche Rücklage
  b) in die Rücklage für eigene Aktien
  c) in satzungsmäßige Rücklagen
  d) in andere Rücklagen
6. Bilanzgewinn/Bilanzverlust.   =

Nicht in Frage kommende Posten werden weggelassen. Zu den Rücklagenveränderungen siehe Kapitel I 5, S. 51 ff.

3.2 Umsatzkostenverfahren

Bei Anwendung des Umsatzkostenverfahrens fallen die mit nicht verkauften, aktivierten Eigenleistungen verbundenen Ertragsposten (Nr. 2 und 3 der Gliederung für die Gesamtkostenrechnung) weg. Der Posten **Umsatzerlöse** (Nr. 1) hat den gleichen Inhalt wie beim Gesamtkostenverfahren (s. S. 89).

Die **Aufwendungen** werden nicht nach Arten ausgewiesen. Statt dessen werden die Herstellungskosten für die zur Erzielung des Umsatzes erbrachten Leistungen, die Vertriebskosten und die allgemeinen Verwaltungskosten gezeigt. Die Material- und Personalaufwendungen des Geschäftsjahres sind jedoch im Anhang gesondert anzugeben.

Herstellungskosten für die zur **Erzielung des Umsatzes** erbrachten Leistungen (Nr. 2) sind die Aufwendungen, die durch den Verbrauch von Gütern und die Inanspruchnahme von Diensten für die Herstellung der verkauften Erzeugnisse und Leistungen entstanden sind. Dazu gehören alle direkt den Erzeugnissen zurechenbaren Personal- und Sachaufwendungen. Als Differenz aus den Umsatzerlösen und den (umsatzbezogenen) Herstellungskosten ergibt sich das Brutto-Ergebnis vom Umsatz.

Die **Vertriebskosten** (Nr. 4) enthalten alle Aufwendungen für Marketing und Vertrieb, z. B. für Provisionen, Frachten, Verpackung, Werbung, aber auch dem Vertriebsbereich zuzurechnende Aufwendungen für Abschreibungen, Energie, u. ä.

Die **allgemeinen Verwaltungskosten** (Nr. 5) enthalten alle Aufwendungen des Verwaltungsbereichs, soweit sie nicht auf die Bereiche Herstellung oder Vertrieb entfallen. Es handelt sich vor allem um Aufwendungen für das Rechnungs- und Personalwesen sowie für die Geschäftsführung. Auch die Aufwendungen für Einkaufs- und Lagerverwaltung wird man hier einbeziehen.

Alle Erträge und Aufwendungen, die nicht sinnvoll einem der genannten Funktionsbereiche (Herstellung, Vertrieb und Verwaltung) zugerechnet werden können, fallen unter die Sammelposten **sonstige betriebliche Erträge und sonstige betriebliche Aufwendungen** (Nr. 6 und 7). Hierzu gehören z. B. Aufwendungen für Forschung und Entwicklung, außerplanmäßige Abschreibungen auf Anlagen, Spenden, Vergütungen an den Aufsichtsrat u. ä.

III. Der Anhang

1. Aufstellungspflicht

Kapitalgesellschaften, Genossenschaften und andere publizitätspflichtige Nicht-Personenunternehmen (z. B. Stiftungen, Kreditinstitute des öffentlichen Rechts) haben als Bestandteil des Jahresabschlusses einen Anhang aufzustellen, in dem Bilanz und Gewinn- und Verlustrechnung zusätzlich aufzugliedern und zu erläutern sind. Der Anhang enthält darüber hinaus noch einige Zusatzangaben zum Unternehmen (vgl. §§ 284 ff. HGB).

Für mittelgroße und kleinere Kapitalgesellschaften (vgl. Tab. 3, S. 12), für Genossenschaften sowie für sonstige publizitätspflichtige Unternehmen gibt es einige Erleichterungen, bei Genossenschaften auch ein paar Ergänzungen hinsichtlich der Pflichtangaben im Anhang.

Wie die Bilanz und die G + V muß auch der Anhang dem Grundsatz der Richtigkeit, Klarheit und Übersichtlichkeit entsprechen. Dementsprechend muß vor allem die Verbindung der Angaben im Anhang zu den relevanten Bilanz- oder G + V-Posten deutlich erkennbar sein. In der Praxis geschieht das durch fortlaufende Ziffern in der Bilanz und G + V, auf die im Anhang Bezug genommen wird.

2. Erläuterung der Bilanz und der G + V

2.1 Bilanzierung und Bewertung

Der Anhang enthält diejenigen *Angaben*, die zu den einzelnen Bilanz- und G + V-Posten vorgeschrieben sind oder die in Ausübung eines Wahlrechts statt in der Bilanz oder in der G + V im Anhang gemacht werden. Im Anhang müssen ferner angegeben werden (vgl. § 284 HGB):

(1) Die angewandten Bilanzierungs- und Bewertungsmethoden.

(2) Die Grundlagen für die Umrechnung von Fremdwährungsposten in DM.

(3) Abweichungen von den im Vorjahr angewandten Bilanz- und Bewertungsmethoden mit Begründung; der Einfluß der Änderungen auf die Vermögens-, Finanz- und Ertragslage ist gesondert darzustellen.

(4) Bei Anwendung der Gruppenbewertung oder bei der Lifo- oder einer anderen Verbrauchsfolge-Bewertung ein erheblicher Unterschied zum letzten bekannten Börsen- oder Marktpreis.

(5) Die Einbeziehung von Fremdkapitalzinsen in die Herstellungskosten.

Bilanzierungsmethoden (1) sind Verfahren und Regeln, nach denen bilanzfähige Sachverhalte in die Bilanz eingestellt werden. Sie sind angabepflichtig, wenn sie nicht eindeutig gesetzlich bestimmt sind. Sie beziehen sich insbesondere auf die Ausübung oder Nichtausübung von Aktivierungs- oder Passivierungswahlrechten, z. B. Nichtaktivierung eines erworbenen Geschäftswertes.

Bewertungsmethoden (2) sind Verfahren und Regeln zur Ermittlung des Wertansatzes bilanzierter Vermögens- oder Schuldposten. Die Angaben sind erforderlich, soweit Wahlrechte ausgeübt werden können. So sind z. B. der Umfang der Herstellungskosten (vgl. S. 58), die Anwendung der Lifo-Methode oder die Ermittlungsgrundlagen für die Pensionsrückstellungen im Anhang anzugeben. Zu nennen sind ferner die angewandten Abschreibungsmethoden. Der Umfang der Angaben richtet sich danach, wie weit er zum Verständnis des Jahresabschlusses und der Darstellung der Vermögens-, Finanz- und Ertragslage des Unternehmens notwendig ist.

Vom Grundsatz der **Bewertungsstetigkeit** (vgl. S. 17) darf nur in begründeten Fällen abgewichen werden. Daher ist im Anhang entsprechend zu berichten (3). Der Einfluß auf die Vermögens-, Finanz- und Ertragslage durch die Bewertungsänderung ist nur bei wesentlichen Beträgen darzustellen. Werden mehrere Änderungen vorgenommen, so genügt die Angabe des (wesentlichen) Saldos.

Die bei den vereinfachten Bewertungsmethoden anzugebenden Unterschiedsbeträge (4) gelten dann als wesentlich, wenn sie mehr als 10 % des Bilanzwertes des Postens ausmachen.

2.2 Einzelne Bilanzposten

Zu den einzelnen Posten der Bilanz sind im Anhang folgende ergänzende Angaben zu machen (die mit * gekennzeichneten Angaben können in der Bilanz erfolgen):

(1) Aufgliederung zusammengefaßter Posten *.

(2) Vermerk der Mitzugehörigkeit zu anderen Bilanzposten *.

(3) Der sog. Anlagespiegel *, der die Bewegung der einzelnen Posten des Anlagevermögens nach Zu- und Abgang, Zuschreibungen, Abschreibungen usw. darstellt (s. Beispiel 4, S. 42).

(4) **Erläuterung des Beteiligungsbesitzes** unter Angabe von Name und Sitz des Beteiligungsunternehmens, Höhe des Anteils am Nominalkapital, Betrag des Eigenkapitals und Ergebnis des letzten Geschäftsjahres. Die beiden letztgenannten Angaben können entfallen, wenn das Beteiligungsunternehmen seinen Jahresabschluß nicht offenlegen muß und die Gesellschaft weniger als 50% der Anteile besitzt. Statt im Anhang dürfen die Angaben auch in einer sog. Beteiligungsliste gemacht werden, die dem Handelsregistergericht einzureichen ist. Im Anhang ist auf den Ort der Hinterlegung hinzuweisen.

(5) Aufgliederung der Forderungen mit Angabe der Restlaufzeit von mehr als einem Jahr *.

(6) Angabe eines aktivierten Disagios *.

(7) Erläuterungen zu den aktivierten oder passivierten latenten Steuern (vgl. S. 48).

(8) Angaben zum gezeichneten Kapital einer AG oder KGaA (Zahl und Nennbetrag der Aktien jeder Gattung*; Aktien, die bei einer bedingten Kapitalerhöhung oder einem genehmigten Kapital im Geschäftsjahr gezeichnet wurden; das genehmigte Kapital).

(9) Aufgliederung und Veränderung des Sonderpostens (s. Beispiel 7, S. 51).

(10) Erläuterung der sonstigen Rückstellungen, soweit sie nicht einen nur unerheblichen Umfang haben.

(11) Angaben zu den Verbindlichkeiten (Restlaufzeit, Sicherung durch Pfandrechte oder ähnliche Rechte); siehe dazu den sog. Verbindlichkeitenspiegel (Beispiel 8, S. 59).

(12) Angabe der **Haftungsverhältnisse** aus der Begebung und Übertragung von Wechseln; Bürgschaften, Wechsel- und

Scheckbürgschaften; Gewährleistungsverträgen unter Bestellung von Sicherheiten für fremde Verbindlichkeiten.

(13) Angabe der **sonstigen finanziellen Verpflichtungen**. In Abgrenzung zu den Haftungsverhältnissen laut Ziffer 12 steht den Ausgaben aus der sonstigen finanziellen Verpflichtung ein Anspruch auf Nutzungsüberlassung oder ein Vermögensgegenstand gegenüber. Beispiele: mehrjährige Verpflichtungen aus Miet-oder Leasingverträgen; Verpflichtungen aus begonnenen Investitionsvorhaben; Verpflichtungen aus Kreditzusagen; Verpflichtungen aus Unternehmensverträgen u.ä.

(14) Die nicht passivierten Pensionsverpflichtungen.

2.3 Angaben zur G + V

Zu den Posten der G + V sind im Anhang folgende Angaben zu machen:

(1) Aufgliederung der Umsatzerlöse nach Tätigkeitsbereichen und geographisch bestimmten Märkten.

(2) Erläuterungen und Ergänzungen zu den Abschreibungen, z.B. außerplanmäßige oder steuerlich bedingte Abschreibungen.

(3) Erläuterungen der außerordentlichen Aufwendungen und Erträge.

(4) Erläuterungen des Ertragsteueraufwandes (Aufteilung nach der Belastung des Ergebnisses aus gewöhnlicher Geschäftstätigkeit und des außerordenlichen Ergebnisses.

(5) Angabe des Material- und Personalaufwandes bei Anwendung des Umsatzkostenverfahrens.

(6) Die Beeinflussung des Jahresergebnisses durch steuerrechtlich motivierte Bewertungsmaßnahmen (Abschreibungen, Sonderposten mit Rücklageanteil) und das Ausmaß erheblicher künftiger Belastung, das sich aus dieser Bewertung bzw. Bilanzierung ergibt. Diese Angaben gelten nur für große Kapitalgesellschaften. Es müssen keine betragsmäßig genauen Angaben gemacht werden, doch sind aufgrund einer Vergleichsrechnung die größenordnungsmäßigen Auswirkungen zu nennen, z.B.: ohne die Einstellung in den Sonderposten mit Rücklageanteil wäre der Jahresüberschuß um etwa 15 % höher ausgefallen.

3. Sonstige Pflichtangaben

Die sonstigen Pflichtangaben betreffen:

(1) Die durchschnittliche Zahl der während des Geschäftsjahres beschäftigten Arbeitnehmer, getrennt nach Gruppen.

(2) Die für die Tätigkeit im Geschäftsjahr gewährten Gesamtbezüge (Gehälter, Gewinnbeteiligung, Aufwandsentschädigungen usw.) für die Mitglieder des Geschäftsführungsorgans, des Aufsichtsrates, eines Beirates oder einer ähnlichen Einrichtung; jeweils für jede Personengruppe gesondert.

(3) Die Gesamtbezüge der früheren Mitglieder der genannten Organe und ihrer Hinterbliebenen, einschließlich der für diese Personengruppe gebildeten Pensionsrückstellungen und der ggf. nicht passivierten Pensionsverpflichtungen.

(4) Die an die genannten Organe gewährten Vorschüsse oder Kredite unter Angabe der Zinssätze und der sonstigen wesentlichen Konditionen.

(5) Die Namen der Mitglieder der Geschäftsführung, des Aufsichtsrates oder einer ähnlichen Einrichtung.

(6) Name und Sitz des **Mutterunternehmens** der Kapitalgesellschaft, das den Konzernabschluß für den größten Kreis von Unternehmen aufstellt, sowie des Mutterunternehmens, das den Konzernabschluß für den kleinsten Kreis von Unternehmen aufstellt. Dabei ist anzugeben, wo publizierte Konzernabschlüsse dieser Muttergesellschaften erhältlich sind.

4. Einschränkung der Angaben im Anhang

Die vorgesehenen Angaben im Anhang dürfen nur insoweit unterbleiben, wie es das Wohl der Bundesrepublik oder eines ihrer Länder erfordert.

Auf die **Aufgliederung der Umsatzerlöse** kann verzichtet werden, wenn die Aufgliederung nach vernünftiger kaufmännischer Beurteilung geeignet ist, der Kapitalgesellschaft oder einem Unternehmen, an dem die Kapitalgesellschaft mit mindestens 20% beteiligt ist, einen erheblichen Nachteil zuzufügen.

Die Angabe zu dem **Beteiligungsbesitz** kann unterbleiben, soweit sie für die Darstellung der Vermögens-, Finanz- und Ertragslage der Kapitalgesellschaft von untergeordneter Bedeutung ist oder nach vernünftiger kaufmännischer Beurteilung geeignet ist, der Kapitalgesellschaft oder dem Beteiligungsunternehmen einen erheblichen Nachteil zuzufügen. Wie schon erwähnt, kann anstelle der Angaben im Anhang auf die beim Handelsregister hinterlegte Beteiligungsliste verwiesen werden.

Kleine Kapitalgesellschaften dürfen die Angaben zur Bilanz laut Ziffer 2, 4, 10, 13, zur G + V laut Ziffer 1 und 6 sowie die besonderen Angaben laut Ziffer 1 bis 3 unterlassen. Mittelgroße Kapitalgesellschaften brauchen ihre Umsatzerlöse nicht aufzugliedern (G + V Ziffer 1).

IV. Der Lagebericht

Der Jahresabschluß der Kapitalgesellschaften wird ergänzt durch den sog. Lagebericht. In ihm sind der Geschäftsverlauf und die Lage der Gesellschaft so darzustellen, daß ein den tatsächlichen Verhältnissen entsprechendes Bild vermittelt wird. Dabei soll der Lagebericht auch eingehen auf Vorgänge von besonderer Bedeutung, die nach dem Schluß des Geschäftsjahres eingetreten sind. Ferner sind die voraussichtliche Entwicklung der Kapitalgesellschaft zu schildern und Angaben zu Forschung und Entwicklung zu machen.

Der Lagebericht enthält im allgemeinen eine Würdigung des abgelaufenen Geschäftsjahres durch die Geschäftsführung des Unternehmens. Auf der Grundlage der Entwicklung in den ersten Monaten nach Ablauf des Geschäftsjahres (der Jahresabschluß wird im allgemeinen in den ersten drei bis sechs Monaten des Folgejahres fertiggestellt) wird auf die voraussichtliche Entwicklung des Unternehmens im laufenden Jahr eingegangen. Dabei sind wesentliche Marktentwicklungen und Maßnahmen des Unternehmens anzusprechen, die die Vermögens-, Finanz- und Ertragslage des Unternehmens beeinflussen können.

V. Prüfung und Offenlegung des Jahresabschlusses

1. Prüfung des Jahresabschlusses

Mittelgroße und große Kapitalgesellschaften, Genossenschaften und publizitätspflichtige sonstige Unternehmen (vgl. Tab. 3, S. 12) müssen ihren Jahresabschluß und den Lagebericht durch einen **unabhängigen Abschlußprüfer** prüfen lassen (§ 316 HGB), in der Regel durch einen Wirtschaftsprüfer oder eine Wirtschaftsprüfungsgesellschaft. Die Abschlußprüfung erstreckt sich darauf, ob die gesetzlichen Vorschriften und sie ergänzende Bestimmungen des Gesellschaftsvertrages (Satzung) beachtet worden sind und ob der Lagebericht im Einklang mit dem Jahresabschluß steht.

Die Abschlußprüfung ist eine **Ordnungsmäßigkeitsprüfung.** Wirtschaftlichkeit und Zweckmäßigkeit von unternehmerischen Entscheidungen und Entwicklungen sind nicht Prüfungsgegenstand. Der Abschlußprüfer soll die Gesetzmäßigkeit des Jahresabschlusses und des Lageberichtes bestätigen und feststellen, ob der Jahresabschluß „unter Beachtung der Grundsätze ordnungsmäßiger Buchführung ein den tatsächlichen Verhältnissen entsprechendes Bild der Vermögens-, Finanz- und Ertragslage" des geprüften Unternehmens vermittelt (vgl. § 322 HGB).

Die Abschlußprüfung ist keine lückenlose Prüfung. Sie ist auch nicht auf die Aufdeckung etwaiger Unregelmäßigkeiten ausgerichtet. Für die Durchführung der Abschlußprüfung hat das Institut der Wirtschaftsprüfer Grundsätze ordnungsmäßiger Prüfung definiert, von denen nur in begründeten Fällen abgewichen werden darf.

Über das Ergebnis hat der Prüfer schriftlich zu berichten. Im **Prüfungsbericht** ist festzustellen, ob die Buchführung, der Jahresabschluß und der Lagebericht den gesetzlichen Vorschriften entsprechen. Ferner ist der Jahresabschluß ausreichend zu erläutern. Auf wesentliche nachteilige Veränderungen gegenüber dem Vorjahr ist einzugehen. Schließlich hat der Abschlußprüfer über ihm bekanntgewordene Tatsachen zu berichten, die den Bestand des geprüften Unternehmens oder seine weitere erfolgreiche Entwicklung gefährden können.

Empfänger des vertraulichen Prüfungsberichtes sind die Geschäftsführung oder der Vorstand des Unternehmens sowie der Aufsichtsrat, unter Umständen auch Gesellschafter und Kreditgeber.

Vorstand und Geschäftsführung haben den Jahresabschluß und den Lagebericht zusammen mit dem Bericht des Abschlußprüfers dem **Aufsichtsrat** vorzulegen. Der Aufsichtsrat hat seinerseits den Jahresabschluß zu prüfen und über das Ergebnis an die Hauptversammlung oder Gesellschafterversammlung zu berichten. Bei seiner Prüfung wird der Aufsichtsrat weitgehend auf den Bericht des Abschlußprüfers zurückgreifen und sich im Regelfall dessen Prüfungsergebnis anschließen. Weitergehende Prüfungshandlungen des Aufsichtsrates sind nur in Ausnahmefällen geboten.

2. Feststellung des Jahresabschlusses

Im Anschluß an die vorgeschriebenen Prüfungen ist der Jahresabschluß von den dazu berechtigten Personen formal zu verabschieden. Mit seiner Feststellung wird der Jahresabschluß entgültig. Aufgrund des festgestellten Jahresabschlusses erfolgt die endgültige Gewinnverwendung (s. S. 90).

Die Feststellung des Jahresabschlusses erfolgt bei Einzelunternehmen durch den Inhaber und bei Personengesellschaften (oHG, KG) durch sämtliche Gesellschafter. Bei der GmbH und bei den Genossenschaften ist jeweils die Gesellschafterversammlung zuständig (§ 48 GmbHG bzw. § 43 GenG). Bei der AG wird der Jahresabschluß in der Regel durch den Vorstand und Aufsichtsrat festgestellt (§ 172 AktG). Vorstand und Aufsichtsrat können auch beschließen, die Feststellung des Jahresabschlusses der Hauptversammlung zu überlassen (§ 173 AktG).

3. Offenlegung des Jahresabschlusses

Offenlegung bedeutet die Einreichung des Jahresabschlusses und zugehöriger Unterlagen zum Handelsregister und ggf. die Bekanntmachung im Bundesanzeiger. Publizitätspflichtige Unternehmen haben die Offenlegung innerhalb von 9 Monaten nach dem Bilanzstichtag vorzunehmen; kleine Kapitalgesellschaften haben dafür 12 Monate Zeit.

Im einzelnen ist die Publizitätspflicht wie aus Tab. 12 (S. 100) ersichtlich geregelt.

	Handelsregister	Bundesanzeiger
Große Kapital-gesellschaften [1]	Jahresabschluß, Lagebericht, Bericht des Aufsichsrates Vorschlag über Ergebnis-verwendung.	wie Handelsregister
Mittelgroße Kapitalgesellschaften	Wie große Kapitalgesell-schaften, jedoch mit ver-kürzter Bilanzgliederung.	Hinweis, bei welchem Handelsregister die Unterlagen einge-reicht wurden.
Kleine Kapital-gesellschaften	Bilanz und Anhang ohne G+V-bezogene Angaben.	Hinweis auf das Handelsregister.
Große Genossen-schaften [1]	Genossenschaftsregister: wie große Kapitalgesell-schaften.	wie Handelsregister
Einzelkaufleute Personengesellschaften	Bilanz mit sog. Anlage gem. § 9 Abs. 2 PublG.	wie Handelsregister
Sonstige publizitäts-pflichtige Unternehmen	Wie große Kapitalgesell-schaften.	wie Handelsregister

[1] Die Unterlagen sind zunächst im Bundesanzeiger bekanntzumachen und dann die Bekanntmqachung mit den Unterlagen zum Handelsregister einzurei-chen.

Tab. 12: Publizitätspflicht und -umfang verschiedener Unter-nehmenstypen

D. Bilanzanalyse und Bilanzpolitik

> ■ Analyse der Bilanz (Bilanzstruktur,
> Wertansätze, nicht ersichtliche Posten)
>
> ■ Analyse der Erfolgsrechnung
>
> ■ Analyse der finanziellen Verhältnisse
>
> ■ Bilanzpolitik (Instrumente und Gestaltungs-
> spielräume)

I. Bilanzanalyse

„Bilanzanalyse" ist die übliche und verkürzte Bezeichnung für die **Analyse des Jahresabschlusses,** der neben der Bilanz auch die Gewinn- und Verlustrechnung und den Anhang umfaßt. In diesem erweiterten Sinn wird hier der übliche Begriff Bilanzanalyse verwendet. Wesentliche Informationen, die zur Analyse der Bilanz wichtig sind, lassen sich der G + V oder dem Anhang entnehmen. Auch der Lagebericht ist für die Analyse beachtenswert.

1. Die Aussagefähigkeit der Bilanz und ihre Grenzen

1.1 Eigenart und Zweck der Bilanz

Eigenart und Zweck der Rechnungslegung, die in den einschlägigen Vorschriften und Grundsätzen ihren Niederschlag gefunden haben, bestimmen wesentlich die Aussagekraft der Bilanz bzw. des Jahresabschlusses.

Da für die Bilanzierung die **wirtschaftliche Zugehörigkeit** zum Unternehmen entscheidend ist, sind abweichende rechtliche Bindungen wie Sicherungsübereignung oder Eigentumsvorbehalt im Regelfall aus der Bilanz nicht ersichtlich. Miet- und Pachtverhältnisse werden als schwebende Geschäfte grundsätzlich nicht bilanziert, so daß in der Bilanz dem Unternehmen dienende, aber gemie-

tete oder gepachtete Gegenstände nicht gezeigt werden. (Im Anhang sind jedoch Leasingverhältnisse als sonstige finanzielle Verpflichtungen aufzuführen; allerdings nur zusammengefaßt.)

Ähnlich wirken Bilanzierungsverbote oder die Wahrnehmung
eines Bilanzierungswahlrechtes in Form des Verzichts auf die Bilanzierung von Vermögensgegenständen und Schulden. Das private Vermögen und private Schulden des Kaufmanns werden nicht
bilanziert.

Das **Gliederungsschema** gliedert die Aktivposten prinzipiell
nach der Dauer der Kapitalbindung in Anlage-, Vorrats- und son-
stiges Umlaufvermögen. Es ist jedoch zu bedenken, daß das inve-
stierte Kapital nicht nur im Anlagevermögen, sondern auch in Teilen des Umlaufvermögens langfristig gebunden ist, weil auch ein
Mindest-Umlaufvermögen dauernd zur Aufrechterhaltung der Betriebsbereitschaft erforderlich ist. Die als Umlaufvermögen ausgewiesenen Vermögensteile werden zwar verhältnismäßig rasch zu
Geld, doch muß dieses wieder reinvestiert werden, um das Geschäft des Unternehmens in Gang zu halten.

Darüber hinaus fassen die Bilanzposten oft Bestände mit unterschiedlichen Eigenschaften zusammen. So können z.B. unter Maschinen und maschinellen Anlagen Aggregate mit sehr unterschiedlichem Alter und technischen Zuständen oder unter Fertigfabrikaten und Waren sowohl gängige Erzeugnisse als auch Lagerhüter enthalten sein.

Die Aussagefähigkeit der Bilanz wird weiterhin von der **Bewertung** der Bestände beeinflußt. Sie sind höchstens zu Anschaf-
fungs- oder Herstellungskosten, u.U. zu niedrigeren Stichtags-
oder Buchwerten bewertet. Außerdem sind die Wertansätze vorsichtig zu ermitteln. Gegenüber den Bilanzwerten können die
Zeit- oder Verkehrswerte am Bilanzstichtag höher sein. Vor allem
zum Schutz der Gläubiger, aber auch zur Vermeidung ungerecht-
fertigter Gewinnausschüttungen sollen die Jahresabschlüsse keine
überhöhten Vermögenswerte und Ergebnisse ausweisen. Der
Kaufmann soll sich „eher arm als zu reich rechnen".

Die aus der Bilanz nicht ersichtlichen Mehrwerte der Aktiva
oder Minderwerte der Passiva nennt man **stille Reserven**. Ihre Pro-
blematik liegt darin, daß sich diese Reserven nicht nur „still" bilden, sondern auch „still" auflösen können, so daß die exakte Erfassung ihrer meist schwankenden Höhe praktisch kaum möglich ist
(siehe auch Kapitel 5).

Die Bilanz ist eine zeitpunktbezogene Bestandsrechnung. Für Art und Umfang der in der Bilanz ausgewiesenen Bestände sind die **Verhältnisse am Bilanzstichtag** von Bedeutung. Das Bilanzbild wird davon beeinflußt, wie dieser Zeitpunkt innerhalb des Saison- oder Konjunkturverlaufs oder innerhalb des Produktionsablaufs im Unternehmen liegt. Die Bestände an einem bestimmten Bilanzstichtag können außerdem mengen- oder wertmäßig zufallsbedingt sein.

Nach dem Bilanzstichtag entstehende Zahlungsverpflichtungen oder eingehende Zahlungen sind der Bilanz nicht zu entnehmen. Daher ist die Bilanz für eine Liquiditätsbeurteilung wenig geeignet.

1.2 Bilanzierungs- und Bewertungsspielraum

Die gesetzlichen Bilanzierungs- und Bewertungswahlrechte räumen dem Kaufmann einen erheblichen Spielraum ein, den er zur Ergebnisbeeinflussung nutzen kann. Das wird durch das Beispiel 26 (S. 133) verdeutlicht.

Durch den Bilanzzusammenhang (Schlußbilanz des Geschäftsjahres = Anfangsbilanz des Folgejahres), durch den Grundsatz der Bewertungsstetigkeit sowie durch das Verbot willkürlicher Bilanzierung und Bewertung ist der **Spielraum** jedoch **eingegrenzt**. Im ersten Jahr ist man in der Ausübung von Wahlrechten frei, in den Folgejahren ist man aber dadurch weitgehend gebunden.

Zusätzliche **Erläuterungen im Anhang** offenbaren die bei der Bilanzierung und Bewertung angewandten Grundsätze und Methoden sowie etwaige Änderungen. Sie zeigen auf, ob das Unternehmen tendenziell besonders vorsichtig bilanziert hat oder nicht.

Die Erfahrung lehrt, daß bei vergleichsweise schlechtem Jahresergebnis die **Bilanzpolitik** in der Tendenz auf höhere Ergebnisse ausgerichtet ist und stille Reserven aufgelöst werden, um unerwünschte Reaktionen der Bilanzleser möglichst zu vermeiden. Im umgekehrten Fall werden dagegen alle Abwertungsmöglichkeiten wahrgenommen und stille Reserven gebildet. Bei guter Ergebnisentwicklung neigt der Kaufmann dazu, das Vorsichtsprinzip zu überdehnen. Bei ungünstigem Ergebnis werden die Einschätzungen oft mutiger vorgenommen.

Es ist im Interesse einer kontinuierlichen Entwicklung des Unternehmens und seines Ansehens verständlich, daß es sich mit seinem Jahresabschluß positiv darstellen will. Man wird daher lieber vom „halbvollen als vom halbleeren Glas sprechen". Das ist legitim, solange die Regeln der Rechnungslegung eingehalten werden und kein irreführender Eindruck von der Vermögens-, Finanz- und Ertragslage des Unternehmens hervorgerufen wird.

Der Kaufmann braucht den aufgezeigten **Ermessensspielraum**, um der Vielfalt der tatsächlichen Gegebenheiten (Markt- und andere Umfeldeinflüsse, kurzfristige Absatz- und Preisschwankungen u.ä.) gerecht werden zu können. Fragwürdig ist eine kurzfristige, von Jahr zu Jahr oder gar von Quartal zu Quartal bestimmte Bilanzpolitik.

Fehleinschätzungen künftiger Entwicklungen lassen sich trotz Sorgfalt und Vorsicht nicht ganz vermeiden. Kritisch ist aber, wenn konkrete Risiken oder drohende Verluste wegen optimistisch eingeschätzter Chancen oder erwarteter, aber unsicherer Ergebnisverbesserungen unzureichend im Jahresabschluß berücksichtigt werden.

Trotz der genannten Vorschriften und Grundsätze läßt sich nicht ausschließen, daß der Bilanzierungsspielraum gelegentlich mißbraucht wird. Allerdings zeigen die wenigen gravierenden Ausnahmefälle, daß die irreführende Darstellung – wenn nicht betrügerisch gehandelt wurde – durch ordnungsmäßige Prüfung und professionelle Bilanzanalyse hätte aufgedeckt werden können.

1.3 Der Einfluß von Sachverhaltsgestaltungen

Als **Geschäftsjahr** wird vorwiegend das Kalenderjahr und damit als Bilanzstichtag der 31. Dezember gewählt. Aus betrieblichen und sonstigen Gründen kann es jedoch vorteilhaft sein, einen abweichenden Bilanzstichtag zu wählen. Das gilt vor allem für Saisonbetriebe; hier wird als Bilanzstichtag oft der Zeitpunkt gewählt, in dem das Unternehmen regelmäßig niedrige Bestände aufweist. Damit werden die Inventurarbeiten wesentlich erleichtert.

Die Zahlen der Bilanz knüpfen an konkrete Geschäftsvorfälle an, die vor dem Bilanzstichtag verwirklicht worden sind. Daher beginnen bilanzpolitische Maßnahmen bereits mit der Sachverhaltsgestaltung vor dem Bilanzstichtag. Sie schafft die Basis für die Ausnutzung etwaiger Bilanzierungs- oder Bewertungswahlrechte. Art und **Zeitpunkt von Investitionen** oder Desinvestitionen beeinflussen den Jahresabschluß erheblich.

Ziel	Maßnahmen
Verminderung des Vorratsvermögens	Verzögerung der Lieferung von Rohstoffen bis nach dem Bilanzstichtag (Nichtbilanzierung unterwegs befindlicher Ware unzulässig)
	Frühere Abrechnung von Aufträgen (nur möglich, wenn eine abrechenbare (Teil-)Leistung erbracht worden ist)
Abbau von Forderungen	Hereinnahme von Kundenwechseln, die diskontiert werden
	Kurzfristige Rückführung von Ausleihungen und anderen Außenständen über den Bilanzstichtag
Verringerung der flüssigen Mittel	Leistung von Anzahlungen oder Vorauszahlungen, kurzfristige Ausleihungen
Verbesserung der Liquidität	Veräußerung von Vermögensgegenständen mit der Vereinbarung, sie später wieder zurückzunehmen (z.B. sog. Pensionsgeschäfte bei Banken)
	Veräußerung von Anlagegütern, die anschließend vom Unternehmen gemietet werden (sale and lease back) Anforderung von Anzahlungen
Ergebnisverbesserung	Verzögerung der Inbetriebnahme von Anlagen, frühere Abrechnung von Aufträgen

Tab. 13: Maßnahmen der Bilanzkosmetik

Kritisch sind jene Maßnahmen zu betrachten, die lediglich kurzfristig über den Bilanzstichtag die Bestände der Bilanz verändern sollen oder die ausschließlich zur **Erfolgsverlagerung** zwischen dem laufenden und dem folgenden Geschäftsjahr vorgenommen werden (zu den Motiven siehe Kapitel II). Als Beispiele für derartige Maßnahmen seien die in Tab. 13 genannten Aktionen stichwortartig genannt.

Als Beispiele für Ertragsverlagerungen kommen neben der Beschleunigung oder Verzögerung von Investitionen (entscheidend ist vor allem die Inbetriebnahme von Anlagen, da dies der Zeitpunkt des Abschreibungsbeginns ist) insbesondere die zeitliche Fixierung von Lieferungen oder von Auftragsabrechnungen in Betracht. Da nicht verkaufte Erzeugnisse und nicht abgerechnete Leistungen nur mit den Herstellungskosten aktiviert werden dürfen, die nicht die vollen Kosten umfassen, und Gewinne erst mit der Lieferung und Leistungserfüllung realisiert werden dürfen, kann sich eine zeitliche Verlagerung der Lieferung oder Leistung auf das Jahresergebnis erheblich auswirken. Auf diesen Tatbestand ist insbesondere bei Unternehmen mit langfristiger Auftragsabwicklung zu achten, z. B. im Industrieanlagengeschäft.

Wegen des **Stichtagsprinzips** sind für die Bilanzierung und Bewertung allein solche Tatbestände entscheidend, die am Bilanzstichtag verwirklicht waren. Für die Bilanzierung und Bewertung sind alle am Bilanzstichtag gegebenen Umstände zu berücksichtigen, auch wenn sie am Bilanzstichtag noch nicht bekannt waren, aber bis zur Aufstellung der Bilanz bekannt werden. Wird die Bilanzaufstellung zeitlich hinausgeschoben, so sind grundsätzlich im größeren Umfang nach dem Bilanzstichtag bekanntgewordene Umstände bei der Bilanzierung zu verwerten.

Im Hinblick auf eine aktuelle Rechnungslegung legen insbesondere große Kapitalgesellschaften Wert auf eine möglichst kurzfristige Fertigstellung des Jahresabschlusses. Dies läßt sich nur dadurch bewerkstelligen, daß frühzeitig die Buchhaltung abgeschlossen wird, so daß z. B. für ausstehende Rechnungen vom Lieferanten oder für Restrisiken aus schwebenden Lieferverträgen Schätzbeträge in die Bilanz eingestellt werden müssen. Hier besteht ein gewisser Ermessensspielraum.

2. Die Bilanzstruktur

2.1 Vermögensaufbau

Die Analyse der Bilanz beginnt mit ihrer Struktur, also der Zusammensetzung der Vermögens- und der Kapitalposten.

Hinsichtlich der **Vermögensstruktur** unterscheidet man zwischen langfristig gebundenem Vermögen (Anlagevermögen) und kurzfristig gebundenem Vermögen (Umlaufvermögen). Der Liquiditätsgrad der im Umlaufvermögen zusammengefaßten Bestände ist allerdings sehr unterschiedlich. Roh-, Hilfs- und Betriebsstoffe oder angearbeitete langfristige Aufträge sind von der Geldwerdung wesentlich weiter entfernt als Bankguthaben.

Anlagevermögen		Anlagevermögen
———————————	o d e r	———————————
Umlaufvermögen		Gesamtvermögen

Tab. 14: Anlagenintensität

Aus dem Verhältnis des Anlage- zum Umlaufvermögen oder von Anlage- zu Gesamtvermögen ergibt sich die **Anlagenintensität** des Unternehmens. Anlagenintensive Unternehmen weisen durch hohe Abschreibungen in der Regel einen hohen Fixkostenanteil aus, also der Kosten, die von Schwankungen der Beschäftigung oder Produktion nicht beeinflußt werden. Derartige Aussagen sind jedoch vorsichtig zu interpretieren, weil der Anteil der Kosten der Anlagennutzung an den Gesamtkosten des Unternehmens sehr unterschiedlich sein kann. Da der Vermögensaufbau im starken Maße branchenbedingt ist, vermag ein Vergleich zwischen branchenüblichen und den betrieblichen Beständen wertvolle Hinweise zu geben.

Beispiel 14 (in TDM):

Sachanlagen	120	Eigenkapital	100
Vorräte	80	Bankkredite	110
Forderungen	40	Lieferantenschulden	30
Flüssige Mittel	10	sonstige Schulden	10
	250		250

Anlagevermögen	120
Working Capital (80+40+10–30–10)	90
Netto-Betriebsvermögen	210

Für die Bilanzanalyse hat das Netto-Umlaufvermögen oder das **„Working Capital"** eine Bedeutung. Es setzt sich zusammen aus dem Umlaufvermögen abzüglich der kurzfristigen unverzinslichen Verbindlichkeiten (im wesentlichen Lieferantenschulden).

Das Anlage- und das Netto-Umlaufvermögen werden als Netto-Betriebsvermögen dem „verzinslichen" Eigen- und Fremdkapital gegenübergestellt (siehe auch Kapitel 4.3, S. 126 f.).

Bei Veränderungen des Bilanzvermögens nach Höhe und Zusammensetzung ist zu bedenken, daß höhere Vermögensbestände eine erhöhte **Kapitalbindung** bedeuten und damit Zinsaufwendungen verursachen. Grundsätzlich sollten die Vermögensbestände möglichst so niedrig gehalten werden, wie es zur reibungslosen Leistungserstellung unter Beachtung einer angemessenen Sicherheitsmarge erforderlich ist. Dabei können rein wertmäßige Vergleiche zum Teil unzureichend sein, wenn man z. B. an unterschiedliche Zustände des Anlagevermögens oder an starke Preisänderungen beim Vorratsvermögen denkt. Darüber hinaus sind für eine Beurteilung der Vermögensstruktur anstelle der u. U. zufallsbedingten Bestände des Bilanzstichtages die durchschnittlichen Bestände während des Geschäftsjahres besser geeignet.

Als Indiz für die Kapitalbindung sind **Kennzahlen** wie Umschlag des Vorratslagers (1), durchschnittliche Zielinanspruchnahme der Debitoren (2) oder durchschnittliche Kreditinanspruchnahme bei den Lieferanten (3) von größerer Aussagekraft. Sie errechnen sich – vereinfachend – wie in Tab. 15 dargestellt.

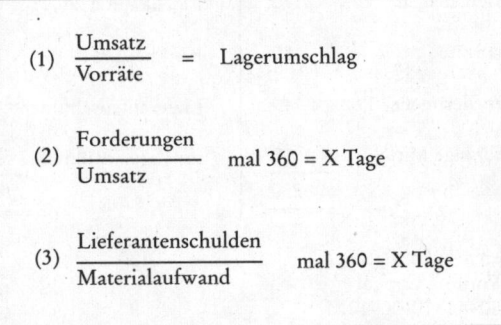

(1) $\dfrac{\text{Umsatz}}{\text{Vorräte}}$ = Lagerumschlag

(2) $\dfrac{\text{Forderungen}}{\text{Umsatz}}$ mal 360 = X Tage

(3) $\dfrac{\text{Lieferantenschulden}}{\text{Materialaufwand}}$ mal 360 = X Tage

Tab. 15: Kennzahlen der Kapitalbindung

Beispiel 15: Umsatz 1000 TDM; Vorratsvermögen 300 TDM; Forderungen 150 TDM; Lieferantenschulden 100 TDM; Materialaufwendungen 600 TDM.

Lagerumschlag: 3,3 mal
Zielinanspruchnahme der Kunden: 54 Tage
Zielinanspruchnahme bei Lieferanten: 60 Tage

Bei der Bilanzanalyse interessiert die Verbesserung oder Verschlechterung der genannten Kennziffern im Zeitvergleich und ihre Angemessenheit im Vergleich der Branche oder zu sonst üblichen und vergleichbaren Verhältnissen.

Lange Zahlungsfristen bei den Forderungen lassen Zinsverluste und Ausfälle befürchten. Eine starke Inanspruchnahme von Lieferantenkrediten kann Verzicht auf Skontoerträge oder höhere Beschaffungspreise (z.B. durch „Zitterprämien" oder Zinszuschläge) bedeuten.

2.2 Kapitalstruktur

Die Kapitalstruktur der Bilanz wird vor allem durch das Verhältnis von Eigen- zu Fremdkapital charakterisiert. Generell ist die finanzielle Lage eines Unternehmens um so stabiler, je höher der **Eigenkapitalanteil** ist, da eigene Mittel dem Unternehmen auf Dauer zur Verfügung stehen, während das Fremdkapital feste Zins- und Tilgungsverpflichtungen auslöst.

Der **Sonderposten mit Rücklageanteil** stellt – wie schon gesagt – einen Mischposten von Eigen- und Fremdkapital dar, weil sein Verbrauch und seine Auflösung Steuern auslösen. Die Aufspaltung in Eigen- und Fremdkapital hängt von der unternehmensindividuellen Steuerbelastung ab; eine 50:50-Aufteilung ist eine ausreichende und vereinfachende Lösung.

Das Verhältnis von Eigen- zu Fremdkapital bezeichnet man als **Verschuldungsgrad**. Ein höherer Verschuldungsgrad bezeichnet ein höheres Finanzierungsrisiko.

Bei einer Beurteilung der Finanzlage sind aber nicht nur das bilanzierte Eigen-und Fremdkapital, sondern auch nicht bilanzierte Verpflichtungen (z.B. Leasingverträge) oder außerhalb des Unternehmens bereitstehendes Eigenkapital (z.B. Einzahlungsverpflichtungen von zahlungskräftigen Gesellschaftern) oder eingeräumte Kreditlinien zu berücksichtigen. Außerdem ist entscheidend, wie sich die künftigen Ergebnisse und Zahlungszuflüsse des Unternehmens entwickeln, die zur Verzinsung, Schuldentilgung und zur Verstärkung der Eigenkapitalbasis dienen können. Daher lassen sich keine allgemein verbindlichen Normen für das Verhältnis von Eigen- zu Fremdkapital angeben.

Die Bilanzstruktur wird vielfach anhand bestimmter **Finanzierungsregeln** beurteilt. Die „goldene Finanzierungsregel" verlangt, daß das dem Unternehmen zur Verfügung stehende Kapital nicht kürzer befristet sein soll, als es in den Vermögensposten gebunden ist. Das ist prinzipiell richtig. Allerdings gibt die Bilanz die Bindungsdauer der Vermögens- und Kapitalbestände nur unzureichend wieder. Entscheidend ist, ob kurzfristige Kredite prolongiert oder durch andere kurz- oder langfristige Kapitalüberlassung (Kredite oder Eigenkapital) ersetzt werden können.

Ähnlich verhält es sich mit der sog. goldenen Bilanzregel, nach der das Anlagevermögen durch Eigenkapital, zumindest aber durch Eigenkapital und langfristiges Fremdkapital zu finanzieren ist. Diese Faustregel kann dahingehend erweitert werden, daß auch das langfristig gebundene Umlaufvermögen, z. B. der Mindestbestand an Roh-, Hilfs- und Betriebsstoffen, zur Aufrechterhaltung der Betriebsbereitschaft entsprechend finanziert sein müsse.

Die Finanzierungsregeln werden durch folgende Deckungsgrade abgebildet:

$$(1) \quad \frac{\text{Anlagevermögen}}{\text{Eigenkapital}}$$

$$(2) \quad \frac{\text{Anlagevermögen}}{\text{Eigenkapital} + \text{langfristiges Fremdkapital}}$$

$$(3) \quad \frac{\text{Anlagevermögen} + \text{langfristig gebundenes Umlaufvermögen}}{\text{Eigenkapital} + \text{langfristiges Fremdkapital}}$$

Die Einhaltung der Finanzierungsregeln gibt daher keine Sicherheit, daß das Unternehmen in Zukunft in der Lage sein

wird, allen Zahlungsverpflichtungen nachzukommen und darüber hinaus die zur Aufrechterhaltung der Betriebsbereitschaft
notwendigen Investitionen zu finanzieren. Das ist nur bei ent-
sprechendem Zahlungsüberschuß aus dem laufenden Geschäft,
bei ausreichender Prolongation bestehender Kredite oder bei
neuer Kapitalaufnahme möglich. Für die Aufrechterhaltung der
Liquidität sind also nicht die Fristenkongruenz, sondern die
künftigen Ein- und Auszahlungen entscheidend, die sich indirekt aus der Ertrags- und Finanzkraft sowie der Fähigkeit des
Unternehmens ergeben, im Bedarfsfall neues Kapital aufnehmen
oder bestehende Kredite verlängern zu können.

Die genannten Regeln haben im Grundsatz ihre Berechtigung
als Indiz einer **gesunden Finanzstruktur.** Wird im größeren Umfang gegen sie verstoßen, so kann es zu Finanzierungsengpässen
kommen. Da die Kreditwürdigkeit eines Unternehmens vor allem
nach dem Verschuldungsgrad und der Ausgewogenheit der Finanzstruktur beurteilt wird, ist die prinzipielle Beachtung der genannten Regeln geboten. Kurzfristige, wirtschaftlich begründete
Abweichungen können Ausfluß eines vernünftigen Finanzmana-
gements sein. Z.B. werden in Erwartung fallender Zinssätze Anlageinvestitionen zunächst mit kurzfristigen, aber verlängerungsfä-
higen Krediten finanziert.

Ähnliche Bedenken wie bei den Finanzierungsregeln gelten
auch hinsichtlich der sog. **Liquiditätskennziffern,** die aus der Bilanz abgeleitet werden. Als „Liquidität ersten Grades" bezeichnet
man das Verhältnis der flüssigen Mittel zuzüglich kurzfristigem
Umlaufvermögen (ohne Vorräte) zu kurzfristigem Fremdkapital.
Bei der „Liquidität zweiten Grades" wird zusätzlich das Vorratsvermögen in die Gegenüberstellung mit den kurzfristigen Verbindlichkeiten einbezogen (s. Tab. 16).

Flüssige Mittel	Flüssige Mittel
+ kurzfristige Forderungen	+ kurzfristige Forderungen
− kurzfristige Verbindlichkeiten	+ Vorratsvermögen
	− kurzfristige Verbindlichkeiten
= Liquidität ersten Grades	= Liquidität zweiten Grades

Tab. 16: Liquidität ersten und zweiten Grades

Beispiel 16: Unter Zugrundelegung des Beispiels 14 ergibt sich als Liquidität ersten Grades 10 TDM und als Liquidität zweiten Grades 90 TDM (= Working Capital).

Für die Aufrechterhaltung der Liquidität des Unternehmens sind allein die zukünftigen Einzahlungen und Auszahlungen entscheidend. Ausschlaggebend dafür sind die künftigen Einzahlungsüberschüsse aus erfolgreicher Umsatztätigkeit, der Investitionsbedarf zur Aufrechterhaltung des Geschäfts sowie die Kapitalbeschaffungsmöglichkeiten.

Als **Cash-flow** bezeichnet man den im abgelaufenen Geschäftsjahr erzielten Einzahlungsüberschuß aus der gewöhnlichen Unternehmenstätigkeit (Cash-flow = Zahlungszufluß). Er läßt sich aus der Gewinn- und Verlustrechnung dadurch ableiten, daß aus den Erträgen und Aufwendungen die nicht-zahlungswirksamen Beträge eliminiert werden. Dies betrifft in erster Linie die Abschreibungen auf Anlagen, die Veränderungen des Sonderpostens mit Rücklageanteil sowie die Nettozuführung zu den Pensionsrückstellungen, die jeweils Aufwand oder Ertrag, aber keine Zahlungen darstellen. Darüber hinaus empfiehlt es sich, außerordenliche Aufwendungen und Erträge auszusondern. Der Cash-flow drückt die eigene **Finanzkraft** des Unternehmens aus.

Jahresüberschuß bzw. Jahresfehlbetrag,
+ Abschreibungen auf das Anlagevermögen
+ Erhöhung bzw.
– Auflösung von langfristigen Rückstellungen
  (Pensionsrückstellungen) und von Sonderposten mit
  Rücklageanteil

= Cash-flow

Tab. 17: Die Ermittlung des Cash-flow

Darüber hinaus ist der Cash-flow auch ein gewisser Indikator für die **Ertragskraft** des Unternehmens. Abschreibungen und andere reine Bewertungsvorgänge, die das Jahresergebnis beeinflußt haben, werden bei der Ermittlung des Cash-flow, da sie nicht zahlungswirksam sind, eliminiert. Durch den Vergleich des Cash-flow zweier oder mehrerer Jahre läßt sich erkennen, inwieweit reine Bewertungsmaßnahmen das Jahresergebnis beeinflußt haben.

Für einen externen Bilanzleser ist die Ermittlung des Cash-flow nur in **vereinfachter Form** möglich und in der Regel auch ausreichend. Wichtig sind dabei die gleichmäßige Ermittlung, der Mehrjahresvergleich und die künftige Entwicklung. Der Cash-flow wird üblicherweise wie in Tab. 17 dargestellt ermittelt.

Der Cash-flow wird u. a. zur Nettoverschuldung des Unternehmens in Relation gesetzt. Als Nettoverschuldung gilt die Summe der verzinslichen Kredite, der sog. Finanzschulden, abzüglich der flüssigen Mittel (Bargeld und Bankguthaben). Der damit ermittelte sog. **dynamische Verschuldungsgrad** gibt an, wie schnell die Netto-Verschuldung (theoretisch) aus dem Cash-flow auf null zurückgeführt werden könnte. Es gibt z. B. Vereinbarungen mit Kreditgebern, nach denen die Netto-Verschuldung das 3,5-fache des Cash-flow nicht übersteigen soll. Um kurzfristigen Schwankungen oder Stichtagseinflüssen Rechnung zu tragen, werden dabei drei Jahre bzw. Bilanzstichtage betrachtet.

Beispiel 17:

	TDM
Bankverbindlichkeiten	1 200
Wechselkredite	300
Finanzschulden	1 500
Flüssige Mittel	−100
Netto-Verschuldung	**1 400**
Jahresergebnis	200
Abschreibungen	300
Zunahme der Pensions- rückstellungen	100
Cash-flow	**600**

$$\text{Dynamischer Verschuldungsgrad} \quad \frac{1\,400}{600} = 2{,}33$$

Bei einem hohen Cash-flow erscheint eine hohe Verschuldung prinzipiell weniger problematisch, weil damit die hohe Verschuldung schneller abgetragen werden kann. Ein vergleichsweise hoher Cash-flow drückt aus, daß das Unternehmen eine hohe Selbstfinanzierung oder Finanzkraft aufweist, die nicht nur zur Schuldentilgung, sondern auch zur Finanzierung von Investitionen zur Aufrechterhaltung und zum Ausbau des Geschäfts verwendet werden kann.

Kritisch ist der Cash-flow zu betrachten, wenn die in ihm enthaltenen Abschreibungen effektiv eingetretene Verluste ausdrücken, z.B. bei Abschreibung einer durch Brand beschädigten Anlage. Hat ein Unternehmen einen wesentlichen Teil seiner Anlagen gemietet (Leasing), so treten anstelle der Abschreibungen die gezahlten Leasingraten, und der Cash-flow fällt geringer aus, ohne daß allein deshalb die Ertragskraft des Unternehmens ungünstiger zu beurteilen ist.

Die Analyse der Kapitalstruktur soll u.a. zeigen, ob die Verschuldung, gegebenenfalls unter Einbeziehung eines aufgelaufenen Verlustes, ein kritisches Ausmaß erreicht hat. Kapitalgesellschaften müssen ihre Gesellschafterversammlung einberufen, wenn die Hälfte des Eigenkapitals durch Verluste aufgezehrt ist (§ 49 Abs. 3 GmbHG; § 92 Abs. 1 AktG). Im Falle der **Überschuldung,** wenn also die gesamten Verbindlichkeiten das Eigenkapital übersteigen, müssen Kapitalgesellschaften Konkurs anmelden.

Für die Feststellung der Überschuldung kommt es allerdings nicht auf die Bilanzwerte, sondern vielmehr auf die den Vermögensgegenständen am Stichtag beizulegenden Werte an. Bei einer bilanzmäßigen Überschuldung sind daher entsprechende Bewertungen vorzunehmen. Die Überschuldung kann durch Zuschüsse oder Garantien der Gesellschafter oder durch Rangrücktritt bei Gesellschafterdarlehen beseitigt werden. Die Geschäftsführung ist aufgefordert, anhand einer Finanzplanung eine „Überlebensprognose" zu erstellen.

3. Analyse der Bilanzierung und Bewertung

3.1 Bilanzierungs- und Bewertungswahlrechte

Durch die Ausübung von Bilanzierungs- und Bewertungswahlrechten kann der Kaufmann die Darstellung im Jahresabschluß und das Jahresergebnis beeinflussen. Für die Bilanzanalyse ist daher wichtig zu wissen, wie der Kaufmann von den gegebenen Wahlrechten Gebrauch gemacht hat. Für die Kapitalgesellschaften sind entsprechende Angaben im Anhang vorgeschrieben. Teilweise ist auch eine zahlenmäßige Darstellung im Jahresabschluß gefordert, z.B. hinsichtlich der Inanspruchnahme steuerrechtlich zulässiger Sonderabschreibungen, die als Sonderposten mit Rücklageanteil auszuweisen sind.

Von großer Bedeutung ist in diesem Zusammenhang der **Grundsatz der Bewertungsstetigkeit**. Danach darf der Kaufmann von einer gewählten Bewertungsmethode für einen vorhandenen Vermögensgegenstand und Schuldposten nur in begründeten Fällen abweichen. Der Tatbestand der Abweichung und die Begründung sowie eine wesentliche Ergebnisbeeinflussung durch die Bewertungsänderung sind im Anhang anzugeben.

Für Bilanzierungswahlrechte gilt der Stetigkeitsgrundsatz zwar nicht, doch sind ebenfalls Änderungen gegenüber dem Vorjahr im Anhang zu vermerken.

Beispiel 18:
Anschaffungskosten 100 TDM; Nutzungsdauer zehn Jahre, lineare Abschreibung; Sonderabschreibung als Wahlrecht: 50% im Jahr der Inbetriebnahme, Ergebnisauswirkungen:

	mit	ohne
	Sonderabschreibung	
	TDM	TDM
1. Jahr:		
planmäßige Abschreibung	10	10
außerplanmäßige Abschreibung	50	–
Aufwand	60	10
2. Jahr: Aufwand		
(Abschreibung des Rest-		
buchwertes auf neun Jahre)	4,4	10
3. Jahr: Aufwand	4,4	10
usw.		

Die hohe Ergebnisbelastung durch die Sonderabschreibung im ersten Jahr führt in den Folgejahren zu vergleichsweise geringeren Aufwendungen.

Die Bilanzierungs- und Bewertungswahlrechte wurden bereits bei der Erläuterung der Bilanz und der G + V-Posten angesprochen. Wichtig ist die Erkenntnis, daß die Ergebnisbeeinflussung

durch Bilanzierungs- oder Bewertungswahlrechte in einer bestimmten Richtung, nämlich Verbesserung oder Verminderung
des Ergebnisses, in den Folgejahren genau umgekehrte **Ergebnisauswirkungen** hat. Wenn z. B. in Ausübung eines entsprechenden Wahlrechts eine steuerliche Sonderabschreibung auf Anlagen in den neuen Bundesländern vorgenommen wird und dies
den Gewinn des Geschäftsjahres vermindert, ergeben sich
(durchaus so gewollt) für die Folgejahre geringere Abschrei-
bungsbeträge und damit ein vergleichsweise höherer Ergebnis-
ausweis. Diese Wirkungen sind bei bilanzpolitischen Überlegungen zu bedenken; siehe dazu Kapitel II. Da derartige Sonderabschreibungen steuerlich anerkannt sind, ergibt sich daraus ein
Steuerstundungseffekt.

Die Fülle der nachstehend aufgeführten Bilanzierungs- und Bewertungswahlrechte mag den Eindruck erwecken, daß für den
Kaufmann ein erheblicher **Manipulationsspielraum** gegeben und
der Nutzen einer Bilanzanalyse stark reduziert ist. Der Spielraum
ist jedoch durch die Angabepflichten im Anhang offensichtlich sowie durch die Grundsätze der Willkürfreiheit und der Bewertungsstetigkeit eingeschränkt.

---

1. Bilanzierungswahlrechte

a) *Aktivierungswahlrechte*
  – entgeltlich erworbene immaterielle Anlagewerte
  – erworbener Geschäfts- oder Firmenwert
  – Kosten der Ingangsetzung des Geschäftsbetriebes
  – Disagio
  – aktivische latente Steuern
  – Rechnungsabgrenzungsposten für Zölle und Verbrauchssteu-
    ern auf Vorräte und für Umsatzsteuer auf Anzahlungen
  *Die ersten drei Posten können jederzeit voll oder kurzfristig
  abgeschrieben werden.*

b) *Passivierungswahlrechte*
  – Sonderposten mit Rücklageanteil (Pensionsrücklage;
    Investitionsrücklage)
  – Pensionsrückstellung für Zusagen vor dem 1. 1. 1987
  – Rückstellungen für unterlassene Instandhaltung, die drei Mo-
    nate nach, spätestens aber innerhalb eines Jahres nach Ablauf
    des Geschäftsjahres nachgeholt werden.
  – Rückstellungen für bestimmte Aufwendungen.

2. Ausweiswahlrechte
- Gliederungswahlrechte, z.B. Aufgliederung in der Bilanz oder im Anhang
- Umsatzkosten- oder Gesamtkostenverfahren bei der G + V
- freiwillige Erweiterung des Gliederungsschemas
für Kapitalgesellschaften insgesamt stark eingeschränkt.

3. Bewertungswahlrechte
   a) Methodenwahlrechte
   - Gruppenbewertung
   - Festbewertung
   - Lifo-, Fifo- oder ähnliche Verfahren
   - Abschreibungsmethode (linear, degressiv usw.)
   b) Wertansatzwahlrechte
   - Umfang der Herstellungskosten
   - Beibehaltung des niedrigeren Buchwertes
   c) Aufwertungswahlrechte
   - Zuschreibungen bis zur Höhe der ursprünglichen Anschaf-
     fungs- oder Herstellungskosten, ggf. vermindert um planmä-
     ßige Abschreibungen; bei Kapitalgesellschaften Wertaufho-
     lung zwingend, wenn nicht (wie in der Regel) der niedrigere
     Wertansatz steuerlich beibehalten werden kann und dafür
     Voraussetzung ist, daß dies auch in der Handelsbilanz ge-
     schieht.
   d) Abwertungswahlrechte
   - außerplanmäßige Abschreibungen bei vorübergehender Wert-
     minderung von Gegenständen des Anlagevermögens
   - Vollabschreibung geringwertiger Anlagegüter (Vereinfa-
     chungsregelung)
   - niedrigerer Wert zum Ausgleich künftiger Wertschwankun-
     gen beim Umlaufvermögen
   - Abschreibungen im Rahmen vernünftiger kaufmännischer
     Beurteilung; gilt nur für Einzelunternehmen und Personenge-
     sellschaften
   - niedrigerer steuerlich zulässiger Wert (steuerliche Sonderab-
     schreibungen für bestimmte Anlagegüter, z.B. im sog. Förder-
     gebiet, früher Berlin- und Zonenrandförderung; Anlagen für
     Forschung und Entwicklung, Umweltschutz und anderes)

Tab. 18: Bilanzierungs- und Bewertungswahlrechte

Ferner entspricht es der Bilanzierungspraxis, daß die Ausnutzung der verschiedenen Wahlrechte einer einheitlich ausgerichteten Bilanzpolitik folgt. So wird z. b. bei einer vorsichtigen Bilanzpolitik generell auf Aktivierungswahlrechte verzichtet und von allen Abwertungswahlrechten Gebrauch gemacht.

Der unternehmensinterne Bilanzleser hat darüber hinaus die Möglichkeit, durch zusätzliche Informationen, z. B. Prüfungsbericht des Abschlußprüfers oder Auskünfte der Geschäftsführung, weitere Aufklärung zu bekommen.

Im einzelnen gibt es die in Tab. 18 wiedergegebenen Bilanzierungs- und Bewertungswahlrechte.

3.2 Bildung und Auflösung von Rücklagen

Rücklagen sind, bilanzmäßig gesehen, Eigenkapital des Unternehmens. Sie werden entweder als offene Rücklagen in der Bilanz ausgewiesen oder treten als sog. stille Reserven in der Bilanz nicht in Erscheinung.

3.2.1 Offene Rücklagen

Offene Rücklagen werden gebildet durch Einbehaltung von Gewinnen oder durch Zuführungen von Eigenkapital, das über das Nennkapital hinausgeht, z. B. das Agio bei der Aktienausgabe oder Zuschüsse der Gesellschafter.

Die **Bildung** von offenen Rücklagen kann gesetzlich oder vertraglich vorgeschrieben sein. Sonst wird sie durch die Unternehmenseigner, zum Teil auch nach freiem Ermessen der geschäftsführenden Organe vorgenommen.

Für die AG ist eine **gesetzliche Rücklage** in Höhe von 10% des Grundkapitals vorgesehen; die Satzung kann einen höheren Prozentsatz festlegen. Dabei sind jährlich mindestens 5% des Jahresüberschusses der gesetzlichen Rücklage zuzuführen, bis sie ihren gesetzlichen oder satzungsmäßigen Betrag erreicht hat.

Neben den gesetzlichen Rücklagen können weitere **freiwillige** offene **Rücklagen** gebildet werden. Bei der AG ist die Dotierung dieser Rücklagen begrenzt auf höchstens die Hälfte des Jahresüberschusses und weiter dadurch, daß diese Gewinnrücklagen höchstens 50% des Grundkapitals betragen dürfen (vgl. im einzelnen § 58 AktG). Will die Verwaltung weitere Beträge in die offenen Rücklagen einstellen, so kann sie dies der Hauptversammlung zur Beschlußfassung über die Gewinnverwendung vorschlagen; die

Hauptversammlung kann darüber aber frei entscheiden. Ähnliche gesellschaftsvertragliche Regelungen sind auch bei Unternehmen anderer Rechtsformen, z.B. GmbH oder Personengesellschaft, denkbar.

Über die **Entnahmen** aus freien Rücklagen entscheiden die Organe, die für die Feststellung des Jahresabschlusses zuständig sind. Bei der AG sind dies in der Regel Vorstand und Aufsichtsrat; bei der GmbH die Gesellschafterversammlung. Die gesetzliche Rücklage einer AG darf nur zum Ausgleich von Verlusten verwendet werden (vgl. im einzelnen § 150 AktG).

3.2.2 Stille Rücklagen

Stille Rücklagen sind aus dem Jahresabschluß im Regelfall nicht ersichtliche **Bewertungsreserven**, die in bestimmten Bilanzposten gebunden sind. Sie entstehen durch die Unterbewertung der Vermögensgegenstände (z.B. steigende Marktpreise finden gegenüber den niedrigeren Anschaffungs- oder Herstellungskosten in der Bilanz keine Berücksichtigung) oder (selten) durch eine Überbewertung von Passivposten. Soweit sich die Bildung und die Auflösung dieser Reserven „still" vollziehen, kann der Einblick in die Vermögens-, Finanz- und Ertragslage des Unternehmens erheblich beeinträchtigt werden.

Die zulässige Bildung stiller Reserven ist durch die Bilanzierungs- und Bewertungsvorschriften abgesteckt. Stille Reserven sind nur insoweit statthaft, als sie sich zwangsläufig aus den Bilanzierungs- und Bewertungsvorschriften ergeben oder in Ausübung der vom Gesetz ausdrücklich eingeräumten Bilanzierungs- und Bewertungswahlrechte entstehen.

Folgende **Arten stiller Reserven** lassen sich unterscheiden:
- Zwangsreserven, die aufgrund zwingender Bewertungsvorschriften entstehen (vor allem aufgrund des Anschaffungswertprinzips),
- freiwillige Reserven, die in Ausübung von Bilanzierungs- und Bewertungswahlrechten entstehen,
- Schätzungsreserven, die sich im Rahmen vernünftigen kaufmännischen Ermessens ergeben (Prinzip der Vorsicht),
- Willkürreserven, die über die genannten Reserven hinausgehen.

Willkürreserven sind verboten, denn eine willkürliche Bilanzierung und Bewertung widerspricht den Grundsätzen ordnungsmäßiger Buchführung.

Kritisch ist vor allem die „stille" **Auflösung** von Reserven zu sehen, weil hierdurch ungünstige Entwicklungen oder gar eingetretene Verluste verschleiert werden können. Im Anhang sind daher auch aus diesem Grund die angewandten Bewertungs- und Abschreibungsmethoden sowie Änderungen derselben und außerplanmäßige Abschreibungen ausreichend zu erläutern und u.U. betragsmäßige Auswirkungen anzugeben.

Allerdings wird damit nicht jede Form der Auflösung stiller Reserven für Außenstehende offenkundig. Das ist der Fall, wenn die Auflösung nicht auf einer Änderung der Bewertungs- oder Abschreibungsmethode beruht. Stille Reserven werden z.B. weitgehend unbemerkt freigesetzt, wenn Vorratsbestände, die nicht zu Vollkosten oder mit unter den Wiederbeschaffungswerten liegenden Buchwerten bewertet sind, abgebaut werden.

Im Zusammenhang mit den stillen Reserven ist auch zu bedenken, daß Abschreibungen, die als Basis die historischen Anschaffungs- oder Herstellungskosten haben, nicht gestiegene Wiederbeschaffungskosten für Maschinen und andere Anlagen decken. Zur Substanzerhaltung ist daher eine Reservebildung notwendig, die vorzugsweise durch Gewinneinbehalt, also durch Bildung offener Rücklagen erfolgen sollte.

4. Analyse der Erfolgsrechnung

4.1 Erfolgsstruktur

Die Analyse der Gewinn- und Verlustrechnung lebt vor allem vom **Vergleich** mit den Vorjahreszahlen. Neben den absoluten Veränderungen der Ertrags- und Aufwandsposten, z.B. Zunahme der Umsatzerlöse um 200 Mio DM, interessieren vor allem die relativen Veränderungen der einzelnen Erträge und Aufwendungen. Es ist z.B. interessant festzustellen, daß die Umsatzerlöse um 8%, der Material- oder Wareneinsatz jedoch um 10% gestiegen ist, denn dies bedeutet einen geringeren Rohertrag oder eine geringere Marge. Unterschiedliche relative Veränderungen führen zu einer Veränderung der Ertragsstruktur.

Zur Darstellung der **Ertragsstruktur** werden die Umsatzerlöse oder die Gesamtleistung = 100% gesetzt und die nachfolgenden Erträge und Aufwendungen in Prozent dieser Bezugsgröße ausgedrückt. Bei Unternehmen mit langfristiger Fertigung und erheblichen Zulieferungen Dritter, z.B. Unterauftragnehmer, kann es zweckmäßiger sein, als Bezugsgröße den Rohertrag zugrunde zu legen, weil sonst diese Zulieferungen die Strukturzahlen erheblich stören würden.

Bei der Analyse der einzelnen Ertrags- und Aufwandsposten sollte man vor allem auf folgende Einzelheiten achten:

Kapitalgesellschaften müssen im Anhang die **Umsatzerlöse** nach Tätigkeitsbereichen sowie nach geographisch bestimmten Märkten aufteilen. Damit wird deutlich, von welchen Tätigkeitsbereichen oder Absatzmärkten das Unternehmen besonders abhängig ist. Interessant ist diese Aufteilung dann, wenn die einzelnen Segmente unterschiedliche Preise, Margen oder Gewinnspannen aufweisen. Aus dem gleichen Grund ist es nützlich, ggf. die Unterteilung der Umsatzerlöse nach eigenen Produkten und nach Handelswaren zu kennen. Bei umfangreichem Exportgeschäft stellt sich die Frage, ob in DM oder in fremder Währung fakturiert wird, weil hier u.U. erhebliche Kursrisiken bestehen können.

Bestandsveränderungen wirken weitgehend erfolgsneutral. Da aber nur ein Teil der Herstellungsaufwendungen aktiviert wird, führt eine Bestandserhöhung insofern zu einer relativ höheren Aufwandsbelastung. Umgekehrt bewirkt eine Bestandsminderung eine relative Ergebnisverbesserung, weil die erzielten Umsatzerlöse in der Regel auch die nichtaktivierten Kosten sowie zusätzlich einen Gewinnanteil enthalten.

Beispiel 19:
Bestandserhöhung um 100 Stück; Herstellungskosten = Einzelkosten 50 TDM; Vollkosten (Einzel- und Gemeinkosten 70 TDM); Veräußerungserlös 90 TDM.

		TDM
1. Jahr:	Umsatz	0
	Bestandserhöhung	50
	Aufwendungen (Einzel- und Gemeinkosten)	– 70
	Verlust	– 20
2. Jahr:	Umsatz	90
	Bestandsveränderung	– 50
	Gewinn	40

Der Verlust des ersten Jahres erklärt sich aus nichtaktivierten Herstellungsaufwendungen. Der Gewinn des zweiten Jahres ergibt sich aus den Umsatzerlösen, die neben den aktivierten Herstellungskosten auch die nichtaktivierten Gemeinkosten und eine Gewinnspanne von 20 TDM abdecken.

Die Entwicklung des **Materialaufwandes** wird wesentlich von der Umsatz- bzw. Leistungszusammensetzung geprägt. Er enthält neben dem Aufwand für Roh-, Hilfs- und Betriebsstoffe auch den für die eingesetzten Handelswaren. In einigen Branchen kann eine besondere Abhängigkeit von einem oder wenigen Rohstoffen bestehen, die stark schwankende Preise aufweisen können, z. B. Rohkaffee oder Rohöl.

Bezieht man den Materialaufwand auf den Umsatz oder die Gesamtleistung oder auf die Gesamtaufwendungen, so erhält man eine Kennziffer für die Materialintensität. Bei erheblichen Schwankungen dieser Materialintensität ist nach den Ursachen zu fragen.

In dem Materialaufwand gehen auch die Bewertungsmaßnahmen zum Bilanzstichtag ein. Abwertungen des Vorratsvermögens auf den niedrigeren Stichtagswert oder die Auswirkungen der Lifo- oder ähnlicher Methoden schlagen sich im Materialaufwand nieder.

Die Veränderung des **Personalaufwandes** sollte durch die Entwicklung des durchschnittlichen Personalstandes und die Auswirkung der Tariferhöhungen im wesentlichen erklärbar sein. Sonderentwicklungen können sich bei den hier ebenfalls ausgewiesenen Aufwendungen für Altersversorgung ergeben, z. B. Veränderung des Abzinsungzinsfußes für Pensionsrückstellungen.

Die in der G + V ausgewiesenen **Abschreibungen** enthalten nur die handelsrechtlichen planmäßigen und außerplanmäßigen Abschreibungen. Steuerlich zulässige Sonderabschreibungen werden dagegen unter den sonstigen betrieblichen Aufwendungen als Einstellung in den **Sonderposten mit Rücklageanteil** gezeigt. Die durch solche Sonderabschreibungen vorweggenommenen planmäßigen Abschreibungen werden in den Folgejahren durch entsprechende Entnahmen aus dem Sonderposten mit Rücklageanteil neutralisiert. Zur Beurteilung der Abschreibungen sind daher die Veränderungen der Sonderposten mit Rücklageanteil mit heranzuziehen. Der Anhang enthält entsprechende Angaben.

Beispiel 20:

	Mio DM
Abschreibungen laut G+V	45
+ Einstellungen in Sonderposten	
§ 4 Fördergebietsgesetz	15
§ 14 BerlinFördG	11
− Entnahmen aus Sonderposten	
§ 14 BerlinFördG	− 6
	65

Die Abschreibungen werden im allgemeinen zu den Anlageinvestitionen in Beziehung gesetzt. Normalerweise kann erwartet
werden, daß in Höhe der planmäßigen Abschreibungen Ersatzin-
vestitionen erfolgen, wobei jedoch gestiegene Wiederbeschaffungskosten, also Inflationsauswirkungen nicht berücksichtigt
sind. Die Höhe der Sonderabschreibungen ist ebenfalls im Hinblick auf die Selbstfinanzierung von Anlageinvestitionen wichtig
(Cash-flow; s. S. 112).

Die **sonstigen betrieblichen Erträge** enthalten Hilfsumsätze
aus Kantinenverkäufen u. ä., aber auch Gewinne aus Verkäufen
von Anlagevermögen, Erträge aus der Auflösung von Rückstellungen sowie Entnahmen oder Auflösung von Sonderposten mit
Rücklageanteil. Die letztgenannten Erträge können von Jahr zu
Jahr erheblich schwanken und sollten daher hinterfragt werden.

Die **sonstigen betrieblichen Aufwendungen** stellen den Sammelposten für alle Aufwendungen dar, die nicht gesondert auszuweisen sind und die zur gewöhnlichen Geschäftstätigkeit des Unternehmens gehören. Dabei ist die Abgrenzung zu den Aufwendungen für bezogene Leistungen nicht eindeutig (siehe Kapitel
C II 3.1.2, S. 85 ff.).

Als sonstige betriebliche Aufwendungen werden u. a. ausgewiesen: Aufwendungen für Frachten und Transport, für Mieten und
Pachten (einschließlich Leasing), Honorare für Dienstleistungen
von Anwälten, Abschlußprüfern und anderen, für Werbemaßnah-
men und für Kantineneinkäufe. Zu den sonstigen betrieblichen
Aufwendungen gehören auch Wertberichtigungen auf Forderungen und Verluste aus Anlageabgängen. Ferner sind hier die Einstel-

lungen in den Sonderposten mit Rücklageanteil enthalten, die
oben bereits behandelt wurden.

Beim **Finanzergebnis** interessieren vor allem Ausmaß und
Gründe der Abschreibungen auf Finanzanlagen und Wertpapiere
und der Verlustübernahmen. Die Ergebnisse aus Beteiligungen
sind auch Anlaß, sich mit dem Beteiligungsportfolio und etwaigen
Konzernverflechtungen sowie mit möglichen Ergebnisverlagerun-
gen kritisch auseinanderzusetzen (zum Konzern siehe Kapitel E).

Die Zinsaufwendungen können einen beachtlichen Kosten-
block darstellen. Ihr Anteil an der Gesamtleistung drückt die **Zinsintensität** aus.

Beispiel 21:
> Gesamtleistung: 500 TDM, Zinsaufwand: 20 TDM.
> Zinsaufwandsquote oder Zinsintensität = 4%

Aufschlußreich können außerdem die Höhe der Zinssätze, der
Kredit- und ähnlicher Provisionen sowie der Abschreibungsbeträ-
ge für das Disagio sein.

Zur Beurteilung des **Ergebnisses der gewöhnlichen Geschäftstätigkeit** ist u. a. die Frage zu beantworten, ob in den betrieblichen
Erträgen und Aufwendungen erhebliche periodenfremde oder einmalige, nicht regelmäßig wiederkehrende Posten enthalten sind.
Solche Posten können z. B. betreffen: in größeren Abständen anfallende Generalreparaturen oder Sicherheitsinspektionen, in zwei-
oder dreijährigem Turnus stattfindende Messen und Ausstellungen u. ä.

Die **außerordentlichen Aufwendungen und Erträge** enthalten jene Posten, die nicht im Rahmen der gewöhnlichen Geschäftstätigkeit anfallen. Hierzu gehören z. B. Aufwendungen im Zusammenhang mit der Stillegung von Teilbetrieben, den Verkauf wesent-
licher Beteiligungen u. ä. Sie sind meist Ausdruck gewichtiger Um-
strukturierungen und können auf die künftige Unternehmensent-
wicklung erheblichen Einfluß haben. Sie können aber auch Korrekturen früherer Fehlentscheidungen bedeuten.

Ein wichtiges Indiz für die Ertragsentwicklung kann die Veränderung des **Steueraufwandes** sein. Dazu ist der Ertragsteueraufwand zum Ergebnis vor Steuern in Beziehung zu setzen. Wesentliche Veränderungen können darauf zurückzuführen sein, daß Steu-
ersätze sich geändert haben, ein unterschiedliches Ausschüttungs-

verhalten vorliegt (auszuschüttende Gewinne werden anders besteuert als einbehaltene Gewinne), in unterschiedlichem Umfang steuerfreie oder steuerbegünstigte Einkünfte angefallen sind oder durch handelsrechtliche Bewertungsmaßnahmen, die nicht steuerlich anerkannt werden (siehe dazu aber die Ausführungen zu latenten Steuern, S. 48).

4.2 Umsatzkosten- und Gesamtkostenverfahren

Die **Gliederung der Gewinn- und Verlustrechnung** kann nach dem Umsatzkostenverfahren oder nach dem Gesamtkostenverfahren erfolgen:

Beispiel 22 a:

Umsatzkostenverfahren Audi AG

	1991		1990		Veränderung
	Mio DM	%	Mio DM	%	%
Umsatzerlöse	+ 14814	100	+ 12125	100	+ 22
Herstellungskosten zur Erzielung des Umsatzes	− 13606	92	− 11509	95	+ 18
Bruttoergebnis	+ 1208	8	+ 616	5	+ 96
Vertriebskosten	− 823	6	− 260	2	+ 217
Allgemeine Verwaltungskosten	− 186	1	− 160	1	+ 216
Sonstige betriebliche Erträge	+ 416	3	+ 426	3	+ 2
Sonstige betriebliche Aufwendungen	− 71	0	− 76	0	− 7
	+ 544	4	+ 546	5	0
Finanzergebnis	+ 212	1	+ 194	1	+ 9
Ergebnis der gewöhnlichen Geschäftstätigkeit	+ 756	5	+ 740	6	+ 2
Steuern	− 386		− 456		
Jahresergebnis	+ 370		+ 284		

Kurzkommentar: Auffallend sind die Zunahme des Bruttoergebnisses und die Erhöhung der Vertriebskosten. Sie werden im Geschäftsbericht (nicht im Anhang!) mit Produktionsumstellungen auf neue Modelle und einer geänderten Abwicklung des Fahrzeuggeschäfts über die Volkswagen AG, die auch zu einer Umsatzausweitung beigetragen hat, erklärt. Die Material- und Personalaufwendungen stiegen um 14% bzw. 13%. Der Rückgang der Steueraufwendungen (51% bzw. 60% des Ergebnisses vor Steuern) wird nicht näher erläutert.

Beispiel 22 b:

Gesamtkostenverfahren Hapag-Lloyd AG

	1991		1990		Veränderung
	Mio DM	%	Mio DM	%	%
Umsatzerlöse	+ 1891	100	+ 1846	100	+ 2
Bestandsveränderung	− 3		− 10		
andere aktuellen Eigenleistungen	+ 4		+ 3		
Gesamtleistung	+ 1892	100	+ 1839	100	+ 3
Transportaufwendungen	− 1504	80	− 1623	88	− 7
	+ 388	20	+ 216	12	+ 80
Personalaufwand	− 225	12	− 203	11	+ 11
Abschreibungen	− 174	9	− 164	9	+ 6
Sonstige betriebliche Aufwendungen	− 109	6	− 67	4	+ 63
Sonstige betriebliche Erträge	+ 144	8	+ 155	8	− 7
	+ 24	1	− 63	− 3	
Finanzergebnis	+ 58	3	+ 82	4	− 29
Ergebnis der gewöhnlichen Geschäftstätigkeit	+ 82	4	+ 21	1	+ 290
Steuern	− 58		− 2		
Jahresüberschuß	+ 24		+ 19		

Kurzkommentar: Die Aufgliederung zeigt einige gravierende Veränderungen. Zur Ergebnisverbesserung in 1991 haben vor allem die geringeren Transportaufwendungen beigetragen. Fragen ergeben sich zum Finanzergebnis; in 1990 waren wesentlich höhere Beteiligungserträge angefallen.

4.3 Rentabilität

Als **Erfolgskennziffern** sind neben den schon erwähnten Strukturzahlen wie Material- und Zinsintensität Rentabilitätskennziffern gebräuchlich. Hierzu werden das Ergebnis der gewöhnlichen Geschäftstätigkeit oder der Jahresüberschuß zum Umsatz oder zum Gesamt- oder Eigenkapital in Beziehung gesetzt. Den Quotienten bezeichnet man als Umsatz-, Gesamtkapital- oder Eigenkapitalrentabilität.

Zur Ermittlung der Gesamtkapitalrentabilität sind dem Jahresergebnis die (Netto-)Zinsaufwendungen hinzuzurechnen, da die Gesamtkapitalrentabilität ja die Verzinsung des gesamten Kapitals angeben soll. Zusätzlich ist zu beachten, daß der Jahresüberschuß den Gewinn nach Steuern darstellt, während die Zinsaufwendungen vor Steuern gezeigt werden. Dies kann entweder dadurch berücksichtigt werden, daß der Zinsaufwand um fiktive Ertragsteuern gekürzt oder daß vom Ergebnis vor Steuern ausgegangen wird.

Als Gesamtkapital sollten das Eigenkapital und die Finanzschulden (verzinsliches Fremdkapital) angesetzt werden. In dieser Form entspricht es dem Netto-Betriebsvermögen (Kapitel I 2.1, S. 106 ff.).

Beispiel 23:

Gesamtkapitalrendite:	Mio DM
Ergebnis der gewöhnlichen Geschäftstätigkeit	10
+ (Netto-)Zinsaufwand	5
	15
dividiert durch Gesamtkapital Eigenkapital	30
+ Fremdkapital	70
	100
= 15:100 =	15%

Eigenkapitalrendite:	
10:30 =	
vor Steuern!	33%

Bei der Ermittlung der Kapitalrendite ist – streng genommen – auf die durchschnittliche Kapitalinanspruchnahme während des Geschäftsjahres abzustellen. Die Werte am Bilanzstichtag können saisonal oder zufallsbedingt erheblich abweichen. Der externe Bilanzleser kann hilfsweise als Durchschnitt „(Anfangsbestand + Endbestand) : 2" ansetzen.

5. Finanzanalyse

5.1 Bewegungsbilanz

Die im Geschäftsjahr eingetretenen Veränderungen der Bilanzposten können als Investitions- und Finanzierungsvorgänge interpretiert werden. Zu diesem Zweck empfiehlt es sich, eine sog. Bewegungsbilanz aufzustellen, in der die Veränderung der einzelnen Bilanzposten als **Mittelverwendung oder Mittelherkunft** dargestellt werden. Dabei werden Vermögenszuwachs und Kapitalminderungen als Verwendung, Vermögensminderungen und Kapitalzuwächse als Aufbringung von Finanzierungsmitteln interpretiert.

Mittelverwendung	Mittelherkunft
Aktiva +	Aktiva –
Passiva –	Passiva +

Tab. 19: Bewegungsbilanz

Einem **Vermögenszuwachs** liegen in der Regel Investitionen zugrunde, die durch Verwendung von Finanzierungsmitteln ermöglicht wurden. Auch reine Vermögensumschichtungen lassen sich als Kapitalverwendung interpretieren. Wenn z. B. Warenvorräte gegen Forderungen verkauft werden, sind die bisher in den Vorräten gebundenen Finanzierungsmittel nunmehr in den Forderungen enthalten. Bei reinen Werterhöhungen, wie Zuschreibungen beim Anlagevermögen, kann von einer Mittelverwendung insofern gesprochen werden, als es sich hierbei um die Verwendung stiller Reserven handelt, die als außer Rechnung gesetzte Finanzierungsmittel angesehen werden können.

Eine **Kapitalminderung** stellt ebenfalls eine Mittelverwendung dar. Als solche kommen vor allem die Tilgung von Schulden, Gewinnausschüttung und Kapitalentnahmen in Betracht. Die Auflösung von Rückstellungen beinhaltet die Verwendung stiller Reserven – im Gegensatz zum Verbrauch von Rückstellungen, der den Gegenposten zu angefallenen Ausgaben darstellt.

Durch die **Verminderung der Aktiva**, z. B. Abbau der Vorräte, wird in den Vermögensposten gebundenes Kapital freigesetzt. Bestandsminderungen durch Schwund, Brandschäden, Preisrückgänge und dergleichen werden im Rahmen der Bewegungsbilanz als „Finanzierung" des Verlustpostens gedeutet, der an die Stelle der geschwundenen Bestände tritt.

Wichtigster Posten des auf der Aktivseite freigesetzten Kapitals sind die Abschreibungen auf Anlagen. Sie sollen in erster Linie die eingetretenen Wertverluste beim Anlagevermögen decken. Sie werden entsprechend in den Preisen kalkuliert und führen zu entsprechenden Erlösen. Dies bedeutet eine Kapitalfreisetzung im Anlagevermögen, die ihren Niederschlag in den Halb- oder Fertigfabrikaten, in den Forderungen oder in flüssigen Mitteln findet.

Die **Zunahme der Passiva** ist auf Eigen-, Fremd- oder Selbstfinanzierungsvorgänge zurückzuführen. Wenn der Unternehmer oder die Gesellschafter neue Mittel einlegen, spricht man von Eigenfinanzierung. Werden Schulden aufgenommen, handelt es sich um Fremdfinanzierung, während durch die Einbehaltung von Gewinnen das Unternehmen Selbstfinanzierung betreibt. Die Bildung von Rückstellungen ist in diesem Zusammenhang wie eine Schuldaufnahme zu sehen.

Zur besseren Darstellung der finanziellen Entwicklung empfiehlt es sich, über die einfache Veränderungsbilanz hinaus die Bewegungsvorgänge innerhalb der einzelnen Bilanzposten brutto auszuweisen und dadurch besser sichtbar zu machen. So werden z. B. beim Anlagevermögen die Anlagezugänge und die Abschreibungen jeweils gesondert als Mittelverwendung bzw. Mittelherkunft ausgewiesen (Beispiel 24).

Beispiel 24:

– Mio DM –	1992	1991	Veränderungsbilanz Mittel- verwendung	Mittel- herkunft
Aktiva				
Immaterielle Vermögensgegenstände	6	3	3	
Sachanlagen	364	396		32
Finanzanlagen	692	464	228	
Anlagevermögen	1 062	863		
Vorräte	250	241	9	
Forderungen	334	300	34	
Flüssige Mittel	105	33	72	
	1 751	1 437		

– Mio DM –	1992	1991	Veränderungsbilanz Mittelverwendung	Mittelherkunft
Passiva				
Eigenkapital	932	663		269
Sonderposten mit Rücklageanteil	11	29	18	
Pensionsrückstellungen	420	390		30
Verbindlichkeiten	388	355		33
	1751	1437	364	364

	Zugänge	Abgänge	Abschreibungen	Veränderung
Imm. Verm.	5	0	2	3
Sachanlagen	115	50	97	– 32
Finanzanlagen	283	20	35	228
	403	70	134	199

Bewegungsbilanz

Mittelverwendung	Mio DM
Anlageinvestitionen	403
Aufstockung der Vorräte	9
Erhöhung der Forderungen	34
Zunahme der flüssigen Mittel	72
Auflösung von Sonderposten	18
	536

Mittelherkunft	
Anlageabschreibungen	134
Anlagenabgänge	70
Erhöhung des Eigenkapitals	269
Zuführung zu Pensionsrückstellungen	30
Zunahme der Verbindlichkeiten	33
	536

5.2 Kapitalflußrechnung

Eine sinnvolle Erweiterung der Bewegungsbilanz stellt die Einbeziehung der G + V und damit des Cash-flow in die Finanzrechnung dar. Mit einer solchen „**Kapitalflußrechnung**" können der Mittelzufluß aus der Umsatztätigkeit, die betrieblichen Investitionen und Desinvestitionen sowie die Außenfinanzierung des Unternehmens gut veranschaulicht werden. Dabei wird eine solche Rechnung oft in der Weise gegliedert, daß der Saldo der genannten Mittelbewegungen auf die Veränderung eines Fonds zurückgeführt werden, der entweder als sog. Liquiditätsposition (flüssige Mittel und Finanzschulden; Beispiel 25), als Netto-Geldvermögen (Liquiditätsposition + übrige Forderungen und Verbindlichkeiten) oder als Netto-Umlaufvermögen (Netto-Geldvermögen + Vorräte; Beispiel 26, S. 132) abgegrenzt ist.

Beispiel 25:
In Ergänzung zu Beispiel 24 sei (in verkürzter Form) die G + V des Unternehmens angegeben:

– Mio DM –	1992	1991
Umsatzerlöse	1538	1400
Bestandsveränderung	10	5
Gesamtleistung	1548	1405
Materialaufwendungen	774	735
Personalaufwendungen	387	358
Abschreibungen	134	118
Sonstige betriebliche Aufwendungen	94	92
Zinsaufwendungen	18	18
Ergebnis der gewöhnlichen Geschäftstätigkeit	141	84
Steuern	70	42
Jahresüberschuß	71	42

Die (verzinslichen) Finanzschulden betragen unverändert an beiden Bilanzstichtagen 200 Mio DM. Als Dividende 1991 werden 42 Mio DM ausgeschüttet. Die Kapitalflußrechnung sieht dann wie folgt aus:

	Mio DM
Mittelzufluß aus	
– Umsatztätigkeit	
Jahresüberschuß	71
Abschreibungen abzüglich Auflösung	
Sonderposten (137–18)	116
Zuführung zu Pensionsrückstellungen	30
Cash-flow	217
– Desinvestitionen	
Anlagenabgänge	70
– Finanzierung	
Zunahme der Lieferantenschulden	33
Kapitalerhöhung	240
Mittelzufluß gesamt	560
Mittelverwendung für	
– Investitionen	
Sachanlagen und immaterielle Anlagen	120
Finanzanlagen	283
	403
Vorräte	9
Forderungen	34
	446
– Dividende 1991	42
	488
	72
Zunahme der flüssigen Mittel	72
Veränderung der Finanzschulden	0
Veränderung der **Liquiditätsposition**	72

Beispiel 26:

Grundlage Beispiele 24 und 25

	Mio DM
Veränderung des **Netto-Umlaufvermögens**	
Liquiditätsposition	+ 72
+ übrige Forderungen	+ 34
und Verbindlichkeiten	(+ 33)
= **Netto-Geldvermögen**	+ 73
+ Vorratsvermögen	+ 9
	+ 82

Cash-flow	217
Anlagenabgänge	70
Kapitalerhöhung	240
Mittelzufluß	527

Anlageinvestitionen	403
Dividenden	42
Mittelverwendung	445

Veränderung des Netto-Umlaufvermögens	+ 82

Als bemerkenswerte Entwicklungen sind zu erwähnen: Die Kapitalerhöhung um 240 Mio DM, die im Zusammenhang steht mit dem Erwerb einer Beteiligung zum Kaufpreis von 283 Mio DM. Auffallend sind auch die relativ hohen Abgänge bei den Sachanlagen.

6. Aufbereitung des Jahresabschlusses

Eine fundierte Bilanzanalyse lebt davon, daß sämtliche Informationen des Jahresabschlusses zur Interpretation genutzt werden, also neben der Bilanz und der Gewinn- und Verlustrechnung vor allem auch der Anhang. Es kommt darauf an, durch Strukturie-

rung, Kennziffern und Vergleiche die branchen- und unterneh-
mensspezifischen Bilanz- und Erfolgskriterien herauszuschälen.

Zur Analyse ist es empfehlenswert, den vorgelegten Jahresabschluß durch **Zusammenfassung,** Umgliederung und **Rundun-
gen** zu lesbaren Zahlengrößen (Mio DM oder TDM statt DM) auf-
zubereiten, so daß die wesentlichen Strukturen und Entwicklungen besser erkennbar werden (vgl. Beispiel 27, S. 139 ff.).

Zunächst ist die **Struktur** von Bilanz und Gewinn- und Verlustrechnung herauszuarbeiten. Eine Zusammenfassung der einzelnen Abschlußposten zu den wesentlichen Gesamtposten erleichtert den Überblick. Zur Erklärung der Strukturen und ihrer Veränderungen interessiert aber dann wieder deren Zusammensetzung
nach Einzelposten, z. B. der Vorräte nach Roh-, Hilfs- und Betriebsstoffen sowie Erzeugnisse und Waren und ihre Veränderung.

Die Tabelle 20 nennt die **wichtigsten Untersuchungsgegenstände** der Bilanzanalyse.

Bilanzstruktur

     Vermögensaufbau

     Kapitalstruktur

G + V-Struktur

Kennzahlen

     Lagerumschlag

     Zielinanspruchnahme von Kunden

     Kreditdauer bei Lieferanten

     Verschuldungsgrad

     Kapitalrentabilität

     Umsatzrendite

     Umsatz/Gesamtleistung je Mitarbeiter
     oder Verkaufsfläche

     Personalkosten je Mitarbeiter

Cash-flow-Analyse

Tab. 20: Untersuchungsgegenstände der Bilanzanalyse

Folgenden Posten sollte **besondere Aufmerksamkeit** geschenkt werden, weil sie zum Teil Wahlrechte beinhalten, u.U. ungewöhnlich sind oder problematisch sein können:
- ausstehende Einlagen,
- Zugänge an immateriellen Vermögensgegenständen,
- Zuschreibung beim Anlagevermögen,
- hohe Forderungen an verbundene Unternehmen,
- Forderungen mit einer Restlaufzeit von mehr als einem Jahr,
- eigene Anteile,
- hohe Rechnungsabgrenzungsposten,
- Sonderposten mit Rücklageanteil,
- Rückstellungen für drohende Verluste,
- Aufwandsrückstellungen,
- Bestandsveränderungen,
- hohe aktivierte Eigenleistungen,
- sonstige betriebliche Erträge,
- sonstige betriebliche Aufwendungen,
- Abschreibungen auf Finanzanlagen,
- Verlustübernahmen,
- außerordentliche Aufwendungen und Erträge,
- nicht bilanzierte finanzielle Verpflichtungen.

Auffallende und wesentliche Veränderungen sind hinsichtlich ihrer Ursachen zu untersuchen. Es kann sich um stichtagsbedingte Zufälligkeiten handeln, die Veränderungen können sich aber auch aus der besonderen Geschäftsentwicklung im abgelaufenen Geschäftsjahr ergeben haben. Hinweise dafür finden sich im Anhang oder im Lagebericht, u.U. auch in dem weitergehenden Geschäftsbericht, den große Kapitalgesellschaften im allgemeinen veröffentlichen.

Zusammenfassend zeigt die nachfolgende Abbildung 3, wie der betriebliche Leistungsprozeß und die Posten des Jahresabschlusses miteinander verknüpft sind.

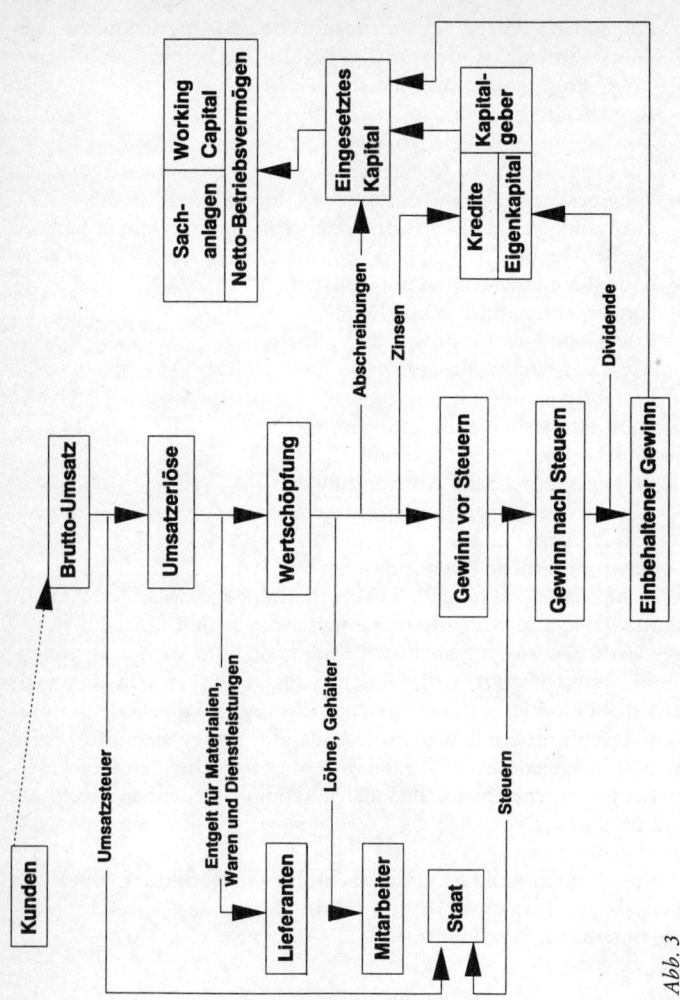

Abb. 3

II. Bilanzpolitik

1. Begriff und Ziele

Bilanzpolitik ist die bewußte Gestaltung des Jahresabschlusses zur Erreichung oder Unterstützung unternehmerischer Ziele unter Wahrung der gesetzlichen Vorschriften sowie der Grundsätze ordnungsmäßiger Buchführung. **Gegenstand** der Bilanzpolitik sind der Jahresabschluß (Bilanz, Gewinn- und Verlustrechnung und Anhang) und der Lagebericht sowie beim Konzern der Konzernabschluß und der Konzernlagebericht. Dabei können im Einzelabschluß und im Konzernabschluß eigenständige, unterschiedliche Bilanzpolitiken verfolgt werden, doch werden durch die Publizität die unterschiedlichen Politiken offensichtlich. (Zum Konzernabschluß siehe Abschnitt E.)

Ziele bilanzpolitischer Maßnahmen sind
– die Sicherung, Erhaltung und Erweiterung des (Eigen-)Kapitals,
– Verbesserung der Liquidität,
– Verringerung der Steuerbelastung,
– Beeinflussung des ausschüttungsfähigen Gewinns (Dividendenpolitik),
– Beeinflussung der Publizität des Jahresabschlusses.

Das betriebliche Vermögen ist einer Vielzahl von Risiken ausgesetzt, die zu einem erheblichen Teil vom Unternehmen nicht beeinflußt werden können. Während spezielle Risiken durch Fremdversicherung abgedeckt oder auch durch Rückstellungen abgesichert werden können, kann für das allgemeine Unternehmerrisiko nur durch Bildung von offenen oder stillen Rücklagen **Vorsorge** getroffen werden.

Die handels- und steuerrechtlichen Bewertungsvorschriften sichern wegen des Anschaffungswertprinzips nur eine nominelle **Kapitalerhaltung**. Die Wiederbeschaffung der zur Aufrechterhaltung der bisherigen Leistungserstellung notwendigen Vermögenswerte ist bei gestiegenen Wiederbeschaffungskosten in Frage gestellt, wenn Preissteigerungsgewinne versteuert oder ausgeschüttet werden.

Bewertungsverfahren wie die Lifo-Methode mildern in begrenztem Umfang den Ausweis von Scheingewinnen. Zusätzlich müssen daher zur Substanzerhaltung entsprechende Gewinnbestand-

teile im Unternehmen zurückbehalten werden. Zweck der **Thesau-
rierung von Gewinnen** kann darüber hinaus die Selbstfinanzierung von Investitionen, die Rückzahlung von Fremdkapital und
die Verbesserung von Liquidität sein.

Unternehmen und Gesellschafter sind in der Regel an einem
möglichst hohen versteuerten Gewinn interessiert, da nur dieser
zu ihrer Verfügung steht. Das Unternehmen wird daher – ggf. unter Beachtung anderer Ziele der Bilanzpolitik –versuchen, alle
Möglichkeiten zur **Steuerersparnis** auszunutzen. Das bedeutet
vor allem die Ausnutzung aller steuerlich zulässigen Sonderabschreibungen und sonstigen Abwertungen. Dabei geht es selten
um eine endgültige Steuerersparnis als vielmehr um eine Steuer-
stundung. Die gebildeten stillen Reserven lösen sich nämlich im
Laufe der Nutzung, durch den Verbrauch oder Verkauf der Vermögensgegenstände in künftigen Geschäftsjahren zwangsläufig auf
(vgl. auch Beispiel 18, S. 115).

Die **Dividendenpolitik** hat die unterschiedlichen Interessen zwischen Unternehmensführung und Aktionären abzuwägen. Die Geschäftsführung wird zur Sicherung des Unternehmens dessen Eigenkapitalbasis und Liquidität stärken und dazu die Gewinnausschüttung begrenzen wollen, während den Gesellschaftern im allgemeinen an möglichst hohen Gewinnausschüttungen gelegen ist.
Den Eigenkapitalgebern muß andererseits eine angemessene Verzinsung des von ihnen zur Verfügung gestellten Risikokapitals zu-
gestanden werden.

Bei der Aktiengesellschaft wird der Jahresabschluß im allgemeinen von Vorstand und Aufsichtsrat festgestellt, so daß der Aktionär keinen Einfluß auf die Bilanzpolitik nehmen kann. Der Beschluß der Aktionäre über die Gewinnverwendung bezieht sich lediglich auf den nach Vornahme aller Bilanzierungs- und Bewertungsmaßnahmen sowie nach Rücklagendotierungen im Rahmen
der Bilanzfeststellung verbleibenden Bilanzgewinn.

Anders ist es bei Einzel- und Personenunternehmen sowie bei
der GmbH. Hier können die **Unternehmenseigentümer** (Einzel-
unternehmer, Gesellschafter) im Rahmen der von ihnen vorzuneh-
menden Feststellung des Jahresabschlusses auf die Bilanzierungs-
und Bewertungsmaßnahmen, die von der Geschäftsführung vorge-
schlagen werden, Einfluß nehmen.

Der Jahresabschluß wird schließlich zur Beurteilung der wirtschaftlichen Lage, der Konkurrenzfähigkeit und der **Kreditwür-**

digkeit des Unternehmens herangezogen. Bilanzpolitische Maßnahmen können daher auch eine bestimmte Darstellung im Jahresabschluß bezwecken.

2. Instrumente und Gestaltungsspielraum

Als **bilanzpolitisches Instrumentarium** stehen neben den Sachverhaltsgestaltungen, die vor dem Bilanzstichtag zu erfolgen haben (s. S. 104), die dargestellten Bilanzierungs- und Bewertungswahlrechte (s. S. 116 f.) zur Verfügung. Mit diesen Maßnahmen sollen beeinflußt werden:

– Vermögen und Kapital nach absoluter Höhe und Struktur,
– die Aufwendungen und Erträge nach Art, Höhe und Zusammensetzung sowie
– das Jahresergebnis.

Die Ausübung von Aktivierungs- und Passivierungswahlrechten verbessert –unabhängig von der Bewertung – den Einblick in die Vermögens- und Finanzlage des Unternehmens, da andernfalls die nicht bilanzierten Vermögens- oder Schuldposten in der Bilanz nicht erscheinen würden.

Im Vordergrund der bilanzpolitischen Überlegungen steht die **Beeinflussung des Erfolgsausweises.** Je nach wirtschaftlicher Lage und ihrer voraussichtlichen Entwicklung wird man eine Verbesserung oder Verminderung des Jahresergebnisses anstreben.

Das folgende Beispiel 27 soll den Gestaltungsspielraum veranschaulichen.

Beispiel 27:
Es handelt sich um eine neu gegründete AG. Im Fall A wird jeweils der höchstmögliche Wertansatz gewählt, während im Fall B umgekehrt verfahren wird. Bilanz und G + V werden in zusammmengefaßter und zur Analyse aufbereiteter Form gezeigt. Die unterschiedliche Ausübung von Wahlrechten wird für die einzelnen Abschlußposten unter den angeführten Ziffern nachstehend erläutert.

Bilanz

AKTIVA		A Mio DM	%	B Mio DM	%
Immaterielle Ver-mögensgegenstände	1.	1	0	0	
Sachanlagen	2.	101	41	84	42
Finanzanlagen		4	2	4	2
Anlagevermögen		106	43	88	44
Vorräte					
Roh-, Hilfs- und Betriebsstoffe	3.	58	24	47	23
unfertige und fertige Erzeugnisse	4.	30	12	20	10
Forderungen					
aus Warenlieferungen und Leistungen		40	16	40	20
sonstige		5	2	5	2
Flüssige Mittel		2	1	2	1
Umlaufvermögen		35	55	114	56
Rechnungsabgrenzungs-posten	5.	5	2	0	0
		246	100	202	100

PASSIVA

		A Mio DM	%	B Mio DM	%
Eigenkapital					
Gezeichnetes Kapital		60	25	60	30
Rücklagen		1	0	0	
Bilanzgewinn		18	7	– 10	– 5
		79	32	50	25
Rückstellungen	6.	10	4	15	7
Verbindlichkeiten					
gegenüber Kredit-instituten	5.	100	41	100	50
aus Lieferungen und Leistungen		36	15	36	18
sonstige	9.	21	8	1	0
		246	100	202	100

G + V

		A Mio DM	%	B Mio DM	%
Umsatzerlöse		450		450	
Bestandsveränderung	6.	30		20	
Sonstige aktivierte Eigenleistung	2.	8		4	
Gesamtleistung		488	100	474	100
Materialaufwendungen	3.	209	43	220	46
Wertschöpfung		279	57	254	54
Personalaufwendungen		135	28	135	29
Abschreibungen	2.	10	2	23	5
Sonstige betriebliche Aufwendungen	7.	85	17	91	19
Ordentliches Ergebnis vor Zinsen und Steuern		49	10	5	1
Zinsaufwendungen	5./8.	10	2	15	3
Ergebnis der gewöhnlichen Geschäftstätigkeit		39	8	– 10	– 2
Steuern	9.	20	4	0	
Jahresüberschuß/ Jahresfehlbetrag		19	4	– 10	– 2
Einstellung in Rücklagen (5 %)		1		0	
Bilanzgewinn/ Bilanzverlust		18		– 10	

Erläuterung der ausgeübten Wahlrechte

(Beträge in Mio DM)	A	B
1. Kosten der Ingangsetzung	1,0	0
2. Sachanlagen		
Grundstücke (Zugang)	3,0	3,0
Gebäude (Zugang)		
Anschaffungskosten	30,0	30,0
Herstellungskosten		
(Voll-/Einzelkosten)	8,0	4,0
	38,0	34,0
Abschreibungen		
A = 2 %; B = 7 % (§ 7 Abs. 5 EStG)	0,8	2,4
	37,2	31,6
Maschinen (10 Jahre Nutzungsdauer) (Zugang)	50,0	50,0
Abschreibung A: 10 %	5,0	
B: 30 % degressiv		15,0
	45,0	35,0
Sonstige Anlagen (Zugang)		
(5 Jahre Nutzungsdauer)	20,0	20,0
Abschreibung A: 20 %	4,0	
B: 30 % degressiv		6,0
	16,0	14,0
	101,2	83,6
Abschreibungen gesamt	9,8	23,4

3. Rohstoff

Zugänge		DM/t
	100	300
	50	330
	450	360
	80	370
	70	400
	750	
Abgänge	600	
Bestand	150	

A: Fifo: 80 x 370 + 70 x 400   57,6

B: Lifo: 100 x 300 + 330 x 50   46,5

Materialaufwand

A:			B:		
450 x 360 =	162,0		70 x 400 =	28,0
100 x 300 =	30,0		80 x 370 =	29,6
50 x 330 =	16,5		450 x 360 =	162,0
	208,5			219,6

(Beträge in Mio DM)	A	B
4. Erzeugnisse		
Einzelkosten		20
Einzel- und angemessene Gemeinkosten	30	
5. Disagio		
Aufnahme eines Kredits von 100 Mio DM mit einem Disagio von 5 %	5	0
6. Rückstellungen		
für Instandhaltungen	0	5
sonstige Rückstellungen	10	10
	10	15
7. Sonstige betriebliche Aufwendungen	85	85
Kosten der Ingangsetzung	0	1
Aufwandrückstellung	0	5
	85	91

8. 10 % Zins auf Bankkredit	10	10
5 % Disagio	0	5
	10	15

9. Steuerschulden	20	0
sonstige	1	1
	21	1

Einige Kennzahlen:

Cash-flow: Jahresergebnis	19	– 10
Abschreibungen	10	23
Zuführung zu Rückstellungen	10	15
Disagio	– 5	0
Ingangsetzungskosten	– 1	0
	33	28

Netto-Verschuldung	98	98
Verschuldungsgrad	2,97	3,50

Ein externer Bilanzleser wird das Unternehmen im Fall B ungünstiger beurteilen als im Fall A, da bei B die Kennzahlen schlechter sind. Das Ausmaß der unterschiedlichen aktivierten Herstellungskosten und die unterschiedliche Auswirkung der Bestandsbewertung lassen sich extern nicht genau quantifizieren.

Zusammengefaßt erklärt sich der Ergebnisunterschied A – B vor Steuern von 49 Mio DM wie folgt:

	Mio DM
Unterschied Abschreibungen	13
Unterschied Rückstellungen	5
Disagio, Instandsetzungskosten	6
Unterschied Herstellungskosten	14
Unterschied Bestandsbewertung	11
	49

3. Folgewirkungen

Die eingeschlagene Bilanzpolitik wirkt sich wegen des Bilanzzusammenhangs auf künftige Jahresabschlüsse aus. Sie engt wegen des Stetigkeitsgrundsatzes den künftigen Bilanzierungs- und Bewertungsspielraum ein. Sie hat in späteren Jahresabschlüssen meistens entgegengesetzte Auswirkungen. Bilanzpolitik darf daher nicht kurzfristig gesehen werden.

Schematisch lassen sich diese Zusammenhänge wie folgt darstellen:

Bilanzpolitische Maßnahmen		Auswirkungen in Folgejahren	
Ausübung von		Zusätzliche Abschreibungsmöglichkeit oder -notwendigkeit	–
Aktivierungswahlrechten	+	Geringerer Gewinn oder höherer Verlust beim Ausscheiden des Vermögensgegenstandes durch Verkauf u. ä.	
Wertansatzwahlrechten	+		
Aufwertungswahlrechten	+		–
Nichtausübung der vorstehend genannten Wahlrechte	–	Keine oder geringere Abschreibungsmöglichkeiten	+
Ausübung von Abwertungswahlrechten		Höherer Gewinn oder geringerer Verlust beim Ausscheiden	+
Ausübung von Passivierungswahlrechten	–	Ertrag bei Auflösung der Passivposten oder geringerer Aufwand	+
Nichtausübung von Passivierungswahlrechten	+	Spätere Aufwendungen	–

+ = Gewinnerhöhung bzw. Verlustminderung
– = Gewinnminderung bzw. Verlustmehrung

Der **Zeitpunkt der künftigen Auswirkungen** auf das Ergebnis wird bestimmt vom Zeitpunkt der Umsatzrealisierung und damit der Dauer der Betriebszugehörigkeit der Vermögens- und Schuldposten, von der Abschreibungsdauer und -methode, vom Zeitpunkt des tatsächlichen Einnahme- und Ausgabeanfalls sowie von Preis- und etwaigen Steuerveränderungen.

Beispiel 28:
Zur Veranschaulichung wird das Beispiel 27 mit vereinfachenden Annahmen fortgeführt.

Umsatzerlös 520 Mio DM einschließlich 5 % Preissteigerung, d. h. Mengenzunahme 10 %. Die Fertigwarenbestände werden um die Hälfte abgebaut; der Rohstoff kostet 400 DM/t; Rohstoffbestand wie im Vorjahr

150 t; normale betriebliche Aufwendungen 60 Mio DM. Alles andere unverändert, insbesondere auch die Bewertungsgrundsätze. Die Veränderungen bei den G + V-Positionen egeben sich wie folgt:

(Beträge in Mio DM)	A	B

1. Materialaufwand

```
A:   80  x  370  =   29,6
     70  x  400  =   28,0
    510  x  400  =  204,0
    660             261,6          262
B: 660  x  400  =                        264
```

2. Abschreibungen

```
A: wie im Vorjahr         10,0
   Abschreibung In-
   gangsetzung             0,3
                          10,3          10
B: Gebäude                 2,4
   Maschinen 30% x 35 =   10,5
   sonst.    30% x 14 =    4,2
                          17,1               17
```

3. Betriebliche Aufwendungen

	A	B
Betriebliche Aufwendungen	60	60
Instandhaltung (bei B Verbrauch der Aufwandsrückstellung)	5	0
	65	60

4. Zinsen

	A	B
10% auf Bankkredit	10	10
10% auf Disagio	1	0
	11	10

G + V

		A		B	
		Mio DM	%	Mio DM	%
Umsatzerlöse		520		520	
Bestandsveränderung		– 15		– 10	
Sonstige akitvierte Eigenleistung		0		0	
Gesamtleistung		505	100	510	100
Materialaufwendungen	1.	262	52	264	52
Wertschöpfung		243	48	246	48
Personalaufwendungen		135	27	135	26
Abschreibungen	2.	10	2	17	3
Sonstige betriebliche Aufwendungen	3.	65	13	60	12
Ordentliches Ergebnis vor Zinsen und Steuern		33	6	34	7
Zinsaufwendungen	4.	11	2	10	2
Ergebnis der gewöhnlichen Geschäftsfähigkeit		22	4	24	5
Steuern		11	2	12	3
Jahresüberschuß/ Jahresfehlbetrag		11	2	12	2
Gewinn-/Verlustvortrag		18		– 10	
		29		2	
Einstellung in die gesetzliche Rücklage (A: 5% von 11; B: 5% von 2)		(0,5)		(0,1)	
Bilanzgewinn		29		2	

Bilanz

AKTIVA	A Mio DM	%	B Mio DM	%
Immaterielle Vermögensgegenstände	1		0	
Sachanlagen	91	37	67	30
Finanzanlagen	4	2	4	2
Anlagevermögen	96	39	71	32
Vorräte				
Roh-, Hilfs- und Betriebsstoffe	60	24	47	21
unfertige und fertige Erzeugnisse	15	6	10	5
Forderungen				
aus Warenlieferungen und Leistungen	40	16	40	18
sonstige	5	2	5	2
Flüssige Mittel	28	11	48	22
Umlaufvermögen	148	59	150	68
Rechnungsabgrenzungsposten	4	2	0	0
	248	100	221	100

PASSIVA	A Mio DM	%	B Mio DM	%
Eigenkapital				
Gezeichnetes Kapital	60	24	60	27
Rücklagen	1	0	0	
Bilanzgewinn	29	12	2	1
	90	36	62	28
Rückstellungen	10	4	10	5
Verbindlichkeiten				
gegenüber Kreditinstituten	100	40	100	45
aus Lieferungen und Leistungen	36	15	36	16
sonstige	12	5	13	6
	248	100	221	100

Kennzahlen:

(Beträge in Mio DM)	A	B
Cash-flow: Jahresergebnis	11	12
Abschreibungen	10	17
Veränderung Rückstellung	0	− 5
Abschreibung Disagio	1	0
	22	24
Netto-Verschuldung	72	52
Verschuldungsgrad	3,1	2,2

Das Bild von A und B hat sich im Vergleich zum Vorjahr (Beispiel 27) gewandelt. Das Jahresergebnis bei B liegt leicht über dem bei A. Auffallend ist der geringere Verschuldungsgrad bei B, der insbesondere durch die Steuereinsparung im ersten Jahr (bei A Steueraufwand von 20 Mio DM) beeinflußt ist.

Kritisch ist bei A und B anzumerken, daß trotz Umsatzausweitung um 15 % und unveränderten Personalaufwendungen der Gewinn und der Cash-flow zurückgegangen sind. Hier hat sich die starke Verteuerung des Materials (bei A = + 11,4 %; bei B = + 12,0 %) ausgewirkt.

4. Strategische Bilanzpolitik

Der klassische Ansatz der Bilanzpolitik zielt in erster Linie auf die Beeinflussung des Jahresergebnisses. Die hohe Steuerbelastung der deutschen Unternehmen sowie die Maßgeblichkeit der Handelsbilanz für die Steuerbilanz sind die Hauptursache dafür, daß steuerliche Überlegungen bei der Bilanzpolitik stark im Vordergrund stehen.

Eine mehr **strategisch ausgerichtete Bilanzpolitik** ist dadurch gekennzeichnet, daß sie nicht nur den Gewinnausweis, sondern auch andere Positionen der Rechnungslegung betrachtet, ferner nicht allein auf die Kapitalgeber, sondern auch auf andere Bezugsgruppen des Unternehmens gerichtet ist und daß sie nicht kurzfristig, sondern langfristig orientiert ist. Sie dient vor allem der nachhaltigen Absicherung des Unternehmens.

Eine solche langfristige Ausrichtung stößt namentlich dann auf Widerstand, wenn der kurzfristige Gewinnausweis und der Ergebnisvergleich zur Vorperiode im Vordergrund der bilanzpoliti-

schen Überlegung stehen. Eine solche Kurzatmigkeit der Bilanzpolitik wird durch die zunehmend übliche Halbjahres- und Quar-
talsberichterstattung oft noch verstärkt.

Unabhängig davon, daß Unternehmen in besonderer Lage eine
kurzfristig wirksame Überlebensstrategie fahren müssen, die sich
entsprechend auch auf die Bilanzpolitik auswirkt, sollte grundsätzlich bedacht werden, daß die Erhaltung und Stärkung der Überle-
bensfähigkeit des Unternehmens durch Ausbau der Marktposi-
tion, Flexibilität und anderes mehr und eine ihr entsprechende
Ausrichtung der Bilanzpolitik am besten dem Interesse des Unternehmens und seiner Bezugsgruppen (Eigentümer, Gläubiger, Mitarbeiter, Kunden und Gemeinwesen) dient.

E. Der Konzernabschluß

- ■ Einheitliche Betrachtung des Konzerns
- ■ Konsolidierungsgrundsätze
- ■ Analyse des Konzernabschlusses

I. Einführung

1. Problematik des Konzerns

Eine große und zunehmende Zahl von Unternehmen ist Mitglied eines Konzerns, sei es als herrschendes oder als abhängiges Unternehmen. **Konzerne** sind dadurch gekennzeichnet, daß zwei oder mehrere rechtlich selbständige Unternehmen unter einer einheitlichen Leitung zusammengefaßt werden; sie werden als eine wirtschaftliche Einheit geführt. Die einheitliche Leitung beruht meist auf einer mehrheitlichen Beteiligung der Konzernobergesellschaft an den Tochterunternehmen, sie kann aber auch durch einen sog. Beherrschungsvertrag oder sonst vertraglich unterlegt sein.

Der Konzern ist mehr als die Addition der einzelnen Konzernunternehmen. Die **finanzielle Verflechtung** und das Netz weiterer **konzerninterner Beziehungen** und Synergien kommen hinzu. Wegen der wirtschaftlichen Beziehungen der Konzernunternehmen untereinander geben die Jahresabschlüsse der einzelnen Unternehmen nur ein unvollkommenes Bild von der Vermögens-, Finanz- und Ertragslage des Konzerns. Andererseits hängt die Lage des einzelnen Konzernunternehmens wesentlich von der Lage und Entwicklung des Konzerns ab. Neben den durch Kapitalverflechtung bedingten Abhängigkeiten können Entscheidungen der Konzernspitze sowie konzerninterne Lieferungen, Leistungen und Finanztransaktionen die Posten der Einzelabschlüsse der Konzernunternehmen wesentlich beeinflussen. Die Aussagekraft des Einzelabschlusses kann daher bei einem Konzernunternehmen stärker eingeschränkt sein als bei einem konzernunabhängigen Unternehmen.

2. Aufstellungspflicht

Aus diesen Gründen haben **Mutterunternehmen**, die mehrere Unternehmen einheitlich leiten oder über entsprechende Kontrollrechte gegenüber anderen Unternehmen verfügen (= Tochterunternehmen), einen Konzernabschluß aufzustellen (§ 290 HGB). Voraussetzung ist, daß folgende **Schwellenwerte** überschritten werden: Die addierten Summen der Konzernunternehmen übersteigen bei der Bilanzsumme 46,8 Mio DM, bei den Umsatzerlösen 96 Mio DM und bei der Anzahl der Beschäftigten 500 und außerdem liegt die konsolidierte Konzernbilanzsumme über 39 Mio DM und der konsolidierte Konzernumsatz über 80 Mio DM. „Konsolidiert" heißt Addition unter Verrechnung der konzerninternen Bilanz- und G + V-Posten; siehe Kapitel III.

Da der Konzernabschluß eine notwendige und wichtige Ergänzung zum Jahresabschluß der Konzernunternehmen ist, soll er in Grundzügen behandelt werden.

II. Grundsätze der Konzernrechnungslegung

Der Konzernabschluß umfaßt – analog zum Jahresabschluß – die **Konzernbilanz**, die **Konzern-G + V** und den **Konzern-Anhang**; außerdem ist ein **Konzern-Lagebericht** zu erstellen. Die Gliederung der Konzernbilanz und der Konzern-G + V entsprechen der Bilanz- und G + V-Gliederung des Jahresabschlusses. Grundsätzlich gelten auch die gleichen Bilanzierungs- und Bewertungsvorschriften.

1. Einheitstheorie, Konsolidierungskreis

Der Konzernabschluß beruht auf der Fiktion, daß der Konzern eine unternehmerische Einheit oder ein einziges Unternehmen darstellt, so daß die einzelnen Konzernunternehmen wie unselbständige Teilbetriebe behandelt werden. Aus dieser **Einheitstheorie** folgt, daß konzerninterne Vorgänge gegenseitig aufgerechnet werden. Sie hat ferner zur Konsequenz, daß für den Konzernabschluß einheitliche Bilanzierungs- und Bewertungsgrundsätze anzuwenden sind, und zwar unabhängig von der Bilanzierung und Bewertung in den Einzelabschlüssen der Konzernunternehmen.

Die **Aufrechnung konzerninterner Vorgänge** betrifft hauptsächlich die konzerninternen Beteiligungen, die konzerninternen Forderungen und Verbindlichkeiten und die innerkonzernlichen Lieferungen und Leistungen. Die Einzelabschlüsse der Konzernunternehmen werden also zur Erstellung des Konzernabschlusses nicht einfach addiert, sondern durch zweckentsprechende Aufrechnungen konsolidiert. Die wirtschaftliche Lage des Konzerns wird damit auf der Grundlage seiner Außenbeziehungen dargestellt.

Der Einblick in die **Vermögenslage des Konzerns** wird dadurch verbessert oder eigentlich erst ermöglicht, daß Doppelzählungen von Vermögens- und Schuldposten vermieden und statt dessen das Gesamtvermögen aller einbezogenen Konzernunternehmen und der Gesamtbetrag ihrer Verbindlichkeiten gegenüber Dritten ausgewiesen werden. Dem Einblick in die **Finanzlage** kommt zugute, daß konzerninterne Finanztransaktionen neutralisiert werden. Schließlich werden zur besseren Einsicht in die **Ertragslage** die konzerninternen Gewinne oder Verluste, die auf innerkonzernlichen Lieferungen und sonstigen Transaktionen beruhen, eliminiert. Damit wird das Konzernergebnis auf die mit Konzernfremden erzielten Umsätze und sonstigen Erträge zurückgeführt.

In dem Konzernabschluß sind das Mutterunternehmen und sämtliche Tochterunternehmen, unabhängig von ihrer Rechtsform und von ihrem Sitz, einzubeziehen. Damit gehören neben den inländischen auch alle ausländischen Tochterunternehmen zum sog. **Konsolidierungskreis.**

2. Einheitliche Bilanzierung und Bewertung

Der Konzernabschluß soll unter Beachtung der Grundsätze ordnungsmäßiger Buchführung einen den tatsächlichen Verhältnissen entsprechendes Bild der **Vermögens-, Finanz- und Ertragslage des Konzerns** vermitteln, und zwar in der Weise, als ob die einbezogenen Unternehmen ein einziges Unternehmen wären. Dementsprechend sind die Vermögens- und Schuldposten in der Konzernbilanz einheitlich zu bilanzieren und zu bewerten.

Für den Konzernabschluß gelten die Bilanzierungs- und Bewertungsregeln, die für den Jahresabschluß des Mutterunternehmens anzusetzen sind. Die Bilanzierungs- und Bewertungswahlrechte sind für den Konzernabschluß einheitlich auszuüben; ggf. sind die Bilanzposten der Einzelabschlüsse entsprechend zu ändern.

Es kann dabei auch vom **Jahresabschluß des Mutterunternehmens** abgewichen werden, soweit das Mutterunternehmen entsprechende Wahlrechte auch für seinen Jahresabschluß ausüben könnte. Damit kann in einem Konzernabschluß eine andere Bilanzpolitik verfolgt werden als im Einzelabschluß des Mutterunternehmens. Dies kann z. B. zweckmäßig sein, weil der Konzernabschluß keine steuerlichen Konsequenzen hat (die Maßgeblichkeit der Handelsbilanz für die Steuerbilanz bezieht sich nur auf den Einzelabschluß) und weil damit ein besserer Vergleich mit ausländischen Konzernunternehmen möglich wird.

III. Die Konsolidierung

Der Konzernabschluß wird aus den einzelnen Jahresabschlüssen der Konzernunternehmen in mehreren Schritten abgeleitet. Zunächst sind die Einzelabschlüsse, soweit notwendig, entsprechend der einheitlichen Bilanzierungs- und Bewertungsregeln, die für den Konzernabschluß angewendet werden, zu korrigieren. Anschließend findet die eigentliche Konsolidierung statt.

Als Konsolidierung bezeichnet man die Korrekturen, die gegenüber der Addition der Einzelabschlüsse notwendig werden, um konzerninterne Vorgänge zu eliminieren und den Konzern als einheitliches Unternehmen darzustellen. Sie bezieht sich auf die Kapitalkonsolidierung, die Schuldenkonsolidierung, die Eliminierung von Zwischengewinnen und die Konsolidierung von Aufwendungen und Erträgen.

1. Kapitalkonsolidierung

Anstelle der Anteile der Konzernobergesellschaft an den Tochterunternehmen treten deren Vermögensgegenstände und Verbindlichkeiten, Sonderposten mit Rücklageanteil, Rückstellungen und Rechnungsabgrenzungsposten. Der Beteiligungsbuchwert beim Mutterunternehmen wird also mit dem anteiligen Eigenkapital des Tochterunternehmens verrechnet (Kapitalkonsolidierung). Das Eigenkapital des Tochterunternehmens setzt sich zusammen aus dem gezeichneten Kapital, den Kapital- und Gewinnrücklagen sowie dem Bilanzgewinn oder -verlust. Abgestellt wird dabei im Regelfall auf den Zeitpunkt des Erwerbs der Beteiligung.

Für die erstmalige Verrechnung kann das Eigenkapital entweder mit dem Buchwert oder mit dem beizulegenden Wert der in den Konzernabschluß aufzunehmenden Vermögensgegenstände und Schulden des Tochterunternehmens angesetzt werden. Als Bewertungsstichtag kommt der Tag des Beteiligungserwerbs oder der erstmaligen Einbeziehung in den Konzernabschluß in Betracht (**Verrechnungsstichtag**).

Bei der **Buchwertmethode** wird der Beteiligungsansatz bei Mutterunternehmen mit dem anteiligen Buchwert des Eigenkapitals des Tochterunternehmens verrechnet. Ergibt sich dabei ein Unterschiedsbetrag, so ist zu untersuchen, ob bei dem Tochterunternehmen stille Reserven oder stille Lasten vorhanden sind.

Ist der Beteiligungsbuchwert höher als das anteilige buchmäßige Eigenkapital, so kann dieser **aktivische Unterschiedsbetrag** darauf zurückzuführen sein, daß das Bilanzvermögen des Tochterunternehmens stille Reserven enthält. Ist dies der Fall, so hat eine Zuschreibung bei den unterbewerteten Vermögensposten zu erfolgen. Ein nach Verrechnung der stillen Reserven verbleibender aktivischer Unterschiedsbetrag ist als Geschäfts- oder Firmenwert auszuweisen und entsprechend abzuschreiben.

Ist ausnahmsweise der Beteiligungsbuchwert niedriger als das buchmäßige Eigenkapital des Tochterunternehmens, so ergibt sich ein **passivischer Unterschiedsbetrag**. Wegen der konzerneinheitlich anzuwendenden Bilanzierungs- und Bewertungsmethoden dürften stille Lasten sich nur auf das Ansatzwahlrecht für Pensionsrückstellungen beziehen, die Pensionsansprüche betreffen, die vor dem 1. 1. 1987 entstanden sind. Hier wäre der Unterschiedsbetrag als Pensionsrückstellung im Konzernabschluß darzustellen. Ein sonst verbleibender passivischer Unterschiedsbetrag ist gesondert auszuweisen. Er stellt gewissermaßen den gekauften „bad will" des Tochterunternehmens dar.

Bei der **Anteilswert- oder Neubewertungsmethode** werden die bilanzierungsfähigen Vermögensgegenstände und Schulden des Tochterunternehmens neu bewertet, und zwar mit ihrem zum

Verrechnungsstichtag beizulegenden Wert. Diese Neubewertung führt zu einer Veränderung des Eigenkapitals des Tochterunternehmens.

Soweit konzernfremde Gesellschafter am Tochterunternehmen beteiligt sind, erhöht sich auch deren Eigenkapitalanteil. Die Anteile konzernfremder Gesellschafter sind in der Konzernbilanz als „Anteile im Fremdbesitz" auszuweisen.

Auch die Anteilswertmethode kann zu einem aktivischen Unterschiedsbetrag führen, da nicht über die Anschaffungskosten für die Beteiligung hinausgegangen werden darf (Anschaffungswertprinzip); ein passivischer Unterschiedsbetrag kommt wegen der Neubewertung nicht vor.

Die etwas komplizierte Kapitalkonsolidierung sei durch folgendes einfache Beispiel 29 veranschaulicht:

Beispiel 29:

	Mutterunternehmen (M) [in Mio DM]	Tochterunternehmen (T) [in Mio DM]
Aktiva		
Grundstücke	300	100
Maschinen	500	200
Anteile an T	200	
Umlaufvermögen	700	400
	1 700	700
Passiva		
Gezeichnetes Kapital	500	300
Rücklagen	400	50
Verbindlichkeiten	800	350
	1 700	700

Der Zeitwert des Grundstückes von T beträgt 200; im übrigen entsprechen die Buchwerte den Zeitwerten. An T ist ein weiterer Gesellschafter mit 20% beteiligt.

Buchwertmethode:

Aufrechnung des Beteiligungsansatzes bei M mit dem anteiligen gezeichneten Kapital bei T:

80% x 300 = 240–200 = 40 = Ausgleichsposten aus der
                                    Kapitalkonsolidierung

Anteile im Fremdbesitz:
20% x 300 = 60

Anteilswertmethode:

Hier werden die stillen Reserven bei T in Höhe von 100 aufgedeckt und mit 80% (= M-Anteil an T) den Gewinnrücklagen des Konzerns zugerechnet.

	Buchwertmethode [in Mio DM]	Anteilswertmethode [in Mio DM]
Aktiva		
Grundstücke	400	500
Maschinen	700	700
Umlaufvermögen	1 100	1 100
	2 200	2 300
Passiva		
Gezeichnetes Kapital	500	500
Rücklagen	450	530
Ausgleichsposten aus der Kapitalkonsolidierung	40	40
Anteile im Fremdbesitz	60	80
	1 150	1 150
Verbindlichkeiten	1 150	1 150
	2 200	2 300

2. Sonstige Konsolidierungen

Die Aufrechnung der konzerninternen Forderungen und Verbindlichkeiten bezeichnet man als **Schuldenkonsolidierung**. Das bedeutet, daß Ausleihungen und andere Forderungen sowie Verbindlichkeiten zwischen den in den Konzernabschluß einbezogenen Unternehmen in der Konzernbilanz wegzulassen sind.

Aus der Einheitstheorie folgt ferner, daß Gewinne und Verluste aus konzerninternen Lieferungen und Leistungen im Konzernabschluß zu eliminieren sind (sog. **Zwischengewinneliminierung**). Vermögensgegenstände, die ganz oder teilweise aus konzerninternen Lieferungen oder Leistungen stammen, sind mit dem Konzern-Anschaffungskosten oder Konzern-Herstellungskosten anzusetzen.

Konzern-Anschaffungskosten sind die Aufwendungen, die ein Konzernunternehmen geleistet hat, um den Vermögensgegenstand von einem Konzernfremden zu erwerben. Die **Konzern-Herstellungskosten** sind die Aufwendungen, die durch den Verbrauch von Gütern und die Inanspruchnahme von Diensten für die Herstellung des Vermögensgegenstandes dem Konzern als einziges Unternehmen entstehen.

Die **Aufwands- und Ertragskonsolidierung** bedeutet vor allem, daß Umsatzerlöse, die gegenüber einem anderen Konzernunternehmen erzielt worden sind, mit den auf sie entfallenen Aufwendungen und Erträgen zu verrechnen sind. Damit werden konzerninterne Umsatzgeschäfte rückgängig gemacht. Auch andere Erträge aus konzerninternen Lieferungen und Leistungen, z.B. innerkonzernliche Zinserträge und -aufwendungen sind in der Konzern-G + V zu eliminieren.

3. Assoziierte Unternehmen

Eine Besonderheit des Konzernabschlusses stellt die Behandlung der sog. **assoziierten Unternehmen** dar. Es handelt sich hierbei um Unternehmen, die nicht Konzernunternehmen sind, aber auf die das Mutterunternehmen oder ein anderes Konzernunternehmen aufgrund seiner Kapitalbeteiligung einen maßgeblichen Einfluß auf die Geschäfts- und Finanzpolitik dieses Unternehmens tatsächlich ausübt. Eine solche Einflußnahme wird widerlegbar vermutet, wenn das Mutter- oder ein Tochterunternehmen über mindestens 20% der Stimmrechte verfügt.

Die Beteiligungen an assoziierten Unternehmen sind in der Konzernbilanz **gesondert auszuweisen**. Die Beteiligung ist entweder mit dem Buchwert oder mit dem beizulegenden Wert des anteiligen Eigenkapitals des assoziierten Unternehmens zu bewerten. Man spricht von der Eigenkapital- oder **Equity-Methode**, wobei wie bei der Kapitalkonsolidierung die Buchwert- oder Anteilswertmethode angewandt werden kann. Auf die Sonderbehandlung der assoziierten Unternehmen kann verzichtet werden, wenn sie für die Vermögens-, Finanz- und Ertragslage des Konzerns von untergeordneter Bedeutung sind.

IV. Analyse des Konzernabschlusses

Die Ausführungen zur Analyse des Jahresabschlusses (vgl. Kapitel D I) gelten im Prinzip auch für die Analyse des Konzernabschlusses. Ergänzend sind aber einige konzernspezifische Besonderheiten zu erwähnen.

Aus einem Vergleich der Erläuterungen der **Bilanzierungs-
und Bewertungsgrundsätze** im Konzern-Anhang und im Anhang des Mutterunternehmens läßt sich ablesen, ob für den Konzernabschluß eine abweichende Bilanzpolitik gegenüber dem Jahresabschluß des Mutterunternehmens verfolgt wurde. Abweichungen können durchaus sinnvoll sein, z. B. um losgelöst von rein steuerlichen Überlegungen die Vermögens-, Finanz- und Ertragslage
des Konzerns besser darzustellen und zugleich einen internationa-
len Vergleich zu erleichtern.

Die im Konzern-Anhang ebenfalls anzugebenden Konsolidierungsgrundsätze lassen erkennen, wie **Konsolidierungswahlrech-
te** ausgeübt werden. Gedacht ist hierbei insbesondere an die Buch-
wert- oder Neubewertungsmethode bei der Kapitalkonsolidierung. Interessant ist auch die Aufzählung der in dem Konzernabschluß einbezogenen Konzernunternehmen (Konsolidierungskreis) und die Angaben und Begründung für die Nichteinbezie-
hung von Konzernunternehmen.

Das **Eigenkapital des Konzerns** reduziert sich auf das Eigenkapital der Konzernobergesellschaft und die Anteile in Fremdbesitz.
In diesem Zusammenhang ist insbesondere der Verschuldungsgrad des Konzerns interessant.

Wichtig für die Analyse sind Charakter und Veränderungen des
Unterschiedsbetrages aus der Kapitalkonsolidierung, der nach
Zuordnung der stillen Reserven oder Aufdeckung der stillen Lasten verbleibt. Der als Geschäfts-oder **Firmenwert** verbleibende
aktivische Unterschiedsbetrag ist mit mindestens 25% oder planmäßig über die voraussichtliche Nutzungsdauer abzuschreiben.
Er darf auch offen mit den Rücklagen in der Konzernbilanz saldiert werden.

Der auf der **Passivseite** auszuweisende „Ausgleichsposten aus
der Kapitalkonsolidierung" hat Rückstellungscharakter. Er darf
nur aufgelöst werden, wenn die im Erwerbszeitpunkt erwartete
ungünstige Entwicklung der künftigen Ertragslage des Tochterunternehmens eingetreten ist oder die erwarteten Aufwendungen zu
berücksichtigen sind. Er darf ferner aufgelöst werden, wenn er einem realisierten Gewinn entspricht; dann hat der Ausgleichsposten Eigenkapitalcharakter.

F. Schlußbemerkung

Jeder Kaufmann und jedes Unternehmen müssen über ihre Geschäftsentwicklung und -situation in Form des Jahresabschlusses Rechnung legen. Der Jahresabschluß (Bilanz, Gewinn- und Verlustrechnung sowie gegebenenfalls Anhang) soll unter Berücksichtigung der Grundsätze ordnungsmäßiger Buchführung ein zutreffendes Bild der Vermögens-, Finanz- und Ertragslage des Unternehmens vermitteln.

Bilanzen richtig lesen heißt, die Vermögens-, Finanz- und Ertragslage des Unternehmens anhand des Jahresabschlusses zutreffend zu interpretieren. Es setzt die Kenntnis der Vorschriften und Grundsätze für die Aufstellung des Jahresabschlusses voraus, die in Kapitel C ausführlich behandelt wurden.

Die Grenze der Bilanzanalyse ergibt sich vor allem daraus, daß der Jahresabschluß stichtagsbezogen ist und Vergangenheitswerte enthält. Ereignisse nach dem Bilanzstichtag und künftige Entwicklung, z.B. hinsichtlich Auftragsbestand und Liquidität, sind aus dem Jahresabschluß nicht ersichtlich.

Zum Schutz der Gläubiger sind die Bilanzansätze vorsichtig zu bewerten. Bei den Vermögensposten dürfen höchstens die Anschaffungs- oder Herstellungskosten angesetzt werden. Eingetretene Wertminderungen und andere unrealisierte Verluste sind im Jahresabschluß zu berücksichtigen, während nicht realisierte Gewinne nicht ausgewiesen werden dürfen.

Die Bilanzierungs- und Bewertungswahlrechte sowie die Bewertungsmethoden sind gesetzlich fixiert und müssen bei Kapitalgesellschaften im Anhang erläutert werden. Der Grundsatz der Bewertungsfähigkeit läßt Bewertungsänderungen nur in begründeten Fällen zu.

Die Analyse des Jahresabschlusses lebt von den Einzelangaben in Bilanz, G + V und Anhang sowie insbesondere von dem Vergleich mit dem vorhergehenden Jahresabschluß. Dies und eventuell ein Vergleich mit anderen Branchenunternehmen ermöglicht einem externen Bilanzleser zumindest eine relative Beurteilung der Geschäftsentwicklung.

Anhang

1. Einkommensteuergesetz (Auszug)

§ 5. Gewinn bei Vollkaufleuten und bei bestimmten anderen Gewerbetreibenden. (1) [1]Bei Gewerbetreibenden, die auf Grund gesetzlicher Vorschriften verpflichtet sind, Bücher zu führen und regelmäßig Abschlüsse zu machen, oder die ohne eine solche Verpflichtung Bücher führen und regelmäßig Abschlüsse machen, ist für den Schluß des Wirtschaftsjahrs das Betriebsvermögen anzusetzen (§ 4 Abs. 1 Satz 1), das nach den handelsrechtlichen Grundsätzen ordnungsmäßiger Buchführung auszuweisen ist. [2]Steuerrechtliche Wahlrechte bei der Gewinnermittlung sind in Übereinstimmung mit der handelsrechtlichen Jahresbilanz auszuüben.

(2) Für immaterielle Wirtschaftsgüter des Anlagevermögens ist ein Aktivposten nur anzusetzen, wenn sie entgeltlich erworben wurden.

(3) [1]Rückstellungen wegen Verletzung fremder Patent-, Urheberoder ähnlicher Schutzrechte dürfen erst gebildet werden, wenn

1. der Rechtsinhaber Ansprüche wegen der Rechtsverletzung geltend gemacht hat oder

2. mit einer Inanspruchnahme wegen der Rechtsverletzung ernsthaft zu rechnen ist.

[2]Eine nach Satz 1 Nr. 2 gebildete Rückstellung ist spätestens in der Bilanz des dritten auf ihre erstmalige Bildung folgenden Wirtschaftsjahrs gewinnerhöhend aufzulösen, wenn Ansprüche nicht geltend gemacht worden sind.

(4) Rückstellungen für die Verpflichtung zu einer Zuwendung anläßlich eines Dienstjubiläums dürfen nur gebildet werden, wenn das Dienstverhältnis mindestens zehn Jahre bestanden hat, das Dienstjubiläum das Bestehen eines Dienstverhältnisses von mindestens 15 Jahren voraussetzt und die Zusage schriftlich erteilt ist.

(5) [1]Als Rechnungsabgrenzungsposten sind nur anzusetzen

1. auf der Aktivseite Ausgaben vor dem Abschlußstichtag, soweit sie Aufwand für eine bestimmte Zeit nach diesem Tag darstellen;

2. auf der Passivseite Einnahmen vor dem Abschlußstichtag, soweit sie Ertrag für eine bestimmte Zeit nach diesem Tag darstellen.

[2]Auf der Aktivseite sind ferner anzusetzen

1. als Aufwand berücksichtigte Zölle und Verbrauchsteuern, soweit sie auf am Abschlußstichtag auszuweisende Wirtschaftsgüter des Vorratsvermögens entfallen,

2. als Aufwand berücksichtigte Umsatzsteuer auf am Abschlußstichtag auszuweisende Anzahlungen.

(6) Die Vorschriften über die Entnahmen und die Einlagen, über die Zulässigkeit der Bilanzänderung, über die Betriebsausgaben, über die Bewertung und über die Absetzung für Abnutzung oder Substanzverringerung sind zu befolgen.

§ 6. Bewertung. (1) Für die Bewertung der einzelnen Wirtschaftsgüter, die nach § 4 Abs. 1 oder nach § 5 als Betriebsvermögen anzusetzen sind, gilt das Folgende:

1. [1]Wirtschaftsgüter des Anlagevermögens, die der Abnutzung unterliegen, sind mit den Anschaffungs- oder Herstellungskosten, vermindert um die Absetzungen für Abnutzung nach § 7, anzusetzen. [2]Ist der Teilwert niedriger, so kann dieser angesetzt werden. [3]Teilwert ist der Betrag, den ein Erwerber des ganzen Betriebs im Rahmen des Gesamtkaufpreises für das einzelne Wirtschaftsgut ansetzen würde; dabei ist davon auszugehen, daß der Erwerber den Betrieb fortführt. [4]Bei Wirtschaftsgütern, die bereits am Schluß des vorangegangenen Wirtschaftsjahrs zum Anlagevermögen des Steuerpflichtigen gehört haben, kann der Steuerpflichtige in den folgenden Wirtschaftsjahren den Teilwert auch dann ansetzen, wenn er höher ist als der letzte Bilanzansatz; es dürfen jedoch höchstens die Anschaffungs- oder Herstellungskosten oder der nach Nummer 5 oder 6 an deren Stelle tretende Wert, vermindert um die Absetzungen für Abnutzung nach § 7, angesetzt werden.

2. [1]Andere als die in Nummer 1 bezeichneten Wirtschaftsgüter des Betriebs (Grund und Boden, Beteiligungen, Umlaufvermögen) sind mit den Anschaffungs- oder Herstellungskosten anzusetzen. [2]Statt der Anschaffungs- oder Herstellungskosten kann der niedrigere Teilwert (Nummer 1 Satz 3) angesetzt werden. [3]Bei Wirtschaftsgütern, die bereits am Schluß des vorangegangenen Wirtschaftsjahrs zum Betriebsvermögen gehört haben, kann der Steuerpflichtige in den folgenden Wirtschaftsjahren den Teilwert auch dann ansetzen, wenn er höher ist als der letzte Bilanzansatz; es dürfen jedoch höchstens die Anschaffungs- oder Herstellungskosten oder der nach Nummer 5 oder 6 an deren Stelle tretende Wert angesetzt werden. [4]Bei land- und forstwirtschaftlichen Betrieben ist auch der Ansatz des höheren Teilwerts zulässig, wenn das den Grundsätzen ordnungsmäßiger Buchführung entspricht.

2a. [1]Steuerpflichtige, die den Gewinn nach § 5 ermitteln, können für den Wertansatz gleichartiger Wirtschaftsgüter des Vorratsvermögens unterstellen, daß die zuletzt angeschafften oder hergestellten Wirtschaftsgüter zuerst verbraucht oder veräußert worden sind, soweit dies den handelsrechtlichen Grundsätzen ordnungsmäßiger Buchführung entspricht und kein Bewertungsabschlag nach § 51 Abs. 1 Nr. 2 Buchstabe m vorgenommen wird. [2]Der Vorratsbestand am Schluß des Wirtschaftsjahrs, das der erstmaligen Anwendung der Bewertung nach Satz 1 vorangeht, gilt mit seinem Bilanzansatz als erster Zugang des neuen Wirtschaftsjahrs. [3] Auf einen im Bilanzansatz berücksichtigten Bewertungsabschlag nach § 51 Abs. 1 Nr. 2 Buchstabe m ist Satz 2 dieser Vorschrift entsprechend anzuwenden. [4] Von der Verbrauchs- oder Veräußerungsfolge nach Satz 1 kann in den folgenden Wirtschaftsjahren nur mit Zustimmung des Finanzamts abgewichen werden.

3. Verbindlichkeiten sind unter sinngemäßer Anwendung der Vorschriften der Nummer 2 anzusetzen.

4. [1] Entnahmen des Steuerpflichtigen für sich, für seinen Haushalt oder für andere betriebsfremde Zwecke sind mit dem Teilwert anzusetzen. [2] Wird ein Wirtschaftsgut im unmittelbaren Anschluß an seine Entnahme
   a) einer nach § 5 Abs. 1 Nr. 9 des Körperschaftsteuergesetzes von der Körperschaftsteuer befreiten Körperschaft, Personenvereinigung oder Vermögensmasse, die ausschließlich und unmittelbar der Förderung mildtätiger, wissenschaftlicher oder als besonders förderungswürdig anerkannter kultureller Zwecke oder der Förderung der Erziehung, Volks- und Berufsbildung dient, oder
   b) einer Körperschaft, Anstalt oder Stiftung des öffentlichen Rechts, die ausschließlich und unmittelbar der Förderung mildtätiger, wissenschaftlicher oder als besonders förderungswürdig anerkannter kultureller Zwecke oder der Förderung der Erziehung, Volks- und Berufsbildung dient,
   unentgeltlich überlassen, so kann die Entnahme mit dem Buchwert angesetzt werden. [3] Satz 2 gilt nicht für die Entnahme von Nutzungen und Leistungen. [4] Werden Gebäude, soweit sie zu einem Betriebsvermögen gehören und nicht Wohnzwecken dienen, und der in angemessenem Umfang dazugehörende Grund und Boden entnommen und im Anschluß daran vom Steuerpflichtigen in den folgenden zehn Jahren unter den Voraussetzungen des § 7k Abs. 2 Nr. 1, 2, 4 und 5 und Abs. 3 vermietet, so kann die Entnahme bis zum 31. Dezember 1992 mit dem Buchwert angesetzt werden. [5] Dies gilt auch, wenn das Gebäude umgebaut wird oder wenn infolge von Baumaßnahmen das Gebäude im Innern neu gestaltet wird und die Außenmauern erhalten bleiben.

5. [1] Einlagen sind mit dem Teilwert für den Zeitpunkt der Zuführung anzusetzen; sie sind jedoch höchstens mit den Anschaffungs- oder Herstellungskosten anzusetzen, wenn das zugeführte Wirtschaftsgut
   a) innerhalb der letzten drei Jahre vor dem Zeitpunkt der Zuführung angeschafft oder hergestellt worden ist oder
   b) ein Anteil an einer Kapitalgesellschaft ist und der Steuerpflichtige an der Gesellschaft im Sinne des § 17 Abs. 1 beteiligt ist; § 17 Abs. 2 Satz 2 gilt entsprechend.
   [2] Ist die Einlage ein abnutzbares Wirtschaftsgut, so sind die Anschaffungs- oder Herstellungskosten um Absetzungen für Abnutzung zu kürzen, die auf den Zeitraum zwischen der Anschaffung oder Herstel-

lung des Wirtschaftsguts und der Einlage entfallen. ³Ist die Einlage ein Wirtschaftsgut, das vor der Zuführung aus einem Betriebsvermögen des Steuerpflichtigen entnommen worden ist, so tritt an die Stelle der Anschaffungs- oder Herstellungskosten der Wert, mit dem die Entnahme angesetzt worden ist, und an die Stelle des Zeitpunkts der Anschaffung oder Herstellung der Zeitpunkt der Entnahme.

6. Bei Eröffnung eines Betriebs ist Nummer 5 entsprechend anzuwenden.

7. Bei entgeltlichem Erwerb eines Betriebs sind die Wirtschaftsgüter mit dem Teilwert, höchstens jedoch mit den Anschaffungs- oder Herstellungskosten anzusetzen.

(2) ¹Die Anschaffungs- oder Herstellungskosten oder der nach Absatz 1 Nr. 5 oder 6 an deren Stelle tretende Wert von abnutzbaren beweglichen Wirtschaftsgütern des Anlagevermögens, die einer selbständigen Nutzung fähig sind, können im Wirtschaftsjahr der Anschaffung, Herstellung oder Einlage des Wirtschaftsguts oder der Eröffnung des Betriebs in voller Höhe als Betriebsausgaben abgesetzt werden, wenn die Anschaffungs- oder Herstellungskosten, vermindert um einen darin enthaltenen Vorsteuerbetrag (§ 9b Abs. 1), oder der nach Absatz 1 Nr. 5 oder 6 an deren Stelle tretende Wert für das einzelne Wirtschaftsgut 800 Deutsche Mark nicht übersteigen. ²Ein Wirtschaftsgut ist einer selbständigen Nutzung nicht fähig, wenn es nach seiner betrieblichen Zweckbestimmung nur zusammen mit anderen Wirtschaftsgütern des Anlagevermögens genutzt werden kann und die in den Nutzungszusammenhang eingefügten Wirtschaftsgüter technisch aufeinander abgestimmt sind. ³Das gilt auch, wenn das Wirtschaftsgut aus dem betrieblichen Nutzungszusammenhang gelöst und in einen anderen betrieblichen Nutzungszusammenhang eingefügt werden kann. ⁴Satz 1 ist nur bei Wirtschaftsgütern anzuwenden, die unter Angabe des Tages der Anschaffung, Herstellung oder Einlage des Wirtschaftsguts oder der Eröffnung des Betriebs und der Anschaffungs- oder Herstellungskosten oder des nach Absatz 1 Nr. 5 oder 6 an deren Stelle tretenden Werts in einem besonderen, laufend zu führenden Verzeichnis aufgeführt sind. ⁵Das Verzeichnis braucht nicht geführt zu werden, wenn diese Angaben aus der Buchführung ersichtlich sind.

§ 6a. Pensionsrückstellung.

(1) Für eine Pensionsverpflichtung darf eine Rückstellung (Pensionsrückstellung) nur gebildet werden, wenn

1. der Pensionsberechtigte einen Rechtsanspruch auf einmalige oder laufende Pensionsleistungen hat,

2. die Pensionszusage keinen Vorbehalt enthält, daß die Pensionsanwartschaft oder die Pensionsleistung gemindert oder entzogen werden kann, oder ein solcher Vorbehalt sich nur auf Tatbestände erstreckt, bei deren Vorliegen nach allgemeinen Rechtsgrundsätzen unter Beachtung billigen Ermessens eine Minderung oder ein Entzug der Pensionsanwartschaft oder der Pensionsleistung zulässig ist, und

3. die Pensionszusage schriftlich erteilt ist.

(2) Eine Pensionsrückstellung darf erstmals gebildet werden

1. vor Eintritt des Versorgungsfalls für das Wirtschaftsjahr, in dem die Pensionszusage erteilt wird, frühestens jedoch für das Wirtschaftsjahr, bis zu dessen Mitte der Pensionsberechtigte das 30. Lebensjahr vollendet,

2. nach Eintritt des Versorgungsfalls für das Wirtschaftsjahr, in dem der Versorgungsfall eintritt.

(3) [1] Eine Pensionsrückstellung darf höchstens mit dem Teilwert der Pensionsverpflichtung angesetzt werden. [2] Als Teilwert einer Pensionsverpflichtung gilt

1. vor Beendigung des Dienstverhältnisses des Pensionsberechtigten der Barwert der künftigen Pensionsleistungen am Schluß des Wirtschaftsjahrs abzüglich des sich auf denselben Zeitpunkt ergebenden Barwerts betragsmäßig gleichbleibender Jahresbeträge. [2] Die Jahresbeträge sind so zu bemessen, daß am Beginn des Wirtschaftsjahrs, in dem das Dienstverhältnis begonnen hat, ihr Barwert gleich dem Barwert der künftigen Pensionsleistungen ist; die künftigen Pensionsleistungen sind dabei mit dem Betrag anzusetzen, der sich nach den Verhältnissen am Bilanzstichtag ergibt. [3] Es sind die Jahresbeträge zugrunde zu legen, die vom Beginn des Wirtschaftsjahrs, in dem das Dienstverhältnis begonnen hat, bis zu dem in der Pensionszusage vorgesehenen Zeitpunkt des Eintritts des Versorgungsfalls rechnungsmäßig aufzubringen sind. [4] Erhöhungen oder Verminderungen der Pensionsleistungen nach dem Schluß des Wirtschaftsjahrs, die hinsichtlich des Zeitpunkts ihres Wirksamwerdens oder ihres Umfangs ungewiß sind, sind bei der Berechnung des Barwerts der künftigen Pensionsleistungen und der Jahresbeträge erst zu berücksichtigen, wenn sie eingetreten sind. [5] Wird die Pensionszusage erst nach dem Beginn des Dienstverhältnisses erteilt, so ist die Zwischenzeit für die Berechnung der Jahresbeträge nur insoweit als Wartezeit zu behandeln, als sie in der Pensionszusage als solche bestimmt ist. [6] Hat das Dienstverhältnis schon vor der Vollendung des 30. Lebensjahrs des Pensionsberechtigten bestanden, so gilt es als zu Beginn des Wirtschaftsjahrs begonnen, bis zu dessen Mitte der Pensionsberechtigte das 30. Lebensjahr vollendet,

2. nach Beendigung des Dienstverhältnisses des Pensionsberechtigten unter Aufrechterhaltung seiner Pensionsanwartschaft oder nach Eintritt des Versorgungsfalls der Barwert der künftigen Pensionsleistungen am Schluß des Wirtschaftsjahrs; Nummer 1 Satz 4 gilt sinngemäß.

[3] Bei der Berechnung des Teilwerts der Pensionsverpflichtung sind ein Rechnungszinsfuß von 6 vom Hundert und die anerkannten Regeln der Versicherungsmathematik anzuwenden.

(4) [1] Eine Pensionsrückstellung darf in einem Wirtschaftsjahr höchstens um den Unterschied zwischen dem Teilwert der Pensionsverpflichtung am Schluß des Wirtschaftsjahrs und am Schluß des vorangegangenen Wirtschaftsjahrs erhöht werden. [2] In dem Wirtschaftsjahr, in dem mit der Bildung einer Pensionsrückstellung frühestens begonnen werden darf

(Erstjahr), darf die Rückstellung bis zur Höhe des Teilwerts der Pensionsverpflichtung am Schluß des Wirtschaftsjahrs gebildet werden; diese Rückstellung kann auf das Erstjahr und die beiden folgenden Wirtschaftsjahre gleichmäßig verteilt werden. [3] Erhöht sich in einem Wirtschaftsjahr gegenüber dem vorangegangenen Wirtschaftsjahr der Barwert der künftigen Pensionsleistungen um mehr als 25 vom Hundert, so kann die für dieses Wirtschaftsjahr zulässige Erhöhung der Pensionsrückstellung auf dieses Wirtschaftsjahr und die beiden folgenden Wirtschaftsjahre gleichmäßig verteilt werden. [4] Am Schluß des Wirtschaftsjahrs, in dem das Dienstverhältnis des Pensionsberechtigten unter Aufrechterhaltung seiner Pensionsanwartschaft endet oder der Versorgungsfall eintritt, darf die Pensionsrückstellung stets bis zur Höhe des Teilwerts der Pensionsverpflichtung gebildet werden; die für dieses Wirtschaftsjahr zulässige Erhöhung der Pensionsrückstellung kann auf dieses Wirtschaftsjahr und die beiden folgenden Wirtschaftsjahre gleichmäßig verteilt werden.

(5) Die Absätze 3 und 4 gelten entsprechend, wenn der Pensionsberechtigte zu dem Pensionsverpflichteten in einem anderen Rechtsverhältnis als einem Dienstverhältnis steht.

§ 7. Absetzung für Abnutzung oder Substanzverringerung.

(1) [1] Bei Wirtschaftsgütern, deren Verwendung oder Nutzung durch den Steuerpflichtigen zur Erzielung von Einkünften sich erfahrungsgemäß auf einen Zeitraum von mehr als einem Jahr erstreckt, ist jeweils für ein Jahr der Teil der Anschaffungs- oder Herstellungskosten abzusetzen, der bei gleichmäßiger Verteilung dieser Kosten auf die Gesamtdauer der Verwendung oder Nutzung auf ein Jahr entfällt (Absetzung für Abnutzung in gleichen Jahresbeträgen). [2] Die Absetzung bemißt sich hierbei nach der betriebsgewöhnlichen Nutzungsdauer des Wirtschaftsguts. [3] Als betriebsgewöhnliche Nutzungsdauer des Geschäfts- oder Firmenwerts eines Gewerbebetriebs oder eines Betriebs der Land- und Forstwirtschaft gilt ein Zeitraum von 15 Jahren. [4] Bei beweglichen Wirtschaftsgütern des Anlagevermögens, bei denen es wirtschaftlich begründet ist, die Absetzung für Abnutzung nach Maßgabe der Leistung des Wirtschaftsguts vorzunehmen, kann der Steuerpflichtige dieses Verfahren statt der Absetzung für Abnutzung in gleichen Jahresbeträgen anwenden, wenn er den auf das einzelne Jahr entfallenden Umfang der Leistung nachweist. [5] Absetzungen für außergewöhnliche technische oder wirtschaftliche Abnutzung sind zulässig.

(2) [1] Bei beweglichen Wirtschaftsgütern des Anlagevermögens kann der Steuerpflichtige statt der Absetzung für Abnutzung in gleichen Jahresbeträgen die Absetzung für Abnutzung in fallenden Jahresbeträgen bemessen. [2] Die Absetzung für Abnutzung in fallenden Jahresbeträgen kann nach einem unveränderlichen Hundertsatz vom jeweiligen Buchwert (Restwert) vorgenommen werden; der dabei anzuwendende Hundertsatz darf höchstens das Dreifache des bei der Absetzung für Abnutzung in gleichen Jahresbeträgen in Betracht kommenden Hundertsatzes betragen und 30 vom Hundert nicht übersteigen. [3] § 7a Abs. 8 gilt ent-

sprechend. [4]Bei Wirtschaftsgütern, bei denen die Absetzung für Abnutzung in fallenden Jahresbeträgen bemessen wird, sind Absetzungen für außergewöhnliche technische oder wirtschaftliche Abnutzung nicht zulässig.

(3) [1]Der Übergang von der Absetzung für Abnutzung in fallenden Jahresbeträgen zur Absetzung für Abnutzung in gleichen Jahresbeträgen ist zulässig. [2]In diesem Fall bemißt sich die Absetzung für Abnutzung vom Zeitpunkt des Übergangs an nach dem dann noch vorhandenen Restwert und der Restnutzungsdauer des einzelnen Wirtschaftsguts. [3]Der Übergang von der Absetzung für Abnutzung in gleichen Jahresbeträgen zur Absetzung für Abnutzung in fallenden Jahresbeträgen ist nicht zulässig.

(4) [1]Bei Gebäuden sind abweichend von Absatz 1 als Absetzung für Abnutzung die folgenden Beträge bis zur vollen Absetzung abzuziehen:

1. bei Gebäuden, soweit sie zu einem Betriebsvermögen gehören und nicht Wohnzwecken dienen und für die der Bauantrag nach dem 31. März 1985 gestellt worden ist, jährlich 4 vom Hundert,

2. bei Gebäuden, soweit sie die Voraussetzungen der Nummer 1 nicht erfüllen und die
   a) nach dem 31. Dezember 1924 fertiggestellt worden sind, jährlich 2 vom Hundert,
   b) vor dem 1. Januar 1925 fertiggestellt worden sind, jährlich 2,5 vom Hundert

der Anschaffungs- oder Herstellungskosten. [2]Beträgt die tatsächliche Nutzungsdauer eines Gebäudes in den Fällen der Nummer 1 weniger als 25 Jahre, in den Fällen der Nummer 2 Buchstabe a weniger als 50 Jahre, in den Fällen der Nummer 2 Buchstabe b weniger als 40 Jahre, so können an Stelle der Absetzungen nach Satz 1 die der tatsächlichen Nutzungsdauer entsprechenden Absetzungen für Abnutzung vorgenommen werden. [3]Absatz 1 letzter Satz bleibt unberührt. [4]Bei Gebäuden im Sinne der Nummer 2 rechtfertigt die für Gebäude im Sinne der Nummer 1 geltende Regelung weder die Anwendung des Absatzes 1 letzter Satz noch den Ansatz des niedrigeren Teilwerts (§ 6 Abs. 1 Nr. 1 Satz 2).

(5) [1]Bei im Inland belegenen Gebäuden, die vom Steuerpflichtigen hergestellt oder bis zum Ende des Jahres der Fertigstellung angeschafft worden sind, können abweichend von Absatz 4 als Absetzung für Abnutzung die folgenden Beträge abgezogen werden:

1. bei Gebäuden im Sinne des Absatzes 4 Satz 1 Nr. 1
   im Jahr der Fertigstellung oder Anschaffung

und in den folgenden 3 Jahren	jeweils 10	vom Hundert,
in den darauffolgenden 3 Jahren	jeweils 5	vom Hundert,
in den darauffolgenden 18 Jahren	jeweils 2,5	vom Hundert,

2. bei Gebäuden im Sinne des Absatzes 4 Satz 1 Nr. 2
   im Jahr der Fertigstellung oder Anschaffung

und in den folgenden 7 Jahren	jeweils 5	vom Hundert,

in den darauffolgenden 6 Jahren   jeweils 2,5 vom Hundert,
in den darauffolgenden 36 Jahren   jeweils 1,25 vom Hundert

der Herstellungskosten oder der Anschaffungskosten. [2]Bei Gebäuden im Sinne der Nummer 2, für die der Bauantrag nach dem 28. Februar 1989 gestellt worden ist und die vom Steuerpflichtigen hergestellt worden sind oder die vom Steuerpflichtigen nach dem 28. Februar 1989 auf Grund eines nach diesem Zeitpunkt rechtswirksam abgeschlossenen obligatorischen Vertrags bis zum Ende des Jahres der Fertigstellung angeschafft worden sind, können, soweit die Gebäude Wohnzwecken dienen, anstelle der Beträge nach Satz 1 die folgenden Beträge abgezogen werden:

im Jahr der Fertigstellung und
in den folgenden 3 Jahren   jeweils 7   vom Hundert,
in den darauffolgenden 6 Jahren   jeweils 5   vom Hundert,
in den darauffolgenden 6 Jahren   jeweils 2   vom Hundert,
in den darauffolgenden 24 Jahren   jeweils 1,25 vom Hundert

der Herstellungskosten oder der Anschaffungskosten. [3]Im Fall der Anschaffung können die Sätze 1 und 2 nur angewendet werden, wenn der Hersteller für das veräußerte Gebäude weder Absetzungen für Abnutzung nach Satz 1 oder 2 vorgenommen noch erhöhte Absetzungen oder Sonderabschreibungen in Anspruch genommen hat.

(5a) Die Absätze 4 und 5 sind auf Gebäudeteile, die selbständige unbewegliche Wirtschaftsgüter sind, sowie auf Eigentumswohnungen und auf im Teileigentum stehende Räume entsprechend anzuwenden.

(6) Bei Bergbauunternehmen, Steinbrüchen und anderen Betrieben, die einen Verbrauch der Substanz mit sich bringen, ist Absatz 1 entsprechend anzuwenden; dabei sind Absetzungen nach Maßgabe des Substanzverzehrs zulässig (Absetzung für Substanzverringerung).

§ 7a. Gemeinsame Vorschriften für erhöhte Absetzungen und Sonderabschreibungen. (1) [1]Werden in dem Zeitraum, in dem bei einem Wirtschaftsgut erhöhte Absetzungen oder Sonderabschreibungen in Anspruch genommen werden können (Begünstigungszeitraum), nachträgliche Herstellungskosten aufgewendet, so bemessen sich vom Jahr der Entstehung der nachträglichen Herstellungskosten an bis zum Ende des Begünstigungszeitraums die Absetzungen für Abnutzung, erhöhten Absetzungen und Sonderabschreibungen nach den um die nachträglichen Herstellungskosten erhöhten Anschaffungs- oder Herstellungskosten. [2]Entsprechendes gilt für nachträgliche Anschaffungskosten. [3]Werden im Begünstigungszeitraum die Anschaffungs- oder Herstellungskosten eines Wirtschaftsguts nachträglich gemindert, so bemessen sich vom Jahr der Minderung an bis zum Ende des Begünstigungszeitraums die Absetzungen für Abnutzung, erhöhten Absetzungen und Sonderabschreibungen nach den geminderten Anschaffungs- oder Herstellungskosten.

(2) [1]Können bei einem Wirtschaftsgut erhöhte Absetzungen oder Sonderabschreibungen bereits für Anzahlungen auf Anschaffungskosten oder

für Teilherstellungskosten in Anspruch genommen werden, so sind die Vorschriften über erhöhte Absetzungen und Sonderabschreibungen mit der Maßgabe anzuwenden, daß an die Stelle der Anschaffungs- oder Herstellungskosten die Anzahlungen auf Anschaffungskosten oder die Teilherstellungskosten und an die Stelle des Jahres der Anschaffung oder Herstellung das Jahr der Anzahlung oder Teilherstellung treten. [2]Nach Anschaffung oder Herstellung des Wirtschaftsguts sind erhöhte Absetzungen oder Sonderabschreibungen nur zulässig, soweit sie nicht bereits für Anzahlungen auf Anschaffungskosten oder für Teilherstellungskosten in Anspruch genommen worden sind. [3]Anzahlungen auf Anschaffungskosten sind im Zeitpunkt der tatsächlichen Zahlung aufgewendet. [4]Werden Anzahlungen auf Anschaffungskosten durch Hingabe eines Wechsels geleistet, so sind sie in dem Zeitpunkt aufgewendet, in dem dem Lieferanten durch Diskontierung oder Einlösung des Wechsels das Geld tatsächlich zufließt. [5]Entsprechendes gilt, wenn an Stelle von Geld ein Scheck hingegeben wird.

(3) Bei Wirtschaftsgütern, bei denen erhöhte Absetzungen in Anspruch genommen werden, müssen in jedem Jahr des Begünstigungszeitraums mindestens Absetzungen in Höhe der Absetzungen für Abnutzung nach § 7 Abs. 1 oder 4 berücksichtigt werden.

(4) Bei Wirtschaftsgütern, bei denen Sonderabschreibungen in Anspruch genommen werden, sind die Absetzungen für Abnutzung nach § 7 Abs. 1 oder 4 vorzunehmen.

(5) Liegen bei einem Wirtschaftsgut die Voraussetzungen für die Inanspruchnahme von erhöhten Absetzungen oder Sonderabschreibungen auf Grund mehrerer Vorschriften vor, so dürfen erhöhte Absetzungen oder Sonderabschreibungen nur auf Grund einer dieser Vorschriften in Anspruch genommen werden.

(6) Erhöhte Absetzungen oder Sonderabschreibungen sind bei der Prüfung, ob die in § 141 Abs. 1 Nr. 4 und 5 der Abgabenordnung bezeichneten Buchführungsgrenzen überschritten sind, nicht zu berücksichtigen.

(7) [1]Ist ein Wirtschaftsgut mehreren Beteiligten zuzurechnen und sind die Voraussetzungen für erhöhte Absetzungen oder Sonderabschreibungen nur bei einzelnen Beteiligten erfüllt, so dürfen die erhöhten Absetzungen und Sonderabschreibungen nur anteilig für diese Beteiligten vorgenommen werden. [2]Die erhöhten Absetzungen oder Sonderabschreibungen dürfen von den Beteiligten, bei denen die Voraussetzungen dafür erfüllt sind, nur einheitlich vorgenommen werden.

(8) [1]Erhöhte Absetzungen oder Sonderabschreibungen sind bei Wirtschaftsgütern, die zu einem Betriebsvermögen gehören, nur zulässig, wenn sie in ein besonderes, laufend zu führendes Verzeichnis aufgenommen werden, das den Tag der Anschaffung oder Herstellung, die Anschaffungs- oder Herstellungskosten, die betriebsgewöhnliche Nutzungsdauer und die Höhe der jährlichen Absetzungen für Abnutzung, erhöhten Absetzungen und Sonderabschreibungen enthält. [2]Das Verzeichnis braucht nicht geführt zu werden, wenn diese Angaben aus der Buchführung ersichtlich sind.

(9) Sind für ein Wirtschaftsgut Sonderabschreibungen vorgenommen worden, so bemessen sich nach Ablauf des maßgebenden Begünstigungszeitraums die Absetzungen für Abnutzung bei Gebäuden und bei Wirtschaftsgütern im Sinne des § 7 Abs. 5a nach dem Restwert und dem nach § 7 Abs. 4 unter Berücksichtigung der Restnutzungsdauer maßgebenden Vomhundertsatz, bei anderen Wirtschaftsgütern nach dem Restwert und der Restnutzungsdauer.

2. Handelsgesetzbuch (Auszug)

Drittes Buch. Handelsbücher

Erster Abschnitt. Vorschriften für alle Kaufleute

Erster Unterabschnitt. Buchführung. Inventar

§ 238. Buchführungspflicht. (1) Jeder Kaufmann ist verpflichtet, Bücher zu führen und in diesen seine Handelsgeschäfte und die Lage seines Vermögens nach den Grundsätzen ordnungsmäßiger Buchführung ersichtlich zu machen. Die Buchführung muß so beschaffen sein, daß sie einem sachverständigen Dritten innerhalb angemessener Zeit einen Überblick über die Geschäftsvorfälle und über die Lage des Unternehmens vermitteln kann. Die Geschäftsvorfälle müssen sich in ihrer Entstehung und Abwicklung verfolgen lassen.

(2) Der Kaufmann ist verpflichtet, eine mit der Urschrift übereinstimmende Wiedergabe der abgesandten Handelsbriefe (Kopie, Abdruck, Abschrift oder sonstige Wiedergabe des Wortlauts auf einem Schrift-, Bild- oder anderen Datenträger) zurückzubehalten.

§ 239. Führung der Handelsbücher. (1) Bei der Führung der Handelsbücher und bei den sonst erforderlichen Aufzeichnungen hat sich der Kaufmann einer lebenden Sprache zu bedienen. Werden Abkürzungen, Ziffern, Buchstaben oder Symbole verwendet, muß im Einzelfall deren Bedeutung eindeutig festliegen.

(2) Die Eintragungen in Büchern und die sonst erforderlichen Aufzeichnungen müssen vollständig, richtig, zeitgerecht und geordnet vorgenommen werden.

(3) Eine Eintragung oder eine Aufzeichnung darf nicht in einer Weise verändert werden, daß der ursprüngliche Inhalt nicht mehr feststellbar ist. Auch solche Veränderungen dürfen nicht vorgenommen werden, deren Beschaffenheit es ungewiß läßt, ob sie ursprünglich oder erst später gemacht worden sind.

(4) Die Handelsbücher und die sonst erforderlichen Aufzeichnungen können auch in der geordneten Ablage von Belegen bestehen oder auf Datenträgern geführt werden, soweit diese Formen der Buchführung einschließlich des dabei angewandten Verfahrens den Grundsätzen ordnungsmäßiger Buchführung entsprechen. Bei der Führung der Handelsbücher und der sonst erforderlichen Aufzeichnungen auf Datenträgern muß insbesondere sichergestellt sein, daß die Daten während der Dauer der Aufbewahrungsfrist verfügbar sind und jederzeit innerhalb angemessener Frist lesbar gemacht werden können. Absätze 1 bis 3 gelten sinngemäß.

§ 240. Inventar. (1) Jeder Kaufmann hat zu Beginn seines Handelsgewerbes seine Grundstücke, seine Forderungen und Schulden, den Betrag seines baren Geldes sowie seine sonstigen Vermögensgegenstände genau zu verzeichnen und dabei den Wert der einzelnen Vermögensgegenstände und Schulden anzugeben.

(2) Er hat demnächst für den Schluß eines jeden Geschäftsjahrs ein solches Inventar aufzustellen. Die Dauer des Geschäftsjahres darf zwölf Monate nicht überschreiten. Die Aufstellung des Inventars ist innerhalb der einem ordnungsmäßigen Geschäftsgang entsprechenden Zeit zu bewirken.

(3) Vermögensgegenstände des Sachanlagevermögens sowie Roh-, Hilfs- und Betriebsstoffe können, wenn sie regelmäßig ersetzt werden und ihr Gesamtwert für das Unternehmen von nachrangiger Bedeutung ist, mit einer gleichbleibenden Menge und einem gleichbleibenden Wert angesetzt werden, sofern ihr Bestand in seiner Größe, seinem Wert und seiner Zusammensetzung nur geringen Veränderungen unterliegt. Jedoch ist in der Regel alle drei Jahre eine körperliche Bestandsaufnahme durchzuführen.

(4) Gleichartige Vermögensgegenstände des Vorratsvermögens sowie andere gleichartige oder annähernd gleichwertige bewegliche Vermögensgegenstände können jeweils zu einer Gruppe zusammengefaßt und mit dem gewogenen Durchschnittswert angesetzt werden.

§ 241. Inventurvereinfachungsverfahren. (1) Bei der Aufstellung des Inventars darf der Bestand der Vermögensgegenstände nach Art, Menge und Wert auch mit Hilfe anerkannter mathematisch-statistischer Methoden auf Grund von Stichproben ermittelt werden. Das Verfahren muß den Grundsätzen ordnungsmäßiger Buchführung entsprechen. Der Aussagewert des auf diese Weise aufgestellten Inventars muß dem Aussagewert eines auf Grund einer körperlichen Bestandsaufnahme aufgestellten Inventars gleichkommen.

(2) Bei der Aufstellung des Inventars für den Schluß eines Geschäftsjahrs bedarf es einer körperlichen Bestandsaufnahme der Vermögensgegenstände für diesen Zeitpunkt nicht, soweit durch Anwendung eines den Grundsätzen ordnungsmäßiger Buchführung entsprechenden anderen Verfahrens gesichert ist, daß der Bestand der Vermögensgegenstände nach Art, Menge und Wert auch ohne die körperliche Bestandsaufnahme für diesen Zeitpunkt festgestellt werden kann.

(3) In dem Inventar für den Schluß eines Geschäftsjahrs brauchen Vermögensgegenstände nicht verzeichnet zu werden, wenn

1. der Kaufmann ihren Bestand auf Grund einer körperlichen Bestandsaufnahme oder auf Grund eines nach Absatz 2 zulässigen anderen Verfahrens nach Art, Menge und Wert in einem besonderen Inventar verzeichnet hat, das für einen Tag innerhalb der letzten drei Monate vor oder der ersten beiden Monate nach dem Schluß des Geschäftsjahrs aufgestellt ist, und

2. auf Grund des besonderen Inventars durch Anwendung eines den Grundsätzen ordnungsmäßiger Buchführung entsprechenden Fortschreibungs- oder Rückrechnungsverfahrens gesichert ist, daß der am Schluß des Geschäftsjahrs vorhandene Bestand der Vermögensgegenstände für diesen Zeitpunkt ordnungsgemäß bewertet werden kann.

Zweiter Unterabschnitt. Eröffnungsbilanz. Jahresabschluß

Erster Titel. Allgemeine Vorschriften

§ 242. Pflicht zur Aufstellung. (1) Der Kaufmann hat zu Beginn seines Handelsgewerbes und für den Schluß eines jeden Geschäftsjahrs einen das Verhältnis seines Vermögens und seiner Schulden darstellenden Abschluß (Eröffnungsbilanz, Bilanz) aufzustellen. Auf die Eröffnungsbilanz sind die für den Jahresabschluß geltenden Vorschriften entsprechend anzuwenden, soweit sie sich auf die Bilanz beziehen.

(2) Er hat für den Schluß eines jeden Geschäftsjahrs eine Gegenüberstellung der Aufwendungen und Erträge des Geschäftsjahrs (Gewinn- und Verlustrechnung) aufzustellen.

(3) Die Bilanz und die Gewinn- und Verlustrechnung bilden den Jahresabschluß.

§ 243. Aufstellungsgrundsatz. (1) Der Jahresabschluß ist nach den Grundsätzen ordnungsmäßiger Buchführung aufzustellen.

(2) Er muß klar und übersichtlich sein.

(3) Der Jahresabschluß ist innerhalb der einem ordnungsmäßigen Geschäftsgang entsprechenden Zeit aufzustellen.

§ 244. Sprache. Währungseinheit. Der Jahresabschluß ist in deutscher Sprache und in Deutscher Mark aufzustellen.

§ 245. Unterzeichnung. Der Jahresabschluß ist vom Kaufmann unter Angabe des Datums zu unterzeichnen. Sind mehrere persönlich haftende Gesellschafter vorhanden, so haben sie alle zu unterzeichnen.

Zweiter Titel. Ansatzvorschriften

§ 246. Vollständigkeit. Verrechnungsverbot. (1) Der Jahresabschluß hat sämtliche Vermögensgegenstände, Schulden, Rechnungsabgrenzungsposten, Aufwendungen und Erträge zu enthalten, soweit gesetzlich nichts anderes bestimmt ist. Vermögensgegenstände, die unter Eigentumsvorbehalt erworben oder an Dritte für eigene oder fremde Verbindlichkeiten verpfändet oder in anderer Weise als Sicherheit übertragen worden sind, sind in die Bilanz des Sicherungsgebers aufzunehmen. In die Bilanz des Sicherungsnehmers sind sie nur aufzunehmen, wenn es sich um Bareinlagen handelt.

(2) Posten der Aktivseite dürfen nicht mit Posten der Passivseite, Aufwendungen nicht mit Erträgen, Grundstücksrechte nicht mit Grundstückslasten verrechnet werden.

§ 247. Inhalt der Bilanz. (1) In der Bilanz sind das Anlage- und das Umlaufvermögen, das Eigenkapital, die Schulden sowie die Rechnungsabgrenzungsposten gesondert auszuweisen und hinreichend aufzugliedern.

(2) Beim Anlagevermögen sind nur die Gegenstände auszuweisen, die bestimmt sind, dauernd dem Geschäftsbetrieb zu dienen.

(3) Passivposten, die für Zwecke der Steuern vom Einkommen und vom Ertrag zulässig sind, dürfen in der Bilanz gebildet werden. Sie sind als Sonderposten mit Rücklageanteil auszuweisen und nach Maßgabe des Steuerrechts aufzulösen. Einer Rückstellung bedarf es insoweit nicht.

§ 248. Bilanzierungsverbote. (1) Aufwendungen für die Gründung des Unternehmens und für die Beschaffung des Eigenkapitals dürfen in die Bilanz nicht als Aktivposten aufgenommen werden.

(2) Für immaterielle Vermögensgegenstände des Anlagevermögens, die nicht entgeltlich erworben wurden, darf ein Aktivposten nicht angesetzt werden.

§ 249. Rückstellungen. (1) Rückstellungen sind für ungewisse Verbindlichkeiten und für drohende Verluste aus schwebenden Geschäften zu bilden. Ferner sind Rückstellungen zu bilden für

1. im Geschäftsjahr unterlassene Aufwendungen für Instandhaltung, die im folgenden Geschäftsjahr innerhalb von drei Monaten, oder für Abraumbeseitigung, die im folgenden Geschäftsjahr nachgeholt werden,

2. Gewährleistungen, die ohne rechtliche Verpflichtung erbracht werden.

Rückstellungen dürfen für unterlassene Aufwendungen für Instandhaltung auch gebildet werden, wenn die Instandhaltung nach Ablauf der Frist nach Satz 2 Nr. 1 innerhalb des Geschäftsjahrs nachgeholt wird.

(2) Rückstellungen dürfen außerdem für ihrer Eigenart nach genau umschriebene, dem Geschäftsjahr oder einem früheren Geschäftsjahr zuzuordnende Aufwendungen gebildet werden, die am Abschlußstichtag wahrscheinlich oder sicher, aber hinsichtlich ihrer Höhe oder des Zeitpunkts ihres Eintritts unbestimmt sind.

(3) Für andere als die in den Absätzen 1 und 2 bezeichneten Zwecke dürfen Rückstellungen nicht gebildet werden. Rückstellungen dürfen nur aufgelöst werden, soweit der Grund hierfür entfallen ist.

§ 250. Rechnungsabgrenzungsposten. (1) Als Rechnungsabgrenzungsposten sind auf der Aktivseite Ausgaben vor dem Abschlußstichtag auszuweisen, soweit sie Aufwand für eine bestimmte Zeit nach diesem Tag darstellen. Ferner dürfen ausgewiesen werden

1. als Aufwand berücksichtigte Zölle und Verbrauchsteuern, soweit sie auf am Abschlußstichtag auszuweisende Vermögensgegenstände des Vorratsvermögens entfallen,

2. als Aufwand berücksichtigte Umsatzsteuer auf am Abschlußstichtag auszuweisende oder von den Vorräten offen abgesetzte Anzahlungen.

(2) Auf der Passivseite sind als Rechnungsabgrenzungsposten Einnahmen vor dem Abschlußstichtag auszuweisen, soweit sie Ertrag für eine bestimmte Zeit nach diesem Tag darstellen.

(3) Ist der Rückzahlungsbetrag einer Verbindlichkeit höher als der Ausgabebetrag, so darf der Unterschiedsbetrag in den Rechnungsabgrenzungsposten auf der Aktivseite aufgenommen werden. Der Unterschiedsbetrag ist durch planmäßige jährliche Abschreibungen zu tilgen, die auf die gesamte Laufzeit der Verbindlichkeit verteilt werden können.

§ 251. Haftungsverhältnisse. Unter der Bilanz sind, sofern sie nicht auf der Passivseite auszuweisen sind, Verbindlichkeiten aus der Begebung und Übertragung von Wechseln, aus Bürgschaften, Wechsel- und Scheckbürgschaften und aus Gewährleistungsverträgen sowie Haftungsverhältnisse aus der Bestellung von Sicherheiten für fremde Verbindlichkeiten zu vermerken; sie dürfen in einem Betrag angegeben werden. Haftungsverhältnisse sind auch anzugeben, wenn ihnen gleichwertige Rückgriffsforderungen gegenüberstehen.

Dritter Titel. Bewertungsvorschriften

§ 252. Allgemeine Bewertungsgrundsätze. (1) Bei der Bewertung der im Jahresabschluß ausgewiesenen Vermögensgegenstände und Schulden gilt insbesondere folgendes:

1. Die Wertansätze in der Eröffnungsbilanz des Geschäftsjahrs müssen mit denen der Schlußbilanz des vorhergehenden Geschäftsjahrs übereinstimmen.
2. Bei der Bewertung ist von der Fortführung der Unternehmenstätigkeit auszugehen, sofern dem nicht tatsächliche oder rechtliche Gegebenheiten entgegenstehen.
3. Die Vermögensgegenstände und Schulden sind zum Abschlußstichtag einzeln zu bewerten.
4. Es ist vorsichtig zu bewerten, namentlich sind alle vorhersehbaren Risiken und Verluste, die bis zum Abschlußstichtag entstanden sind, zu berücksichtigen, selbst wenn diese erst zwischen dem Abschlußstichtag und dem Tag der Aufstellung des Jahresabschlusses bekanntgeworden sind; Gewinne sind nur zu berücksichtigen, wenn sie am Abschlußstichtag realisiert sind.
5. Aufwendungen und Erträge des Geschäftsjahrs sind unabhängig von den Zeitpunkten der entsprechenden Zahlungen im Jahresabschluß zu berücksichtigen.
6. Die auf den vorhergehenden Jahresabschluß angewandten Bewertungsmethoden sollen beibehalten werden.

(2) Von den Grundsätzen des Absatzes 1 darf nur in begründeten Ausnahmefällen abgewichen werden.

§ 253. Wertansätze der Vermögensgegenstände und Schulden.
(1) Vermögensgegenstände sind höchstens mit den Anschaffungs-
oder Herstellungskosten, vermindert um Abschreibungen nach den Absätzen 2 und 3 anzusetzen. Verbindlichkeiten sind zu ihrem Rückzahlungsbetrag, Rentenverpflichtungen, für die eine Gegenleistung nicht
mehr zu erwarten ist, zu ihrem Barwert und Rückstellungen nur in Höhe
des Betrags anzusetzen, der nach vernünftiger kaufmännischer Beurteilung notwendig ist.

(2) Bei Vermögensgegenständen des Anlagevermögens, deren Nutzung zeitlich begrenzt ist, sind die Anschaffungs- oder Herstellungskosten um planmäßige Abschreibungen zu vermindern. Der Plan muß die
Anschaffungs- oder Herstellungskosten auf die Geschäftsjahre verteilen,
in denen der Vermögensgegenstand voraussichtlich genutzt werden
kann. Ohne Rücksicht darauf, ob ihre Nutzung zeitlich begrenzt ist,
können bei Vermögensgegenständen des Anlagevermögens außerplanmäßige Abschreibungen vorgenommen werden, um die Vermögensgegenstände mit dem niedrigeren Wert anzusetzen, der ihnen am Abschlußstichtag beizulegen ist; sie sind vorzunehmen bei einer voraussichtlich
dauernden Wertminderung.

(3) Bei Vermögensgegenständen des Umlaufvermögens sind Abschreibungen vorzunehmen, um diese mit einem niedrigeren Wert anzusetzen, der sich aus einem Börsen- oder Marktpreis am Abschlußstichtag
ergibt. Ist ein Börsen- oder Marktpreis nicht festzustellen und übersteigen die Anschaffungs- oder Herstellungskosten den Wert, der den Vermögensgegenständen am Abschlußstichtag beizulegen ist, so ist auf diesen Wert abzuschreiben. Außerdem dürfen Abschreibungen vorgenommen werden, soweit diese nach vernünftiger kaufmännischer Beurteilung
notwendig sind, um zu verhindern, daß in der nächsten Zukunft der
Wertansatz dieser Vermögensgegenstände auf Grund von Wertschwankungen geändert werden muß.

(4) Abschreibungen sind außerdem im Rahmen vernünftiger kaufmännischer Beurteilung zulässig.

(5) Ein niedrigerer Wertansatz nach Absatz 2 Satz 3, Absatz 3 oder 4 darf
beibehalten werden, auch wenn die Gründe dafür nicht mehr bestehen.

§ 254. Steuerrechtliche Abschreibungen. Abschreibungen können
auch vorgenommen werden, um Vermögensgegenstände des Anlage-
oder Umlaufvermögens mit dem niedrigeren Wert anzusetzen, der auf
einer nur steuerrechtlich zulässigen Abschreibung beruht. § 253 Abs. 5 ist
entsprechend anzuwenden.

§ 255. Anschaffungs- und Herstellungskosten. (1) Anschaffungskosten sind die Aufwendungen, die geleistet werden, um einen Vermögensgegenstand zu erwerben und ihn in einen betriebsbereiten Zustand zu
versetzen, soweit sie dem Vermögensgegenstand einzeln zugeordnet
werden können. Zu den Anschaffungskosten gehören auch die Nebenko-
sten sowie die nachträglichen Anschaffungskosten. Anschaffungspreis-
minderungen sind abzusetzen.

(2) Herstellungskosten sind die Aufwendungen, die durch den Verbrauch von Gütern und die Inanspruchnahme von Diensten für die Herstellung eines Vermögensgegenstands, seine Erweiterung oder für eine über seinen ursprünglichen Zustand hinausgehende wesentliche Verbesserung entstehen. Dazu gehören die Materialkosten, die Fertigungskosten und die Sonderkosten der Fertigung. Bei der Berechnung der Herstellungskosten dürfen auch angemessene Teile der notwendigen Materialgemeinkosten, der notwendigen Fertigungsgemeinkosten und des Wertverzehrs des Anlagevermögens, soweit er durch die Fertigung veranlaßt ist, eingerechnet werden. Kosten der allgemeinen Verwaltung sowie Aufwendungen für soziale Einrichtungen des Betriebs, für freiwillige soziale Leistungen und für betriebliche Altersversorgung brauchen nicht eingerechnet zu werden. Aufwendungen im Sinne der Sätze 3 und 4 dürfen nur insoweit berücksichtigt werden, als sie auf den Zeitraum der Herstellung entfallen. Vertriebskosten dürfen nicht in die Herstellungskosten einbezogen werden.

(3) Zinsen für Fremdkapital gehören nicht zu den Herstellungskosten. Zinsen für Fremdkapital, das zur Finanzierung der Herstellung eines Vermögensgegenstands verwendet wird, dürfen angesetzt werden, soweit sie auf den Zeitraum der Herstellung entfallen; in diesem Falle gelten sie als Herstellungskosten des Vermögensgegenstands.

(4) Als Geschäfts- oder Firmenwert darf der Unterschiedsbetrag angesetzt werden, um den die für die Übernahme eines Unternehmens bewirkte Gegenleistung den Wert der einzelnen Vermögensgegenstände des Unternehmens abzüglich der Schulden im Zeitpunkt der Übernahme übersteigt. Der Betrag ist in jedem folgenden Geschäftsjahr zu mindestens einem Viertel durch Abschreibungen zu tilgen. Die Abschreibung des Geschäfts- oder Firmenwerts kann aber auch planmäßig auf die Geschäftsjahre verteilt werden, in denen er voraussichtlich genutzt wird.

§ 256. Bewertungsvereinfachungsverfahren. Soweit es den Grundsätzen ordnungsmäßiger Buchführung entspricht, kann für den Wertansatz gleichartiger Vermögensgegenstände des Vorratsvermögens unterstellt werden, daß die zuerst oder daß die zuletzt angeschafften oder hergestellten Vermögensgegenstände zuerst oder in einer sonstigen bestimmten Folge verbraucht oder veräußert worden sind. § 240 Abs. 3 und 4 ist auch auf den Jahresabschluß anwendbar.

Dritter Unterabschnitt. Aufbewahrung und Vorlage

§ 257. Aufbewahrung von Unterlagen. Aufbewahrungsfristen.
(1) Jeder Kaufmann ist verpflichtet, die folgenden Unterlagen geordnet aufzubewahren:

1. Handelsbücher, Inventare, Eröffnungsbilanzen, Jahresabschlüsse, Lageberichte, Konzernabschlüsse, Konzernlageberichte sowie die zu ihrem Verständnis erforderlichen Arbeitsanweisungen und sonstigen Organisationsunterlagen,

2. die empfangenen Handelsbriefe,

3. Wiedergaben der abgesandten Handelsbriefe,

4. Belege für Buchungen in den von ihm nach § 238 Abs. 1 zu führenden Büchern (Buchungsbelege).

(2) Handelsbriefe sind nur Schriftstücke, die ein Handelsgeschäft betreffen.

(3) Mit Ausnahme der Eröffnungsbilanzen, Jahresabschlüsse und der Konzernabschlüsse können die in Absatz 1 aufgeführten Unterlagen auch als Wiedergabe auf einem Bildträger oder auf anderen Datenträgern aufbewahrt werden, wenn dies den Grundsätzen ordnungsmäßiger Buchführung entspricht und sichergestellt ist, daß die Wiedergabe oder die Daten

1. mit den empfangenen Handelsbriefen und den Buchungsbelegen bildlich und mit den anderen Unterlagen inhaltlich übereinstimmen, wenn sie lesbar gemacht werden,

2. während der Dauer der Aufbewahrungsfrist verfügbar sind und jederzeit innerhalb angemessener Frist lesbar gemacht werden können.

Sind Unterlagen auf Grund des § 239 Abs. 4 Satz 1 auf Datenträgern hergestellt worden, können statt des Datenträgers die Daten auch ausgedruckt aufbewahrt werden; die ausgedruckten Unterlagen können auch nach Satz 1 aufbewahrt werden.

(4) Die in Absatz 1 Nr. 1 aufgeführten Unterlagen sind zehn Jahre und die sonstigen in Absatz 1 aufgeführten Unterlagen sechs Jahre aufzubewahren.

(5) Die Aufbewahrungsfrist beginnt mit dem Schluß des Kalenderjahrs, in dem die letzte Eintragung in das Handelsbuch gemacht, das Inventar aufgestellt, die Eröffnungsbilanz oder der Jahresabschluß festgestellt, der Konzernabschluß aufgestellt, der Handelsbrief empfangen oder abgesandt worden oder der Buchungsbeleg entstanden ist.

§ 258. Vorlegung im Rechtsstreit. (1) Im Laufe eines Rechtsstreits kann das Gericht auf Antrag oder von Amts wegen die Vorlegung der Handelsbücher einer Partei anordnen.

(2) Die Vorschriften der Zivilprozeßordnung über die Verpflichtung des Prozeßgegners zur Vorlegung von Urkunden bleiben unberührt.

§ 259. Auszug bei Vorlegung im Rechtsstreit. Werden in einem Rechtsstreit Handelsbücher vorgelegt, so ist von ihrem Inhalt, soweit er den Streitpunkt betrifft, unter Zuziehung der Parteien Einsicht zu nehmen und geeignetenfalls ein Auszug zu fertigen. Der übrige Inhalt der Bücher ist dem Gericht insoweit offenzulegen, als es zur Prüfung ihrer ordnungsmäßigen Führung notwendig ist.

§ 260. Vorlegung bei Auseinandersetzungen. Bei Vermögensauseinandersetzungen, insbesondere in Erbschafts-, Gütergemeinschafts- und Gesellschaftsteilungssachen, kann das Gericht die Vorlegung der Handelsbücher zur Kenntnisnahme von ihrem ganzen Inhalt anordnen.

§ 261. Vorlegung von Unterlagen auf Bild- oder Datenträgern.
Wer aufzubewahrende Unterlagen nur in der Form einer Wiedergabe auf
einem Bildträger oder auf anderen Datenträgern vorlegen kann, ist verpflichtet, auf seine Kosten diejenigen Hilfsmittel zur Verfügung zu stellen, die erforderlich sind, um die Unterlagen lesbar zu machen; soweit
erforderlich, hat er die Unterlagen auf seine Kosten auszudrucken oder
ohne Hilfsmittel lesbare Reproduktionen beizubringen.

Vierter Unterabschnitt. Sollkaufleute. Landesrecht

§ 262. Anwendung auf Sollkaufleute. Für Unternehmer, die nach § 2
verpflichtet sind, die Eintragung ihres Unternehmens in das Handelsregister herbeizuführen, gelten die Vorschriften dieses Abschnitts schon von
dem Zeitpunkt an, in dem diese Verpflichtung entstanden ist.

§ 263. Vorbehalt landesrechtlicher Vorschriften. Unberührt bleiben
bei Unternehmen ohne eigene Rechtspersönlichkeit einer Gemeinde, eines Gemeindeverbands oder eines Zweckverbands landesrechtliche Vorschriften, die von den Vorschriften dieses Abschnitts abweichen.

Zweiter Abschnitt. Ergänzende Vorschriften für Kapitalgesellschaften
(Aktiengesellschaften, Kommanditgesellschaften auf Aktien und Gesellschaften mit beschränkter Haftung)

Erster Unterabschnitt. Jahresabschluß der Kapitalgesellschaft und Lagebericht

Erster Titel. Allgemeine Vorschriften

§ 264. Pflicht zur Aufstellung. (1) Die gesetzlichen Vertreter einer
Kapitalgesellschaft haben den Jahresabschluß (§ 242) um einen Anhang
zu erweitern, der mit der Bilanz und der Gewinn- und Verlustrechnung
eine Einheit bildet, sowie einen Lagebericht aufzustellen. Der Jahresabschluß und der Lagebericht sind von den gesetzlichen Vertretern in den
ersten drei Monaten des Geschäftsjahrs für das vergangene Geschäftsjahr
aufzustellen. Kleine Kapitalgesellschaften (§ 267 Abs. 1) dürfen den Jahresabschluß und den Lagebericht auch später aufstellen, wenn dies einem
ordnungsmäßigen Geschäftsgang entspricht; diese Unterlagen sind jedoch innerhalb der ersten sechs Monate des Geschäftsjahrs aufzustellen.

(2) Der Jahresabschluß der Kapitalgesellschaft hat unter Beachtung der
Grundsätze ordnungsmäßiger Buchführung in den tatsächlichen Verhältnissen entsprechendes Bild der Vermögens-, Finanz- und Ertragslage
der Kapitalgesellschaft zu vermitteln. Führen besondere Umstände dazu,
daß der Jahresabschluß ein den tatsächlichen Verhältnissen entsprechendes Bild im Sinne des Satzes 1 nicht vermittelt, so sind im Anhang
zusätzliche Angaben zu machen.

§ 265. Allgemeine Grundsätze für die Gliederung. (1) Die Form der Darstellung, insbesondere die Gliederung der aufeinanderfolgenden Bilanzen und Gewinn- und Verlustrechnungen, ist beizubehalten, soweit nicht in Ausnahmefällen wegen besonderer Umstände Abweichungen erforderlich sind. Die Abweichungen sind im Anhang anzugeben und zu begründen.

(2) In der Bilanz sowie in der Gewinn- und Verlustrechnung ist zu jedem Posten der entsprechende Betrag des vorhergehenden Geschäftsjahrs anzugeben. Sind die Beträge nicht vergleichbar, so ist dies im Anhang anzugeben und zu erläutern. Wird der Vorjahresbetrag angepaßt, so ist auch dies im Anhang anzugeben und zu erläutern.

(3) Fällt ein Vermögensgegenstand oder eine Schuld unter mehrere Posten der Bilanz, so ist die Mitzugehörigkeit zu anderen Posten bei dem Posten, unter dem der Ausweis erfolgt ist, zu vermerken oder im Anhang anzugeben, wenn dies zur Aufstellung eines klaren und übersichtlichen Jahresabschlusses erforderlich ist. Eigene Anteile dürfen unabhängig von ihrer Zweckbestimmung nur unter dem dafür vorgesehenen Posten im Umlaufvermögen ausgewiesen werden.

(4) Sind mehrere Geschäftszweige vorhanden und bedingt dies die Gliederung des Jahresabschlusses nach verschiedenen Gliederungsvorschriften, so ist der Jahresabschluß nach der für einen Geschäftszweig vorgeschriebenen Gliederung aufzustellen und nach der für die anderen Geschäftszweige vorgeschriebenen Gliederung zu ergänzen. Die Ergänzung ist im Anhang anzugeben und zu begründen.

(5) Eine weitere Untergliederung der Posten ist zulässig; dabei ist jedoch die vorgeschriebene Gliederung zu beachten. Neue Posten dürfen hinzugefügt werden, wenn ihr Inhalt nicht von einem vorgeschriebenen Posten gedeckt wird.

(6) Gliederung und Bezeichnung der mit arabischen Zahlen versehenen Posten der Bilanz und der Gewinn- und Verlustrechnung sind zu ändern, wenn dies wegen Besonderheiten der Kapitalgesellschaft zur Aufstellung eines klaren und übersichtlichen Jahresabschlusses erforderlich ist.

(7) Die mit arabischen Zahlen versehenen Posten der Bilanz und der Gewinn- und Verlustrechnung können, wenn nicht besondere Formblätter vorgeschrieben sind, zusammengefaßt ausgewiesen werden, wenn

1. sie einen Betrag enthalten, der für die Vermittlung eines den tatsächlichen Verhältnissen entsprechenden Bildes im Sinne des § 264 Abs. 2 nicht erheblich ist,
   oder

2. dadurch die Klarheit der Darstellung vergrößert wird; in diesem Falle müssen die zusammengefaßten Posten jedoch im Anhang gesondert ausgewiesen werden.

(8) Ein Posten der Bilanz oder der Gewinn- und Verlustrechnung, der keinen Betrag ausweist, braucht nicht aufgeführt zu werden, es sei denn, daß im vorhergehenden Geschäftsjahr unter diesem Posten ein Betrag ausgewiesen wurde.

Zweiter Titel. Bilanz

§ 266. Gliederung der Bilanz. (1) Die Bilanz ist in Kontoform aufzustellen. Dabei haben große und mittelgroße Kapitalgesellschaften (§ 267 Abs. 3, 2) auf der Aktivseite die in Absatz 2 und auf der Passivseite die in Absatz 3 bezeichneten Posten gesondert und in der vorgeschriebenen Reihenfolge auszuweisen. Kleine Kapitalgesellschaften (§ 267 Abs. 1) brauchen nur eine verkürzte Bilanz aufzustellen, in die nur die in den Absätzen 2 und 3 mit Buchstaben und römischen Zahlen bezeichneten Posten gesondert und in der vorgeschriebenen Reihenfolge aufgenommen werden.

(2) Aktivseite

A. Anlagevermögen:

   I. Immaterielle Vermögensgegenstände:

     1. Konzessionen, gewerbliche Schutzrechte und ähnliche Rechte und Werte sowie Lizenzen an solchen Rechten und Werten;

     2. Geschäfts- oder Firmenwert;

     3. geleistete Anzahlungen;

   II. Sachanlagen:

     1. Grundstücke, grundstücksgleiche Rechte und Bauten einschließlich der Bauten auf fremden Grundstücken;

     2. technische Anlagen und Maschinen;

     3. andere Anlagen, Betriebs- und Geschäftsausstattung;

     4. geleistete Anzahlungen und Anlagen im Bau;

  III. Finanzanlagen:

     1. Anteile an verbundenen Unternehmen;

     2. Ausleihungen an verbundene Unternehmen;

     3. Beteiligungen;

     4. Ausleihungen an Unternehmen, mit denen ein Beteiligungsverhältnis besteht;

     5. Wertpapiere des Anlagevermögens;

     6. sonstige Ausleihungen.

B. Umlaufvermögen:

   I. Vorräte:

     1. Roh-, Hilfs- und Betriebsstoffe;

     2. unfertige Erzeugnisse, unfertige Leistungen;

     3. fertige Erzeugnisse und Waren;

     4. geleistete Anzahlungen;

   II. Forderungen und sonstige Vermögensgegenstände:

     1. Forderungen aus Lieferungen und Leistungen;

     2. Forderungen gegen verbundene Unternehmen;

   3. Forderungen gegen Unternehmen, mit denen ein Beteiligungsverhältnis besteht;

   4. sonstige Vermögensgegenstände;

 III. Wertpapiere:

   1. Anteile an verbundenen Unternehmen;

   2. eigene Anteile;

   3. sonstige Wertpapiere;

 IV. Schecks, Kassenbestand, Bundesbank- und Postgiroguthaben, Guthaben bei Kreditinstituten.

C. Rechnungsabgrenzungsposten.

(3) Passivseite

A. Eigenkapital:

  I. Gezeichnetes Kapital;

  II. Kapitalrücklage;

 III. Gewinnrücklagen:

   1. gesetzliche Rücklage;

   2. Rücklage für eigene Anteile;

   3. satzungsmäßige Rücklagen;

   4. andere Gewinnrücklagen;

 IV. Gewinnvortrag/Verlustvortrag;

  V. Jahresüberschuß/Jahresfehlbetrag.

B. Rückstellungen:

   1. Rückstellungen für Pensionen und ähnliche Verpflichtungen;

   2. Steuerrückstellungen;

   3. sonstige Rückstellungen.

C. Verbindlichkeiten:

   1. Anleihen, davon konvertibel;

   2. Verbindlichkeiten gegenüber Kreditinstituten;

   3. erhaltene Anzahlungen auf Bestellungen;

   4. Verbindlichkeiten aus Lieferungen und Leistungen;

   5. Verbindlichkeiten aus der Annahme gezogener Wechsel und der Ausstellung eigener Wechsel;

   6. Verbindlichkeiten gegenüber verbundenen Unternehmen;

   7. Verbindlichkeiten gegenüber Unternehmen, mit denen ein Beteiligungsverhältnis besteht;

   8. sonstige Verbindlichkeiten,
davon aus Steuern,
davon im Rahmen der sozialen Sicherheit.

D. Rechnungsabgrenzungsposten.

§ 267. Umschreibung der Größenklassen. (1) Kleine Kapitalgesellschaften sind solche, die mindestens zwei der drei nachstehenden Merkmale nicht überschreiten:

1. Drei Millionen neunhunderttausend Deutsche Mark Bilanzsumme nach Abzug eines auf der Aktivseite ausgewiesenen Fehlbetrags (§ 268 Abs. 3).

2. Acht Millionen Deutsche Mark Umsatzerlöse in den zwölf Monaten vor dem Abschlußstichtag.

3. Im Jahresdurchschnitt fünfzig Arbeitnehmer.

(2) Mittelgroße Kapitalgesellschaften sind solche, die mindestens zwei der drei in Absatz 1 bezeichneten Merkmale überschreiten und jeweils mindestens zwei der drei nachstehenden Merkmale nicht überschreiten:

1. Fünfzehn Millionen fünfhunderttausend Deutsche Mark Bilanzsumme nach Abzug eines auf der Aktivseite ausgewiesenen Fehlbetrags (§ 268 Abs. 3).

2. Zweiunddreißig Millionen Deutsche Mark Umsatzerlöse in den zwölf Monaten vor dem Abschlußstichtag.

3. Im Jahresdurchschnitt zweihundertfünfzig Arbeitnehmer.

(3) Große Kapitalgesellschaften sind solche, die mindestens zwei der drei in Absatz 2 bezeichneten Merkmale überschreiten. Eine Kapitalgesellschaft gilt stets als große, wenn Aktien oder andere von ihr ausgegebene Wertpapiere an einer Börse in einem Mitgliedstaat der Europäischen Wirtschaftsgemeinschaft zum amtlichen Handel oder zum geregelten Markt zugelassen oder in den geregelten Freiverkehr einbezogen sind oder die Zulassung zum amtlichen Handel oder zum geregelten Markt beantragt ist.

(4) Die Rechtsfolgen der Merkmale nach den Absätzen 1 bis 3 Satz 1 treten nur ein, wenn sie an den Abschlußstichtagen von zwei aufeinanderfolgenden Geschäftsjahren über- oder unterschritten werden. Im Falle der Verschmelzung, Umwandlung oder Neugründung treten die Rechtsfolgen schon ein, wenn die Voraussetzungen des Absatzes 1, 2 oder 3 am ersten Abschlußstichtag nach der Verschmelzung, Umwandlung oder Neugründung vorliegen.

(5) Als durchschnittliche Zahl der Arbeitnehmer gilt der vierte Teil der Summe aus den Zahlen der jeweils am 31. März, 30. Juni, 30. September und 31. Dezember beschäftigten Arbeitnehmer einschließlich der im Ausland beschäftigten Arbeitnehmer, jedoch ohne die zu ihrer Berufsausbildung Beschäftigten.

(6) Informations- und Auskunftsrechte der Arbeitnehmervertretungen nach anderen Gesetzen bleiben unberührt.

§ 268. Vorschriften zu einzelnen Posten der Bilanz. Bilanzvermerke. (1) Die Bilanz darf auch unter Berücksichtigung der vollständigen oder teilweisen Verwendung des Jahresergebnisses aufgestellt werden. Wird die Bilanz unter Berücksichtigung der teilweisen Verwendung des Jahresergebnisses aufgestellt, so tritt an die Stelle der Posten „Jahres-

überschuß/Jahresfehlbetrag" und „Gewinnvortrag/Verlustvortrag" der
Posten „Bilanzgewinn/Bilanzverlust"; ein vorhandener Gewinn- oder
Verlustvortrag ist in den Posten „Bilanzgewinn/Bilanzverlust" einzube-
ziehen und in der Bilanz oder im Anhang gesondert anzugeben.

(2) In der Bilanz oder im Anhang ist die Entwicklung der einzelnen
Posten des Anlagevermögens und des Postens „Aufwendungen für die
Ingangsetzung und Erweiterung des Geschäftsbetriebs" darzustellen. Dabei sind, ausgehend von den gesamten Anschaffungs- und Herstellungskosten, die Zugänge, Abgänge, Umbuchungen und Zuschreibungen des
Geschäftsjahrs sowie die Abschreibungen in ihrer gesamten Höhe gesondert aufzuführen. Die Abschreibungen des Geschäftsjahrs sind entweder
in der Bilanz bei dem betreffenden Posten zu vermerken oder im Anhang
in einer der Gliederung des Anlagevermögens entsprechenden Aufgliederung anzugeben.

(3) Ist das Eigenkapital durch Verluste aufgebraucht und ergibt sich ein
Überschuß der Passivposten über die Aktivposten, so ist dieser Betrag
am Schluß der Bilanz auf der Aktivseite gesondert unter der Bezeichnung
„Nicht durch Eigenkapital gedeckter Fehlbetrag" auszuweisen.

(4) Der Betrag der Forderungen mit einer Restlaufzeit von mehr als
einem Jahr ist bei jedem gesondert ausgewiesenen Posten zu vermerken.
Werden unter dem Posten „sonstige Vermögensgegenstände" Beträge
für Vermögensgegenstände ausgewiesen, die erst nach dem Abschlußstichtag rechtlich entstehen, so müssen Beträge, die einen größeren Umfang haben, im Anhang erläutert werden.

(5) Der Betrag der Verbindlichkeiten mit einer Restlaufzeit bis zu einem Jahr ist bei jedem gesondert ausgewiesenen Posten zu vermerken.
Erhaltene Anzahlungen auf Bestellungen sind, soweit Anzahlungen auf
Vorräte nicht von dem Posten „Vorräte" offen abgesetzt werden, unter
den Verbindlichkeiten gesondert auszuweisen. Sind unter dem Posten
„Verbindlichkeiten" Beträge für Verbindlichkeiten ausgewiesen, die erst
nach dem Abschlußstichtag rechtlich entstehen, so müssen Beträge, die
einen größeren Umfang haben, im Anhang erläutert werden.

(6) Ein nach § 250 Abs. 3 in den Rechnungsabgrenzungsposten auf der
Aktivseite aufgenommener Unterschiedsbetrag ist in der Bilanz gesondert auszuweisen oder im Anhang anzugeben.

(7) Die in § 251 bezeichneten Haftungsverhältnisse sind jeweils gesondert unter der Bilanz oder im Anhang unter Angabe der gewährten
Pfandrechte und sonstigen Sicherheiten anzugeben; bestehen solche Verpflichtungen gegenüber verbundenen Unternehmen, so sind sie gesondert anzugeben.

**§ 269. Aufwendungen für die Ingangsetzung und Erweiterung des
Geschäftsbetriebs.** Die Aufwendungen für die Ingangsetzung des Geschäftsbetriebs und dessen Erweiterung dürfen, soweit sie nicht bilanzierungsfähig sind, als Bilanzierungshilfe aktiviert werden; der Posten ist in
der Bilanz unter der Bezeichnung „Aufwendungen für die Ingangsetzung
und Erweiterung des Geschäftsbetriebs" vor dem Anlagevermögen aus-

zuweisen und im Anhang zu erläutern. Werden solche Aufwendungen in der Bilanz ausgewiesen, so dürfen Gewinne nur ausgeschüttet werden, wenn die nach der Ausschüttung verbleibenden jederzeit auflösbaren Gewinnrücklagen zuzüglich eines Gewinnvortrags und abzüglich eines Verlustvortrags dem angesetzten Betrag mindestens entsprechen.

§ 270. Bildung bestimmter Posten. (1) Einstellungen in die Kapitalrücklage und deren Auflösung sind bereits bei der Aufstellung der Bilanz vorzunehmen. Satz 1 ist auf Einstellungen in den Sonderposten mit Rücklageanteil und dessen Auflösung anzuwenden.

(2) Wird die Bilanz unter Berücksichtigung der vollständigen oder teilweisen Verwendung des Jahresergebnisses aufgestellt, so sind Entnahmen aus Gewinnrücklagen sowie Einstellungen in Gewinnrücklagen, die nach Gesetz, Gesellschaftsvertrag oder Satzung vorzunehmen sind oder auf Grund solcher Vorschriften beschlossen worden sind, bereits bei der Aufstellung der Bilanz zu berücksichtigen.

§ 271. Beteiligungen. Verbundene Unternehmen. (1) Beteiligungen sind Anteile an anderen Unternehmen, die bestimmt sind, dem eigenen Geschäftsbetrieb durch Herstellung einer dauernden Verbindung zu jenen Unternehmen zu dienen. Dabei ist es unerheblich, ob die Anteile in Wertpapieren verbrieft sind oder nicht. Als Beteiligung gelten im Zweifel Anteile an einer Kapitalgesellschaft, deren Nennbeträge insgesamt den fünften Teil des Nennkapitals dieser Gesellschaft überschreiten. Auf die Berechnung ist § 16 Abs. 2 und 4 des Aktiengesetzes entsprechend anzuwenden. Die Mitgliedschaft in einer eingetragenen Genossenschaft gilt nicht als Beteiligung im Sinne dieses Buches.

(2) Verbundene Unternehmen im Sinne dieses Buches sind solche Unternehmen, die als Mutter- oder Tochterunternehmen (§ 290) in den Konzernabschluß eines Mutterunternehmens nach den Vorschriften über die Vollkonsolidierung einzubeziehen sind, das als oberstes Mutterunternehmen den weitestgehenden Konzernabschluß nach dem Zweiten Unterabschnitt aufzustellen hat, auch wenn die Aufstellung unterbleibt, oder das einen befreienden Konzernabschluß nach § 291 oder nach einer nach § 292 erlassenen Rechtsverordnung aufstellt oder aufstellen könnte; Tochterunternehmen, die nach § 295 oder § 296 nicht einbezogen werden, sind ebenfalls verbundene Unternehmen.

§ 272. Eigenkapital. (1) Gezeichnetes Kapital ist das Kapital, auf das die Haftung der Gesellschafter für die Verbindlichkeiten der Kapitalgesellschaft gegenüber den Gläubigern beschränkt ist. Die ausstehenden Einlagen auf das gezeichnete Kapital sind auf der Aktivseite vor dem Anlagevermögen gesondert auszuweisen und entsprechend zu bezeichnen; die davon eingeforderten Einlagen sind zu vermerken. Die nicht eingeforderten ausstehenden Einlagen dürfen auch von dem Posten „Gezeichnetes Kapital" offen abgesetzt werden; in diesem Falle ist der verbleibende Betrag als Posten „Eingefordertes Kapital" in der Hauptspalte der Passivseite auszuweisen und ist außerdem der eingeforderte, aber noch nicht eingezahlte Betrag unter den Forderungen gesondert auszuweisen und entsprechend zu bezeichnen.

(2) Als Kapitalrücklage sind auszuweisen

1. der Betrag, der bei der Ausgabe von Anteilen einschließlich von Bezugsanteilen über den Nennbetrag hinaus erzielt wird;

2. der Betrag, der bei der Ausgabe von Schuldverschreibungen für Wandlungsrechte und Optionsrechte zum Erwerb von Anteilen erzielt wird;

3. der Betrag von Zuzahlungen, die Gesellschafter gegen Gewährung eines Vorzugs für ihre Anteile leisten;

4. der Betrag von anderen Zuzahlungen, die Gesellschafter in das Eigenkapital leisten.

(3) Als Gewinnrücklagen dürfen nur Beträge ausgewiesen werden, die im Geschäftsjahr oder in einem früheren Geschäftsjahr aus dem Ergebnis gebildet worden sind. Dazu gehören aus dem Ergebnis zu bildende gesetzliche oder auf Gesellschaftsvertrag oder Satzung beruhende Rücklagen und andere Gewinnrücklagen.

(4) In eine Rücklage für eigene Anteile ist ein Betrag einzustellen, der dem auf der Aktivseite der Bilanz für die eigenen Anteile anzusetzenden Betrag entspricht. Die Rücklage darf nur aufgelöst werden, soweit die eigenen Anteile ausgegeben, veräußert oder eingezogen werden oder soweit nach § 253 Abs. 3 auf der Aktivseite ein niedrigerer Betrag angesetzt wird. Die Rücklage, die bereits bei der Aufstellung der Bilanz vorzunehmen ist, darf aus vorhandenen Gewinnrücklagen gebildet werden, soweit diese frei verfügbar sind. Die Rücklage nach Satz 1 ist auch für Anteile eines herrschenden oder eines mit Mehrheit beteiligten Unternehmens zu bilden.

§ 273. Sonderposten mit Rücklageanteil. Der Sonderposten mit Rücklageanteil (§ 247 Abs. 3) darf nur insoweit gebildet werden, als das Steuerrecht die Anerkennung des Wertansatzes bei der steuerrechtlichen Gewinnermittlung davon abhängig macht, daß der Sonderposten in der Bilanz gebildet wird. Er ist auf der Passivseite vor den Rückstellungen auszuweisen; die Vorschriften, nach denen er gebildet worden ist, sind in der Bilanz oder im Anhang anzugeben.

§ 274. Steuerabgrenzung. (1) Ist der dem Geschäftsjahr und früheren Geschäftsjahren zuzurechnende Steueraufwand zu niedrig, weil der nach den steuerrechtlichen Vorschriften zu versteuernde Gewinn niedriger als das handelsrechtliche Ergebnis ist, und gleicht sich der zu niedrige Steueraufwand des Geschäftsjahrs und früherer Geschäftsjahre in späteren Geschäftsjahren voraussichtlich aus, so ist in Höhe der voraussichtlichen Steuerbelastung nachfolgender Geschäftsjahre eine Rückstellung nach § 249 Abs. 1 Satz 1 zu bilden und in der Bilanz oder im Anhang gesondert anzugeben. Die Rückstellung ist aufzulösen, sobald die höhere Steuerbelastung eintritt oder mit ihr voraussichtlich nicht mehr zu rechnen ist.

(2) Ist der dem Geschäftsjahr und früheren Geschäftsjahren zuzurechnende Steueraufwand zu hoch, weil der nach den steuerrechtlichen Vorschriften zu versteuernde Gewinn höher als das handelsrechtliche Ergebnis ist, und gleicht sich der zu hohe Steueraufwand des Geschäftsjahrs
und früherer Geschäftsjahre in späteren Geschäftsjahren voraussichtlich
aus, so darf in Höhe der voraussichtlichen Steuerentlastung nachfolgender Geschäftsjahre ein Abgrenzungsposten als Bilanzierungshilfe auf der
Aktivseite der Bilanz gebildet werden. Dieser Posten ist unter entsprechender Bezeichnung gesondert auszuweisen und im Anhang zu erläutern. Wird ein solcher Posten ausgewiesen, so dürfen Gewinne nur ausgeschüttet werden, wenn die nach der Ausschüttung verbleibenden jederzeit auflösbaren Gewinnrücklagen zuzüglich eines Gewinnvortrags
und abzüglich eines Verlustvortrags dem angesetzten Betrag mindestens
entsprechen. Der Betrag ist aufzulösen, sobald die Steuerentlastung eintritt oder mit ihr voraussichtlich nicht mehr zu rechnen ist.

Dritter Titel. Gewinn- und Verlustrechnung

§ 275. Gliederung. (1) Die Gewinn- und Verlustrechnung ist in Staffelform nach dem Gesamtkostenverfahren oder dem Umsatzkostenverfahren aufzustellen. Dabei sind die in Absatz 2 oder 3 bezeichneten Posten in
der angegebenen Reihenfolge gesondert auszuweisen.

(2) Bei Anwendung des Gesamtkostenverfahrens sind auszuweisen:

1. Umsatzerlöse
2. Erhöhung oder Verminderung des Bestands an fertigen und unfertigen Erzeugnissen
3. andere aktivierte Eigenleistungen
4. sonstige betriebliche Erträge
5. Materialaufwand:
   a) Aufwendungen für Roh-, Hilfs- und Betriebsstoffe und für bezo-
      gene Waren
   b) Aufwendungen für bezogene Leistungen
6. Personalaufwand:
   a) Löhne und Gehälter
   b) soziale Abgaben und Aufwendungen für Altersversorgung und für
      Unterstützung,
      davon für Altersversorgung
7. Abschreibungen:
   a) auf immaterielle Vermögensgegenstände des Anlagevermögens
      und Sachanlagen sowie auf aktivierte Aufwendungen für die In-
      gangsetzung und Erweiterung des Geschäftsbetriebs
   b) auf Vermögensgegenstände des Umlaufvermögens, soweit diese
      die in der Kapitalgesellschaft üblichen Abschreibungen überschrei-
      ten
8. sonstige betriebliche Aufwendungen

9. Erträge aus Beteiligungen,
davon aus verbundenen Unternehmen

10. Erträge aus anderen Wertpapieren und Ausleihungen des Finanzanlagevermögens,
davon aus verbundenen Unternehmen

11. sonstige Zinsen und ähnliche Erträge,
davon aus verbundenen Unternehmen

12. Abschreibungen auf Finanzanlagen und auf Wertpapiere des Umlaufvermögens

13. Zinsen und ähnliche Aufwendungen,
davon an verbundene Unternehmen

14. Ergebnis der gewöhnlichen Geschäftstätigkeit

15. außerordentliche Erträge

16. außerordentliche Aufwendungen

17. außerordentliches Ergebnis

18. Steuern vom Einkommen und vom Ertrag

19. sonstige Steuern

20. Jahresüberschuß/Jahresfehlbetrag.

(3) Bei Anwendung des Umsatzkostenverfahrens sind auszuweisen:

1. Umsatzerlöse

2. Herstellungskosten der zur Erzielung der Umsatzerlöse erbrachten Leistungen

3. Bruttoergebnis vom Umsatz

4. Vertriebskosten

5. allgemeine Verwaltungskosten

6. sonstige betriebliche Erträge

7. sonstige betriebliche Aufwendungen

8. Erträge aus Beteiligungen,
davon aus verbundenen Unternehmen

9. Erträge aus anderen Wertpapieren und Ausleihungen des Finanzanlagevermögens,
davon aus verbundenen Unternehmen

10. sonstige Zinsen und ähnliche Erträge,
davon aus verbundenen Unternehmen

11. Abschreibungen auf Finanzanlagen und auf Wertpapiere des Umlaufvermögens

12. Zinsen und ähnliche Aufwendungen,
davon an verbundene Unternehmen

13. Ergebnis der gewöhnlichen Geschäftstätigkeit

14. außerordentliche Erträge

15. außerordentliche Aufwendungen

16. außerordentliches Ergebnis

17. Steuern vom Einkommen und vom Ertrag
18. sonstige Steuern
19. Jahresüberschuß/Jahresfehlbetrag.

(4) Veränderungen der Kapital- und Gewinnrücklagen dürfen in der Gewinn- und Verlustrechnung erst nach dem Posten „Jahresüberschuß/Jahresfehlbetrag" ausgewiesen werden.

§ 276. Größenabhängige Erleichterungen. Kleine und mittelgroße Kapitalgesellschaften (§ 267 Abs. 1, 2) dürfen die Posten § 275 Abs. 2 Nr. 1 bis 5 oder Abs. 3 Nr. 1 bis 3 und 6 zu einem Posten unter der Bezeichnung „Rohergebnis" zusammenfassen.

§ 277. Vorschriften zu einzelnen Posten der Gewinn- und Verlustrechnung. (1) Als Umsatzerlöse sind die Erlöse aus dem Verkauf und der Vermietung oder Verpachtung von für die gewöhnliche Geschäftstätigkeit der Kapitalgesellschaft typischen Erzeugnissen und Waren sowie aus von für die gewöhnliche Geschäftstätigkeit der Kapitalgesellschaft typischen Dienstleistungen nach Abzug von Erlösschmälerungen und der Umsatzsteuer auszuweisen.

(2) Als Bestandsveränderungen sind sowohl Änderungen der Menge als auch solche des Wertes zu berücksichtigen; Abschreibungen jedoch nur, soweit diese die in der Kapitalgesellschaft sonst üblichen Abschreibungen nicht überschreiten.

(3) Außerplanmäßige Abschreibungen nach § 253 Abs. 2 Satz 3 sowie Abschreibungen nach § 253 Abs. 3 Satz 3 sind jeweils gesondert auszuweisen oder im Anhang anzugeben. Erträge und Aufwendungen aus Verlustübernahme und auf Grund einer Gewinngemeinschaft, eines Gewinnabführungs- oder eines Teilgewinnabführungsvertrags erhaltene oder abgeführte Gewinne sind jeweils gesondert unter entsprechender Bezeichnung auszuweisen.

(4) Unter den Posten „außerordentliche Erträge" und „außerordentliche Aufwendungen" sind Erträge und Aufwendungen auszuweisen, die außerhalb der gewöhnlichen Geschäftstätigkeit der Kapitalgesellschaft anfallen. Die Posten sind hinsichtlich ihres Betrags und ihrer Art im Anhang zu erläutern, soweit die ausgewiesenen Beträge für die Beurteilung der Ertragslage nicht von untergeordneter Bedeutung sind. Satz 2 gilt auch für Erträge und Aufwendungen, die einem anderen Geschäftsjahr zuzurechnen sind.

§ 278. Steuern. Die Steuern vom Einkommen und vom Ertrag sind auf der Grundlage des Beschlusses über die Verwendung des Ergebnisses zu berechnen; liegt ein solcher Beschluß im Zeitpunkt der Feststellung des Jahresabschlusses nicht vor, so ist vom Vorschlag über die Verwendung des Ergebnisses auszugehen. Weicht der Beschluß über die Verwendung des Ergebnisses vom Vorschlag ab, so braucht der Jahresabschluß nicht geändert zu werden.

Vierter Titel. Bewertungsvorschriften

§ 279. Nichtanwendung von Vorschriften. Abschreibungen.

(1) § 253 Abs. 4 ist nicht anzuwenden. § 253 Abs. 2 Satz 3 darf, wenn es sich nicht um eine voraussichtlich dauernde Wertminderung handelt, nur auf Vermögensgegenstände, die Finanzanlagen sind, angewendet werden.

(2) Abschreibungen nach § 254 dürfen nur insoweit vorgenommen werden, als das Steuerrecht ihre Anerkennung bei der steuerrechtlichen Gewinnermittlung davon abhängig macht, daß sie sich aus der Bilanz ergeben.

§ 280. Wertaufholungsgebot.

(1) Wird bei einem Vermögensgegenstand eine Abschreibung nach § 253 Abs. 2 Satz 3 oder Abs. 3 oder § 254 Satz 1 vorgenommen und stellt sich in einem späteren Geschäftsjahr heraus, daß die Gründe dafür nicht mehr bestehen, so ist der Betrag dieser Abschreibung im Umfang der Werterhöhung unter Berücksichtigung der Abschreibungen, die inzwischen vorzunehmen gewesen wären, zuzuschreiben. § 253 Abs. 5, § 254 Satz 2 sind insoweit nicht anzuwenden.

(2) Von der Zuschreibung nach Absatz 1 kann abgesehen werden, wenn der niedrigere Wertansatz bei der steuerrechtlichen Gewinnermittlung beibehalten werden kann und wenn Voraussetzung für die Beibehaltung ist, daß der niedrigere Wertansatz auch in der Bilanz beibehalten wird.

(3) Im Anhang ist der Betrag der im Geschäftsjahr aus steuerrechtlichen Gründen unterlassenen Zuschreibungen anzugeben und hinreichend zu begründen.

§ 281. Berücksichtigung steuerrechtlicher Vorschriften.

(1) Die nach § 254 zulässigen Abschreibungen dürfen auch in der Weise vorgenommen werden, daß der Unterschiedsbetrag zwischen der nach § 253 in Verbindung mit § 279 und der nach § 254 zulässigen Bewertung in den Sonderposten mit Rücklageanteil eingestellt wird. In der Bilanz oder im Anhang sind die Vorschriften anzugeben, nach denen die Wertberichtigung gebildet worden ist. Unbeschadet steuerrechtlicher Vorschriften über die Auflösung ist die Wertberichtigung insoweit aufzulösen, als die Vermögensgegenstände, für die sie gebildet worden ist, aus dem Vermögen ausscheiden oder die steuerrechtliche Wertberichtigung durch handelsrechtliche Abschreibungen ersetzt wird.

(2) Im Anhang ist der Betrag der im Geschäftsjahr allein nach steuerrechtlichen Vorschriften vorgenommenen Abschreibungen, getrennt nach Anlage- und Umlaufvermögen, anzugeben, soweit er sich nicht aus der Bilanz oder der Gewinn- und Verlustrechnung ergibt, und hinreichend zu begründen. Erträge aus der Auflösung des Sonderpostens mit Rücklageanteil sind in dem Posten „sonstige betriebliche Erträge", Einstellungen in den Sonderposten mit Rücklageanteil sind in dem Posten „sonstige betriebliche Aufwendungen" der Gewinn- und Verlustrechnung gesondert auszuweisen oder im Anhang anzugeben.

§ 282. Abschreibung der Aufwendungen für die Ingangsetzung und Erweiterung des Geschäftsbetriebs. Für die Ingangsetzung und Erweiterung des Geschäftsbetriebs ausgewiesene Beträge sind in jedem folgenden Geschäftsjahr zu mindestens einem Viertel durch Abschreibungen zu tilgen.

§ 283. Wertansatz des Eigenkapitals. Das gezeichnete Kapital ist zum Nennbetrag anzusetzen.

Fünfter Titel. Anhang

§ 284. Erläuterung der Bilanz und der Gewinn- und Verlustrechnung. (1) In den Anhang sind diejenigen Angaben aufzunehmen, die zu den einzelnen Posten der Bilanz oder der Gewinn- und Verlustrechnung vorgeschrieben oder die im Anhang zu machen sind, weil sie in Ausübung eines Wahlrechts nicht in die Bilanz oder in die Gewinn- und Verlustrechnung aufgenommen wurden.

(2) Im Anhang müssen

1. die auf die Posten der Bilanz und der Gewinn- und Verlustrechnung angewandten Bilanzierungs- und Bewertungsmethoden angegeben werden;

2. die Grundlagen für die Umrechnung in Deutsche Mark angegeben werden, soweit der Jahresabschluß Posten enthält, denen Beträge zugrunde liegen, die auf fremde Währung lauten oder ursprünglich auf fremde Währung lauteten;

3. Abweichungen von Bilanzierungs- und Bewertungsmethoden angegeben und begründet werden; deren Einfluß auf die Vermögens-, Finanz- und Ertragslage ist gesondert darzustellen;

4. bei Anwendung einer Bewertungsmethode nach § 240 Abs. 4, § 256 Satz 1 die Unterschiedsbeträge pauschal für die jeweilige Gruppe ausgewiesen werden, wenn die Bewertung im Vergleich zu einer Bewertung auf der Grundlage des letzten vor dem Abschlußstichtag bekannten Börsenkurses oder Marktpreises einen erheblichen Unterschied aufweist;

5. Angaben über die Einbeziehung von Zinsen für Fremdkapital in die Herstellungskosten gemacht werden.

§ 285. Sonstige Pflichtangaben. Ferner sind im Anhang anzugeben:

1. zu den in der Bilanz ausgewiesenen Verbindlichkeiten
   a) der Gesamtbetrag der Verbindlichkeiten mit einer Restlaufzeit von mehr als fünf Jahren,
   b) der Gesamtbetrag der Verbindlichkeiten, die durch Pfandrechte oder ähnliche Rechte gesichert sind, unter Angabe von Art und Form der Sicherheiten;

2. die Aufgliederung der in Nummer 1 verlangten Angaben für jeden Posten der Verbindlichkeiten nach dem vorgeschriebenen Gliederungsschema, sofern sich diese Angaben nicht aus der Bilanz ergeben;

3. der Gesamtbetrag der sonstigen finanziellen Verpflichtungen, die nicht in der Bilanz erscheinen und auch nicht nach § 251 anzugeben sind, sofern diese Angabe für die Beurteilung der Finanzlage von Bedeutung ist; davon sind Verpflichtungen gegenüber verbundenen Unternehmen gesondert anzugeben;

4. die Aufgliederung der Umsatzerlöse nach Tätigkeitsbereichen sowie nach geographisch bestimmten Märkten, soweit sich, unter Berücksichtigung der Organisation des Verkaufs von für die gewöhnliche Geschäftstätigkeit der Kapitalgesellschaft typischen Erzeugnissen und der für die gewöhnliche Geschäftstätigkeit der Kapitalgesellschaft typischen Dienstleistungen, die Tätigkeitsbereiche und geographisch bestimmten Märkte untereinander erheblich unterscheiden;

5. das Ausmaß, in dem das Jahresergebnis dadurch beeinflußt wurde, daß bei Vermögensgegenständen im Geschäftsjahr oder in früheren Geschäftsjahren Abschreibungen nach §§ 254, 280 Abs. 2 auf Grund steuerrechtlicher Vorschriften vorgenommen oder beibehalten wurden oder ein Sonderposten nach § 273 gebildet wurde; ferner das Ausmaß erheblicher künftiger Belastungen, die sich aus einer solchen Bewertung ergeben;

6. in welchem Umfang die Steuern vom Einkommen und vom Ertrag das Ergebnis der gewöhnlichen Geschäftstätigkeit und das außerordentliche Ergebnis belasten;

7. die durchschnittliche Zahl der während des Geschäftsjahrs beschäftigten Arbeitnehmer getrennt nach Gruppen;

8. bei Anwendung des Umsatzkostenverfahrens (§ 275 Abs. 3)

   a) der Materialaufwand des Geschäftsjahrs, gegliedert nach § 275 Abs. 2 Nr. 5,

   b) der Personalaufwand des Geschäftsjahrs, gegliedert nach § 275 Abs. 2 Nr. 6;

9. für die Mitglieder des Geschäftsführungsorgans, eines Aufsichtsrats, eines Beirats oder einer ähnlichen Einrichtung jeweils für jede Personengruppe

   a) die für die Tätigkeit im Geschäftsjahr gewährten Gesamtbezüge (Gehälter, Gewinnbeteiligungen, Aufwandsentschädigungen, Versicherungsentgelte, Provisionen und Nebenleistungen jeder Art). In die Gesamtbezüge sind auch Bezüge einzurechnen, die nicht ausgezahlt, sondern in Ansprüche anderer Art umgewandelt oder zur Erhöhung anderer Ansprüche verwendet werden. Außer den Bezügen für das Geschäftsjahr sind die weiteren Bezüge anzugeben, die im Geschäftsjahr gewährt, bisher aber in keinem Jahresabschluß angegeben worden sind;

   b) die Gesamtbezüge (Abfindungen, Ruhegehälter, Hinterbliebenenbezüge und Leistungen verwandter Art) der früheren Mitglieder der bezeichneten Organe und ihrer Hinterbliebenen. Buchstabe a Satz 2 und 3 ist entsprechend anzuwenden. Ferner ist der Betrag der für diese Personengruppe gebildeten Rückstellungen für laufende Pensionen und Anwartschaften auf Pensionen und der Betrag der für diese Verpflichtungen nicht gebildeten Rückstellungen anzugeben;

c) die gewährten Vorschüsse und Kredite unter Angabe der Zinssätze, der wesentlichen Bedingungen und der gegebenenfalls im Geschäftsjahr zurückgezahlten Beträge sowie die zugunsten dieser Personen eingegangenen Haftungsverhältnisse;

10. alle Mitglieder des Geschäftsführungsorgans und eines Aufsichtsrats, auch wenn sie im Geschäftsjahr oder später ausgeschieden sind, mit dem Familiennamen und mindestens einem ausgeschriebenen Vornamen. Der Vorsitzende eines Aufsichtsrats, seine Stellvertreter und ein etwaiger Vorsitzender des Geschäftsführungsorgans sind als solche zu bezeichnen;

11. Name und Sitz anderer Unternehmen, von denen die Kapitalgesellschaft oder eine für Rechnung der Kapitalgesellschaft handelnde Person mindestens den fünften Teil der Anteile besitzt; außerdem sind die Höhe des Anteils am Kapital, das Eigenkapital und das Ergebnis des letzten Geschäftsjahrs dieser Unternehmen anzugeben, für das ein Jahresabschluß vorliegt; auf die Berechnung der Anteile ist § 16 Abs. 2 und 4 des Aktiengesetzes entsprechend anzuwenden;

12. Rückstellungen, die in der Bilanz unter dem Posten „sonstige Rückstellungen" nicht gesondert ausgewiesen werden, sind zu erläutern, wenn sie einen nicht unerheblichen Umfang haben;

13. bei Anwendung des § 255 Abs. 4 Satz 3 die Gründe für die planmäßige Abschreibung des Geschäfts- oder Firmenwerts;

14. Name und Sitz des Mutterunternehmens der Kapitalgesellschaft, das den Konzernabschluß für den größten Kreis von Unternehmen aufstellt, und ihres Mutterunternehmens, das den Konzernabschluß für den kleinsten Kreis von Unternehmen aufstellt, sowie im Falle der Offenlegung der von diesen Mutterunternehmen aufgestellten Konzernabschlüsse der Ort, wo diese erhältlich sind.

§ 286. Unterlassen von Angaben.
(1) Die Berichterstattung hat insoweit zu unterbleiben, als es für das Wohl der Bundesrepublik Deutschland oder eines ihrer Länder erforderlich ist.

(2) Die Aufgliederung der Umsatzerlöse nach § 285 Nr. 4 kann unterbleiben, soweit die Aufgliederung nach vernünftiger kaufmännischer Beurteilung geeignet ist, der Kapitalgesellschaft oder einem Unternehmen, von dem die Kapitalgesellschaft mindestens den fünften Teil der Anteile besitzt, einen erheblichen Nachteil zuzufügen.

(3) Die Angaben nach § 285 Nr. 11 können unterbleiben, soweit sie

1. für die Darstellung der Vermögens-, Finanz- und Ertragslage der Kapitalgesellschaft nach § 264 Abs. 2 von untergeordneter Bedeutung sind oder

2. nach vernünftiger kaufmännischer Beurteilung geeignet sind, der Kapitalgesellschaft oder dem anderen Unternehmen einen erheblichen Nachteil zuzufügen.

Die Angabe des Eigenkapitals und des Jahresergebnisses kann unterbleiben, wenn das Unternehmen, über das zu berichten ist, seinen Jahresabschluß nicht offenzulegen hat und die berichtende Kapitalgesellschaft weniger als die Hälfte der Anteile besitzt. Die Anwendung der Ausnahmere-
gelung nach Satz 1 Nr. 2 ist im Anhang anzugeben.

§ 287. Aufstellung des Anteilsbesitzes. Die in § 285 Nr. 11 verlangten
Angaben dürfen statt im Anhang auch in einer Aufstellung des Anteilsbesitzes gesondert gemacht werden. Die Aufstellung ist Bestandteil des
Anhangs. Auf die besondere Aufstellung des Anteilsbesitzes und den Ort
ihrer Hinterlegung ist im Anhang hinzuweisen.

§ 288. Größenabhängige Erleichterungen. Kleine Kapitalgesellschaften im Sinne des § 267 Abs. 1 brauchen die Angaben nach § 285 Nr. 2 bis
5, 7, 8 Buchstabe a, Nr. 9 Buchstabe a und b und Nr. 12 nicht zu machen.
Mittelgroße Kapitalgesellschaften im Sinne des § 267 Abs. 2 brauchen die
Angaben nach § 285 Nr. 4 nicht zu machen.

Sechster Titel. Lagebericht

§ 289. (1) Im Lagebericht sind zumindest der Geschäftsverlauf und die
Lage der Kapitalgesellschaft so darzustellen, daß ein den tatsächlichen
Verhältnissen entsprechendes Bild vermittelt wird.

(2) Der Lagebericht soll auch eingehen auf:

1. Vorgänge von besonderer Bedeutung, die nach dem Schluß des Geschäftsjahrs eingetreten sind;

2. die voraussichtliche Entwicklung der Kapitalgesellschaft;

3. den Bereich Forschung und Entwicklung.

3. Aktiengesetz (Auszug)

Fünfter Teil. Rechnungslegung. Gewinnverwendung

Erster Abschnitt. Jahresabschluß und Lagebericht

§§ 148, 149. *(aufgehoben)*

§ 150. Gesetzliche Rücklage. Kapitalrücklage. (1) In der Bilanz des nach den §§ 242, 264 des Handelsgesetzbuchs aufzustellenden Jahresabschlusses ist eine gesetzliche Rücklage zu bilden.

· (2) In diese ist der zwanzigste Teil des um einen Verlustvortrag aus dem Vorjahr geminderten Jahresüberschusses einzustellen, bis die gesetzliche Rücklage und die Kapitalrücklagen nach § 272 Abs. 2 Nr. 1 bis 3 des Handelsgesetzbuchs zusammen den zehnten oder den in der Satzung bestimmten höheren Teil des Grundkapitals erreichen.

(3) Übersteigen die gesetzliche Rücklage und die Kapitalrücklagen nach § 272 Abs. 2 Nr. 1 bis 3 des Handelsgesetzbuchs zusammen nicht den zehnten oder den in der Satzung bestimmten höheren Teil des Grundkapitals, so dürfen sie nur verwandt werden

1. zum Ausgleich eines Jahresfehlbetrags, soweit er nicht durch einen Gewinnvortrag aus dem Vorjahr gedeckt ist und nicht durch Auflösung anderer Gewinnrücklagen ausgeglichen werden kann;
2. zum Ausgleich eines Verlustvortrags aus dem Vorjahr, soweit er nicht durch einen Jahresüberschuß gedeckt ist und nicht durch Auflösung anderer Gewinnrücklagen ausgeglichen werden kann.

(4) Übersteigen die gesetzliche Rücklage und die Kapitalrücklagen nach § 272 Abs. 2 Nr. 1 bis 3 des Handelsgesetzbuchs zusammen den zehnten oder den in der Satzung bestimmten höheren Teil des Grundkapitals, so darf der übersteigende Betrag verwandt werden

1. zum Ausgleich eines Jahresfehlbetrags, soweit er nicht durch einen Gewinnvortrag aus dem Vorjahr gedeckt ist;
2. zum Ausgleich eines Verlustvortrags aus dem Vorjahr, soweit er nicht durch einen Jahresüberschuß gedeckt ist;
3. zur Kapitalerhöhung aus Gesellschaftsmitteln nach den §§ 207 bis 220.

Die Verwendung nach den Nummern 1 und 2 ist nicht zulässig, wenn gleichzeitig Gewinnrücklagen zur Gewinnausschüttung aufgelöst werden.

§§ 150a, 151. *(aufgehoben)*

§ 152. Vorschriften zur Bilanz. (1) Das Grundkapital ist in der Bilanz als gezeichnetes Kapital auszuweisen. Dabei sind die Gesamtnennbeträge der Aktien jeder Gattung gesondert anzugeben. Bedingtes Kapital ist mit dem Nennbetrag zu vermerken. Bestehen Mehrstimmrechtsaktien, so

sind beim gezeichneten Kapital die Gesamtstimmenzahl der Mehrstimmrechtsaktien und die der übrigen Aktien zu vermerken.

(2) Zu dem Posten „Kapitalrücklage" sind in der Bilanz oder im Anhang gesondert anzugeben

1. der Betrag, der während des Geschäftsjahrs eingestellt wurde;
2. der Betrag, der für das Geschäftsjahr entnommen wird.

(3) Zu den einzelnen Posten der Gewinnrücklagen sind in der Bilanz
oder im Anhang jeweils gesondert anzugeben

1. die Beträge, die die Hauptversammlung aus dem Bilanzgewinn des
   Vorjahrs eingestellt hat;
2. die Beträge, die aus dem Jahresüberschuß des Geschäftsjahrs eingestellt werden;
3. die Beträge, die für das Geschäftsjahr entnommen werden.

§§ 153–157. *(aufgehoben)*

§ 158. Vorschriften zur Gewinn- und Verlustrechnung. (1) Die Ge-
winn- und Verlustrechnung ist nach dem Posten „Jahresüberschuß/Jah-
resfehlbetrag" in Fortführung der Numerierung um die folgenden Posten
zu ergänzen:

1. Gewinnvortrag/Verlustvortrag aus dem Vorjahr
2. Entnahmen aus der Kapitalrücklage
3. Entnahmen aus Gewinnrücklagen
   a) aus der gesetzlichen Rücklage
   b) aus der Rücklage für eigene Aktien
   c) aus satzungsmäßigen Rücklagen
   d) aus anderen Gewinnrücklagen
4. Einstellungen in Gewinnrücklagen
   a) in die gesetzliche Rücklage
   b) in die Rücklage für eigene Aktien
   c) in satzungsmäßige Rücklagen
   d) in andere Gewinnrücklagen
5. Bilanzgewinn/Bilanzverlust.

Die Angaben nach Satz 1 können auch im Anhang gemacht werden.

(2) Von dem Ertrag aus einem Gewinnabführungs- oder Teilgewinnabführungsvertrag ist ein vertraglich zu leistender Ausgleich für außenstehende Gesellschafter abzusetzen; übersteigt dieser den Ertrag, so ist
der übersteigende Betrag unter den Aufwendungen aus Verlustübernahme auszuweisen. Andere Beträge dürfen nicht abgesetzt werden.

§ 159. *(aufgehoben)*

§ 160. Vorschriften zum Anhang. (1) In jedem Anhang sind auch
Angaben zu machen über

1. den Bestand und den Zugang an Aktien, die ein Aktionär für Rechnung der Gesellschaft oder eines abhängigen oder eines im Mehrheits-

besitz der Gesellschaft stehenden Unternehmens oder ein abhängiges oder im Mehrheitsbesitz der Gesellschaft stehendes Unternehmen als Gründer oder Zeichner oder in Ausübung eines bei einer bedingten Kapitalerhöhung eingeräumten Umtausch- oder Bezugsrechts übernommen hat; sind solche Aktien im Geschäftsjahr verwertet worden, so ist auch über die Verwertung unter Angabe des Erlöses und die Verwendung des Erlöses zu berichten;

2. den Bestand an eigenen Aktien der Gesellschaft, die sie, ein abhängiges oder im Mehrheitsbesitz der Gesellschaft stehendes Unternehmen oder ein anderer für Rechnung der Gesellschaft oder eines abhängigen oder eines im Mehrheitsbesitz der Gesellschaft stehenden Unternehmens erworben oder als Pfand genommen hat; dabei sind die Zahl und der Nennbetrag dieser Aktien sowie deren Anteil am Grundkapital, für erworbene Aktien ferner der Zeitpunkt des Erwerbs und die Gründe für den Erwerb anzugeben. Sind solche Aktien im Geschäftsjahr erworben oder veräußert worden, so ist auch über den Erwerb oder die Veräußerung unter Angabe der Zahl und des Nennbetrags dieser Aktien, des Anteils am Grundkapital und des Erwerbs- oder Veräußerungspreises, sowie über die Verwendung des Erlöses zu berichten;

3. die Zahl und den Nennbetrag der Aktien jeder Gattung, sofern sich diese Angaben nicht aus der Bilanz ergeben; davon sind Aktien, die bei einer bedingten Kapitalerhöhung oder einem genehmigten Kapital im Geschäftsjahr gezeichnet wurden, jeweils gesondert anzugeben;

4. das genehmigte Kapital;

5. die Zahl der Wandelschuldverschreibungen und vergleichbaren Wertpapiere unter Angabe der Rechte, die sie verbriefen;

6. Genußrechte, Rechte aus Besserungsscheinen und ähnliche Rechte unter Angabe der Art und Zahl der jeweiligen Rechte sowie der im Geschäftsjahr neu entstandenen Rechte;

7. das Bestehen einer wechselseitigen Beteiligung unter Angabe des Unternehmens;

8. das Bestehen einer Beteiligung an der Gesellschaft, die ihr nach § 20 Abs. 1 oder 4 mitgeteilt worden ist; dabei ist anzugeben, wem die Beteiligung gehört und ob sie den vierten Teil aller Aktien der Gesellschaft übersteigt oder eine Mehrheitsbeteiligung (§ 16 Abs. 1) ist.

(2) Die Berichterstattung hat insoweit zu unterbleiben, als es für das Wohl der Bundesrepublik Deutschland oder eines ihrer Länder erforderlich ist.

§ 161. *(aufgehoben)*

Zweiter Abschnitt. Prüfung des Jahresabschlusses

Erster Unterabschnitt. Prüfung durch Abschlußprüfer

§§ 162–169. *(aufgehoben)*

Zweiter Unterabschnitt. Prüfung durch den Aufsichtsrat

§ 170. Vorlage an den Aufsichtsrat. (1) Der Vorstand hat den Jahresabschluß und den Lagebericht unverzüglich nach ihrer Aufstellung dem Aufsichtsrat vorzulegen. Ist der Jahresabschluß durch einen Abschlußprüfer zu prüfen, so sind diese Unterlagen zusammen mit dem Prüfungsbericht des Abschlußprüfers unverzüglich nach dem Eingang des Prüfungsberichts dem Aufsichtsrat vorzulegen.

(2) Zugleich hat der Vorstand dem Aufsichtsrat den Vorschlag vorzulegen, den er der Hauptversammlung für die Verwendung des Bilanzgewinns machen will. Der Vorschlag ist, sofern er keine abweichende Gliederung bedingt, wie folgt zu gliedern:

1. Verteilung an die Aktionäre ....
2. Einstellung in Gewinnrücklagen ....
3. Gewinnvortrag ....
4. Bilanzgewinn ....

(3) Jedes Aufsichtsratsmitglied hat das Recht, von den Vorlagen Kenntnis zu nehmen. Die Vorlagen sind auch jedem Aufsichtsratsmitglied auf Verlangen auszuhändigen, soweit der Aufsichtsrat nichts anderes beschlossen hat.

§ 171. Prüfung durch den Aufsichtsrat. (1) Der Aufsichtsrat hat den Jahresabschluß, den Lagebericht und den Vorschlag für die Verwendung des Bilanzgewinns zu prüfen. Ist der Jahresabschluß durch einen Abschlußprüfer zu prüfen, so hat der Abschlußprüfer auf Verlangen des Aufsichtsrats an dessen Verhandlungen über diese Vorlagen teilzunehmen.

(2) Der Aufsichtsrat hat über das Ergebnis der Prüfung schriftlich an die Hauptversammlung zu berichten. In dem Bericht hat der Aufsichtsrat auch mitzuteilen, in welcher Art und in welchem Umfang er die Geschäftsführung der Gesellschaft während des Geschäftsjahrs geprüft hat. Ist der Jahresabschluß durch einen Abschlußprüfer zu prüfen, so hat der Aufsichtsrat ferner zu dem Ergebnis der Prüfung des Jahresabschlusses durch den Abschlußprüfer Stellung zu nehmen. Am Schluß des Berichts hat der Aufsichtsrat zu erklären, ob nach dem abschließenden Ergebnis seiner Prüfung Einwendungen zu erheben sind und ob er den vom Vorstand aufgestellten Jahresabschluß billigt.

(3) Der Aufsichtsrat hat seinen Bericht innerhalb eines Monats, nachdem ihm die Vorlagen zugegangen sind, dem Vorstand zuzuleiten. Wird der Bericht dem Vorstand nicht innerhalb der Frist zugeleitet, hat der Vorstand dem Aufsichtsrat unverzüglich eine weitere Frist von nicht mehr als einem Monat zu setzen. Wird der Bericht dem Vorstand nicht vor Ablauf der weiteren Frist zugeleitet, gilt der Jahresabschluß als vom Aufsichtsrat nicht gebilligt.

Dritter Abschnitt. Feststellung des Jahresabschlusses.
Gewinnverwendung

Erster Unterabschnitt. Feststellung des Jahresabschlusses

§ 172. Feststellung durch Vorstand und Aufsichtsrat. Billigt der Aufsichtsrat den Jahresabschluß, so ist dieser festgestellt, sofern nicht Vorstand und Aufsichtsrat beschließen, die Feststellung des Jahresabschlusses der Hauptversammlung zu überlassen. Die Beschlüsse des Vorstands und des Aufsichtsrats sind in den Bericht des Aufsichtsrats an die Hauptversammlung aufzunehmen.

§ 173. Feststellung durch die Hauptversammlung. (1) Haben Vorstand und Aufsichtsrat beschlossen, die Feststellung des Jahresabschlusses der Hauptversammlung zu überlassen, oder hat der Aufsichtsrat den Jahresabschluß nicht gebilligt, so stellt die Hauptversammlung den Jahresabschluß fest.

(2) Auf den Jahresabschluß sind bei der Feststellung die für seine Aufstellung geltenden Vorschriften anzuwenden. Die Hauptversammlung darf bei der Feststellung des Jahresabschlusses nur die Beträge in Gewinnrücklagen einstellen, die nach Gesetz oder Satzung einzustellen sind.

(3) Ändert die Hauptversammlung einen von einem Abschlußprüfer auf Grund gesetzlicher Verpflichtung geprüften Jahresabschluß, so werden vor der erneuten Prüfung nach § 316 Abs. 3 des Handelsgesetzbuchs von der Hauptversammlung gefaßte Beschlüsse über die Feststellung des Jahresabschlusses und die Gewinnverwendung erst wirksam, wenn auf Grund der erneuten Prüfung ein hinsichtlich der Änderungen uneingeschränkter Bestätigungsvermerk erteilt worden ist. Sie werden nichtig, wenn nicht binnen zwei Wochen seit der Beschlußfassung ein hinsichtlich der Änderungen uneingeschränkter Bestätigungsvermerk erteilt wird.

Zweiter Unterabschnitt. Gewinnverwendung

§ 174. (1) Die Hauptversammlung beschließt über die Verwendung des Bilanzgewinns. Sie ist hierbei an den festgestellten Jahresabschluß gebunden.

(2) In dem Beschluß ist die Verwendung des Bilanzgewinns im einzelnen darzulegen, namentlich sind anzugeben

1. der Bilanzgewinn;
2. der an die Aktionäre auszuschüttende Betrag;
3. die in Gewinnrücklagen einzustellenden Beträge;
4. ein Gewinnvortrag;
5. der zusätzliche Aufwand auf Grund des Beschlusses.

(3) Der Beschluß führt nicht zu einer Änderung des festgestellten Jahresabschlusses.

Stichwortverzeichnis

Zahlen = Seiten

Herrling/Mathes
Der Buchführungs-Ratgeber

Von Dipl.-Hdl. Erich Herrling und
Dipl.-Hdl. Claus Mathes

dtv-Band 5836
1992. X, 215 Seiten. Kartoniert DM 12,80

Wer die Grundlagen der Buchführung beherrscht, für den ist sie kein »Buch mit sieben Siegeln«. Dieser Band vermittelt diese Grundlagen in anschaulicher Form. Stets anhand konkreter Beispiele werden auch komplexe Buchungen verständlich erklärt. Schritt für Schritt wird der Leser vom Controlling über Personalkosten-, Waren- und Wechsel-Buchungen bis hin zu notwendigen Jahresabschlußarbeiten geführt. Anhand ausgewählter Beispiele wird ein Einblick in ein praxisgerechtes Finanzbuchhaltungsprogramm gegeben. Ein Glossar buchhalterischer Grundbegriffe sorgt für einen raschen Überblick.

Inhaltsübersicht

1. Aufbau und Grundlagen der Buchführung
2. Warenverkehrsbuchungen
3. Wechselbuchungen
4. Personalkostenbuchungen
5. Jahresabschlußarbeiten
6. Einführung in das Buchen mit einem Buchhaltungsprogramm
7. Glossar buchhalterischer Grundbegriffe
8. Rechtsvorschriften

Dieses Buch eignet sich sowohl für die **kaufmännische Ausbildung** als auch als Orientierungshilfe für Kleinunternehmen. Es berücksichtigt bereits den ab 1993 gültigen **Mehrwertsteuersatz.**

WIRTSCHAFT UND

Käßl
Das Wechsel-ABC

Ein praktischer Ratgeber in allen Wechselfragen. Annahmefrist, Akzept, Bestandteile, Diskont, Einzug, Indossament, Protest, Rückgriff, Versteuerung, Vorlegung, Wechselarten, Zahlung.
(dtv-Band 5800)

Herrling
Der Kredit-Ratgeber

Grundfragen der Finanzierung, Kreditwürdigkeitsprüfung, Kreditvertrag, Verbraucherkreditgesetz, Kreditformen, Leasing, Baufinanzierung und Steuervorteile, Bürgschaft, Verpfändung, Grundpfandrechte, Kleines Kredit-ABC.
(dtv-Band 5801)

Herrling/Krapf
Der Wertpapier- und Anlage-Ratgeber

Aktien, Festverzinsliche Wertpapiere, Investmentanteile, Anleihen, Spareinlagen, Festgelder, Lebensversicherungen, Bausparen, Immobilien, Staatliche Förderung, Versteuerung, Anlagetips, ABC der Geldanlage.
(dtv-Band 5802)

Bestmann
Börsen und Effekten von A–Z

Die Fachsprache der klassischen und modernen Finanzmärkte.
(dtv-Band 5803)

Schäfer
Financial Dictionary

Fachwörterbuch Finanzen, Banken, Börse.
Teil I: Englisch-Deutsch
(dtv-Band 5804)
Teil II: Deutsch-Englisch
(dtv-Band 5805)

Perk · Professionelle
Aktienanalyse für jedermann

Technische Aktienanalyse, Charts, Beurteilung der Marktverfassung, Trend, Typische Kursverläufe, Programmierte Unterweisung für Kauf- und Verkaufssignale.
(dtv-Band 5806)

Dichtl (Hrsg.) · Schritte zum
Europäischen Binnenmarkt

Grundlagen, Grenzkontrollen, Gewerblicher Rechtsschutz, Verbrauchsteuern, Einkommensbesteuerung, Öffentliches Auftragswesen, Gewerbefreiheit, Verkehrsmarkt, Kreditgewerbe, Währung, Zentralismus.
(dtv-Band 5807)

Uszczapowski · Optionen
und Futures verstehen

Grundlagen und neuere Entwicklungen.
Calls, Puts, Optionskombinationen, Optionen auf Futures, Preisbildung, Strategien, Hedging, Risiko-Ertragssteuerung, Börsliche Infrastruktur.
(dtv-Band 5808)

FINANZEN im dtv

**Wicke/de Maizière/
de Maizière
Öko-Soziale Marktwirtschaft
für Ost und West**

Der Weg aus Wirtschafts- und
Umweltkrise.
(dtv-Band 5809)

Risse · Ratgeber für Unternehmerfrauen

Frau und Betriebsführung, Ein-
kommens-, Alters- und Vermö-
genssicherung, Scheidung, Ausfall
und Tod des Partners, Tätigkeitsbereiche im Unternehmen, Eintritt
in das Unternehmen, die selbständige Unternehmerin.
(dtv-Band 5811)

Horváth
Das Controllingkonzept

Der Weg zu einem wirkungsvollen
Controllingsystem.
(dtv-Band 5812)

Dieterle/Winckler (Hrsg.)
Gründungsfinanzierung

(dtv-Band 5813)

Rota · PR- und Medienarbeit im Unternehmen

Mittel, Möglichkeiten und Wege
effizienter Öffentlichkeitsarbeit.
(dtv-Band 5814)

Schäfer
Management & Marketing Dictionary

Teil I: Englisch-Deutsch
(dtv-Band 5815)

Teil II: Deutsch-Englisch
(dtv-Band 5816)

Thieme
Soziale Marktwirtschaft

Ordnungskonzeption und
wirtschaftspolitische Gestaltung.
(dtv-Band 5817)

Göpfert · Die argumentative Bewerbung

Anforderungen berücksichtigen,
Erwartungen erfüllen, Argumente
finden, Begründungen liefern, Beispiele anführen, Nachweise er-
bringen, Bestätigungen bieten, Ein-
wänden begegnen, Bedenken
zerstreuen, Vorurteile abbauen.
(dtv-Band 5818)

Herrling
Der Zahlungsmittel-Ratgeber

Bargeld, Sorten, Devisen, Scheck,
Wechsel, Reisescheck, Überwei-
sung, Lastschrift, Eurocheque,
Kreditkarten, Electronic Cash,
Geldmenge, Inflation, ABC der
Zahlungsmittel.
(dtv-Band 5819)

Müller · Konsument und Marktwirtschaft

Eine praktische Orientierungshilfe.
Markt und Preisbildung, Kaufvertrag, Warenkennzeichnung, Ver-
braucherrechte, Mietrecht, soziale
Sicherung, Arbeitsrecht, Steuern,
Versicherungen, Kredite, Vermö-
gensbildung, Umweltschutz.
(dtv-Band 5820)

**Beck-Wirtschafts-
berater im**

WIRTSCHAFT UND

Dichtl · Der Weg zum Käufer
Das strategische Labyrinth.
(dtv-Band 5821)

Mol· Investmentfonds-ABC
Vermögensaufbau für jedermann.
Investmentfonds, Anteilserwerb,
Anlagepolitik, ABC des Investments,
Investmentbegriffe Deutsch, Eng-
lisch, Englisch/Deutsch, Invest-
mentgesellschaften.
(dtv-Band 5823)

Siebers/Siebers
Das Anleihen-Seminar
Geld verdienen mit Festverzins-
lichen.
Anleihearten, Besteuerung, Rendite, Risiko-Analyse, Duration, Port-
folio-Management, Optionen,
Futures, Zinsprognose, Depotauf-
bau.
(dtv-Band 5824)

Kiehling · Kursstürze am
Aktienmarkt
(dtv-Band 5826)

Scheffler
Bilanzen richtig lesen
Inventur, Inventar, Bilanzierung,
Bewertung, Abschreibungen, Ge-
winn- und Verlustrechnung, Anhang, Lagebericht, Bilanzanalyse,
Kennzahlen, Bilanzpolitik, Konzernabschluß, Rechtsvorschriften.
(dtv-Band 5827)

Wicke · Umweltökonomie
und Umweltpolitik
(dtv-Band 5828)

Hugo-Becker/Becker
Psychologisches Konflikt-
management
Menschenkenntnis – Konfliktfähig-
keit – Kooperation.
(dtv-Band 5829)

Arnold
Das Franchise-Seminar
Selbständig mit Partner.
Grundlagen, Franchisemodelle,
Leistungspaket, Know-how-Trans-
fer, Marketing, Wahl des System-
partners, Planung, Vertrag, Finanzierung, Masterfranchise, Fran-
chise-Organisationen.
(dtv-Band 5831)

Thome · Informations-
verarbeitung von A–Z
Erläuterungen der Begriffe
und Abkürzungen
(dtv-Band 5832)

Reichmann/Voßschulte
(Hrsg.)
Europa ohne Grenzen
Chancen und Risiken der
deutschen Wirtschaft
(dtv-Band 5833)

Herrling/Federspiel
Wege zum Wohneigentum
Erwerbsmotive, Immobilienmarkt,
Makler, Bauträger, Architekt, Notar,
Grundbuch, Steuerersparnis,
Staatliche Förderung, Bausparen,
Bank- und Versicherungsdarlehen,
Finanzierungsmodelle und -kosten,
Vermietung, Versicherungen,
Bau-ABC.
(dtv-Band 5834)

FINANZEN im dtv

Dichtl/Eggers
Marke und Markenartikel
als Instrumente des
Wettbewerbs

Marke und Markenartikel, Markenpsychologie, Profilierungsstrategien, Hersteller-, Handels- und Dienstleistungsmarke, Wert einer Marke, Umweltschutz, Verbraucher und Markenartikel, Markenrecht, Markenpiraterie.
(dtv-Band 5835)

Herrling/Mathes
Der Buchführungs-
Ratgeber

Grundlagen, Bestandskonten, Erfolgskonten, Kontenrahmen, Warenverkehrs-, Wechsel-, Personalkostenbuchungen, Abschreibung, Bilanzierung, Rechnungsabgrenzung, PC-Unterstützung, Glossar, Rechtsvorschriften.
(dtv-Band 5836)

Becker
Leitfaden zur Hardware-
und Softwarebeschaffung

(dtv-Band 5837)

Weber
Kosten- und Finanzplanung

Ein Praxisleitfaden für Klein- und Mittelbetriebe.
(dtv-Band 5838)

Kühlmann/Blumenstein/
Dietrich
Die Lebensversicherung
zur Altersvorsorge

(dtv-Band 5844)

Weisbach · Professionelle
Gesprächsführung

Ein praxisnahes Lese- und Übungsbuch.
dtv-Band 5845)

Kuntz · Die private Rente

Beiträge, Rendite, Höhe der Rente, Sofortrente, Flexibler Rentenbeginn, Partnerrente, Witwen- und Witwerrente, Altenheim- und Pflegerente, Steuerersparnis, Sicherheit, Renten in Fremdwährungen.
(dtv-Band 5849)

Kiehling · Finanzplatz Europa

Gemeinsamer Markt für Kapitalanlagen, Nationale Eigenarten.
(dtv-Band 5852)

Schmitt · Streß erkennen und
bewältigen

Streß in der Arbeitswelt, Aspekte des Stresses, Streßmanagement in der Praxis.
(dtv-Band 5855)

Sinn/Sinn · Kaltstart

Volkswirtschaftliche Aspekte der deutschen Vereinigung.
(dtv-Band 5856)

Vahlens
Großes Wirtschafts-Lexikon

(dtv-Band 59006)

Beck-Wirtschafts-
berater im

Handels-, Gesellschafts- und Wirtschaftsrecht im dtv

Textausgaben

HGB · Handelsgesetzbuch
ohne Seehandelsrecht mit Wechselgesetz
und Scheckgesetz.
(dtv-Band 5002, Beck-Texte)

**GewO
Gewerbeordnung**
(dtv-Band 5004, Beck-Texte)

**WettbR · KartR
Wettbewerbsrecht und
Kartellrecht**
(dtv-Band 5009, Beck-Texte)

**AktG · GmbHG
Aktiengesetz · GmbH-Gesetz**
(dtv-Band 5010, Beck-Texte)

BankR · Bankrecht
(dtv-Band 5021, Beck-Texte)

Patent- und Musterrecht
(dtv-Band 5563, Beck-Texte)

VermG · Vermögensgesetz
u. a. mit Einigungsvertrag (Auszug), Unternehmensrückgabeverordnung, Investitionsgesetz, Anmeldeverordnung, Grundstücksverkehrsordnung, Treuhandgesetz, Spaltungsgesetz, D-Markbilanzgesetz, Kommunalvermögensgesetz, Vermögens-Zuordnungsgesetz, Rehabilitierungsgesetz.
(dtv-Band 5566, Beck-Texte)

Rechtsberater

Niebling · Vertriebsrecht von A–Z
(dtv-Band 5071, Beck Rechtsberater)

**Stötter/Stötter · Das Recht der
Handelsvertreter, Versicherungsvertreter, Bausparkassenvertreter, Tankstellenvertreter**
(dtv-Band 5210, Beck-Rechtsberater)

**Lips/Marr · Wegweiser durch das
Lebensmittelrecht**
(dtv-Band 5219, Beck-Rechtsberater)

**Francke · Erlaubtes und Unerlaubtes in der Verkaufsförderung
und in der Werbung von A–Z**
(dtv-Band 5248, Beck-Rechtsberater)

Stillner · Der Kaufvertrag
(dtv-Band 5266, Beck-Rechtsberater)

**Waldner/Wölfel · So gründe und
führe ich eine GmbH**
(dtv-Band 5278, Beck-Rechtsberater)

**Braun · Konflikte mit Banken und
Sparkassen**
(dtv-Band 5287, Beck-Rechtsberater)

**Schulze
Meine Rechte als Urheber**
(dtv-Band 5291, Beck-Rechtsberater)

Erhard · Geldanlagen in Aktien
Aktienformen, Aktionärsrecht, Anlagekriterien, Geschäftsführung der AG, Jahresabschluß und Lagebericht, Bilanzanalyse und Kritik, Dividendenpolitik, Hauptversammlung, Gegenanträge, Steuern.
(dtv-Band 5292, Beck-Rechtsberater)

**Waldner/Wölfel · So gründe und
führe ich eine Personengesellschaft (GdbR, OHG, KG)**
(dtv-Band 5294, Beck-Rechtsberater)

**Hieke (Hrsg.) · Handels- und
Wirtschaftsrecht von A–Z**
(dtv-Band 5609, Beck-Rechtsberater)

**Neubert · Ihre Waffen gegen die
Finanzverwaltung**
Setzen Sie Ihre Rechte als Steuerpflichtiger
richtig ein?
(dtv-Band 5610 Beck-Rechtsberater)

**Neubert · Ihre Chancen bei der
Betriebsprüfung**
(dtv-Band 5611, Beck-Rechtsberater)

Deutscher
Taschenbuch
Verlag